新商科"互联网＋教育"
电子商务专业系列教材

电子商务案例分析

程洁丽　吴莎莎 ◎ 主编
柯　可　刘露露　叶艳维 ◎ 副主编

电子工业出版社
Publishing House of Electronics Industry
北京·BEIJING

内 容 简 介

本书所选案例覆盖了电子商务（简称"电商"）应用的各个方面，所有案例皆为精心挑选，具有较强的实践性，读者可在学习案例之后实际动手操作。

本书共分为12个项目，项目一介绍了电子商务的定义、特征、发展、应用领域及影响；项目二到项目五分别对B2B、B2C、C2C、O2O等各类电子商务平台具体操作方面的案例展开分析；项目六到项目八针对移动电商、直播电商、农村电商等电子商务新兴领域的案例展开分析；项目九到项目十二分别从电子商务支付与认证、电子商务金融、电子商务物流、电子商务品牌策划与营销推广等方面出发，对具体案例进行分析。

本书可作为应用型本科院校和高等职业院校的电子商务专业、商务英语专业、市场营销专业等商贸相关专业学生的教材，也可作为企事业单位电子商务人员的参考用书或喜爱电子商务人士的读物。

未经许可，不得以任何方式复制或抄袭本书之部分或全部内容。
版权所有，侵权必究。

图书在版编目（CIP）数据

电子商务案例分析 / 程洁丽，吴莎莎主编. —北京：电子工业出版社，2023.3
ISBN 978-7-121-45024-2

Ⅰ. ①电… Ⅱ. ①程… ②吴… Ⅲ. ①电子商务－案例－高等学校－教材 Ⅳ. ①F713.36

中国国家版本馆CIP数据核字（2023）第021038号

责任编辑：宫雨霏
印　　刷：北京天宇星印刷厂
装　　订：北京天宇星印刷厂
出版发行：电子工业出版社
　　　　　北京市海淀区万寿路173信箱　邮编：100036
开　　本：787×1 092　1/16　印张：16　字数：409千字
版　　次：2023年3月第1版
印　　次：2023年3月第1次印刷
定　　价：59.00元

凡所购买电子工业出版社图书有缺损问题，请向购买书店调换。若书店售缺，请与本社发行部联系，联系及邮购电话：(010) 88254888，88258888。
质量投诉请发邮件至zlts@phei.com.cn，盗版侵权举报请发邮件至dbqq@phei.com.cn。
本书咨询联系方式：(010) 88254199，sjb@phei.com.cn。

前　言

自 21 世纪以来，电子商务的蓬勃发展极大地改变了人们的生产和生活方式。大数据、云计算、人工智能等新技术的普及给电子商务带来了前所未有的机遇，也对电子商务的人才培养和教育提出了更高的要求。在近几年的教学实践中，传统的教学模式已经不能适应高职院校和应用型本科院校商务英语专业和电子商务专业的人才培养需求。本书以综合职业能力培养为目标，以典型工作任务为载体，以学生为中心，以能力培养为本位，将理论学习与实践学习相结合。本书将企业真实、新鲜的案例引入教材中，展现行业新业态、新水平、新技术。通过案例，学生能够准确掌握知识点的运用方法与实践意义，提高综合职业素养。

本书共分为 12 个项目，项目一介绍了电子商务的定义、特征、发展、应用领域及影响；项目二到项目五分别对 B2B、B2C、C2C、O2O 等各类电子商务平台具体操作方面的案例展开分析；项目六到项目八针对移动电商、直播电商、农村电商等电子商务新兴领域的案例展开分析；项目九到项目十二分别从电子商务支付与认证、电子商务金融、电子商务物流、电子商务品牌策划与营销推广等方面出发，对具体案例进行分析。

本书的特点如下。

（1）本书形式新颖，能够更好地吸引学生参与到学习过程中。本书符合现代信息技术条件下学情和培养目标的要求，对培养德技兼修的高素质劳动者和技术技能人才有着积极的促进作用。在内容上选取的是电子商务交易各环节的真实案例，具有较强的实践性，注重培养学生的实际操作能力。

（2）本书以任务型驱动为导向，根据各个模式下不同电子商务平台运营的不同环节，共分为 12 个项目、34 项任务，每项任务包括任务描述、学习目标、思政目标、任务分配、任务准备、任务实施、任务评价、拓展练习等板块，其中任务实施又分解为若干个任务点来进行讲解。

（3）本书将思政育人与能力培养有机融合，全方位提升学生的综合素养。在课程各个教学模块和环节中融入思想政治教育内容，将社会主义核心价值观教育、爱国主义教育、诚信教育、法律意识教育、道德意识教育融入书中。通过项目探索与实践，让学生具备较高的网络文明、信息安全保密素养，培养学生诚实守信、精益求精、开拓进取的优秀品质。

（4）教学配套资源丰富。本书配有电子课件、教案、微课视频、期末试卷及答案、课程大纲等教学资源，任课教师可以登录华信教育资源网（https://www.hxedu.com.cn）免费获取。

本书由程洁丽和吴莎莎老师担任主编，柯可、叶艳维、刘露露担任副主编。其中项目一、项目三、项目四、项目六、项目八由程洁丽编写，项目二、项目十二由刘露露编写，项目五、项目七由吴莎莎编写，项目九、项目十由叶艳维编写，项目十一由柯可编写，全书由易静统稿并编写前言和参考文献，隋东旭做了细致的审校工作。

本书为教育部协同育人项目"三教改革背景下校企合作跨境电商教材与课程建设项目"（项目编号：202102578005）的成果之一。

本书的完成离不开学院领导和教研室同仁的大力支持和帮助，他们严谨务实的学术精神为本书的完成提供了有力保障；本书的完成也离不开电子工业出版社编辑的支持，他们身上的工匠精神值得我们学习！在本书的编写过程中，编者查阅了大量的资料，参阅了国内多位专家、学者关于电子商务的著作，在此对网上信息的提供者和研究成果的完成者表示衷心感谢！

对于本书在案例内容或观点评价中可能存在的错误和不足，恳请读者及时批评指正，以便我们能够在修订时完善。

编 者

目 录

项目一 电子商务概述 ·· 001

    任务一 认识电子商务 ·· 002

        一、电子商务的定义 ·· 003

        二、电子商务的特征 ·· 003

    任务二 电子商务的发展 ·· 006

        一、电子商务的发展历程 ·· 007

        二、电子商务的发展趋势 ·· 008

    任务三 电子商务的应用领域及影响 ·· 011

        一、电子商务的应用领域 ·· 012

        二、电子商务的影响 ·· 013

项目二 B2B 电子商务案例 ·· 016

    任务一 认识 B2B 电子商务模式 ·· 017

        一、B2B 电子商务模式概述 ·· 018

        二、B2B 电子商务模式分析 ·· 018

    任务二 阿里巴巴案例 ·· 021

        一、认识阿里巴巴 ·· 022

        二、阿里巴巴案例分析与应用 ·· 022

    任务三 中国制造网案例 ·· 033

        一、认识中国制造网 ·· 034

        二、中国制造网案例分析与应用 ·· 034

项目三 B2C 电子商务案例 ·· 046

    任务一 认识 B2C 电子商务模式 ·· 047

        一、B2C 电子商务模式概述 ·· 048

        二、B2C 电子商务模式分析 ·· 049

    任务二 京东案例 ·· 052

一、认识京东 053
　　二、京东案例分析与应用 053

　任务三　苏宁易购案例 058
　　一、认识苏宁易购 059
　　二、苏宁易购案例分析与应用 059

项目四　C2C 电子商务案例 067
　任务一　认识 C2C 电子商务模式 068
　　一、C2C 电子商务模式概述 069
　　二、C2C 电子商务模式分析 070

　任务二　淘宝网案例 072
　　一、认识淘宝网 073
　　二、淘宝网案例分析与应用 073

　任务三　eBay 案例 082
　　一、认识 eBay 083
　　二、eBay 案例分析与应用 083

项目五　O2O 电子商务案例 094
　任务一　认识 O2O 电子商务模式 095
　　一、O2O 电子商务模式概述 096
　　二、O2O 电子商务模式分析 097

　任务二　携程网案例 099
　　一、认识携程网 100
　　二、携程网案例分析与应用 101

　任务三　美团案例 104
　　一、认识美团 105
　　二、美团案例分析与应用 106

项目六　移动电子商务案例分析 109
　任务一　认识移动电子商务模式 110
　　一、移动电子商务模式概述 111
　　二、移动电子商务模式分析 112

　任务二　拼多多案例 115

一、认识拼多多 ··· 116
　　　二、拼多多案例分析与应用 ··· 116

　任务三　唯品会案例 ··· 122
　　　一、认识唯品会 ··· 123
　　　二、唯品会案例分析与应用 ··· 123

项目七　直播电子商务案例分析 ··· 128
　任务一　认识直播电子商务模式 ··· 129
　　　一、直播电子商务模式概述 ··· 130
　　　二、直播电子商务模式分析 ··· 130

　任务二　抖音直播案例 ··· 133
　　　一、认识抖音直播 ··· 134
　　　二、抖音直播案例分析与应用 ··· 135

　任务三　快手直播案例 ··· 137
　　　一、认识快手直播 ··· 138
　　　二、快手直播案例分析与应用 ··· 138

项目八　农村电子商务案例分析 ··· 141
　任务一　认识农村电子商务模式 ··· 142
　　　一、农村电子商务模式概述 ··· 143
　　　二、农村电子商务模式分析 ··· 145

　任务二　农村电子商务平台运营案例 ··· 148
　　　一、认识农村电子商务平台运营 ··· 149
　　　二、农村电子商务平台运营案例分析与应用 ··· 150

　任务三　农村直播电子商务运营案例 ··· 156
　　　一、认识农村直播电子商务运营 ··· 157
　　　二、农村电子商务短视频与直播运营案例分析与应用 ································· 161

项目九　电子商务支付与认证案例 ··· 167
　任务一　支付宝案例 ··· 168
　　　一、认识支付宝 ··· 169
　　　二、支付宝案例分析与应用 ··· 169

　任务二　微信支付案例 ··· 175

　　　　　一、认识微信支付 176
　　　　　二、微信支付案例分析与应用 176
　　任务三　天威诚信案例 181
　　　　　一、认识天威诚信 182
　　　　　二、天威诚信案例分析与应用 182

项目十　电子商务金融案例 192
　　任务一　阿里金融案例 193
　　　　　一、认识阿里金融 194
　　　　　二、阿里金融案例分析与应用 194
　　任务二　网商银行案例 199
　　　　　一、认识网商银行 200
　　　　　二、网商银行案例分析与应用 200

项目十一　电子商务物流案例 204
　　任务一　联邦快递案例 205
　　　　　一、认识联邦快递 206
　　　　　二、联邦快递案例分析与应用 207
　　任务二　京东物流案例 210
　　　　　一、认识京东物流 211
　　　　　二、京东物流案例分析与应用 212
　　任务三　菜鸟网络案例 217
　　　　　一、认识菜鸟网络 218
　　　　　二、菜鸟网络案例分析与应用 221

项目十二　电子商务品牌策划及营销推广案例 224
　　任务一　电子商务品牌策划案例 225
　　　　　一、认识电子商务品牌策划 226
　　　　　二、电子商务品牌策划案例分析与应用 227
　　任务二　电子商务营销推广案例 235
　　　　　一、认识电子商务营销推广 236
　　　　　二、电子商务营销推广案例分析与应用 238

参考文献 248

项目一
电子商务概述

在当前经济全球一体化的大背景下,互联网的迅速普及与互联网经济的迅猛发展,以及大数据遭遇云技术,引发云计算、数据仓库、数据挖掘、商业智能等一系列应用的连锁反应,有力地推动了电子商务产业升级。电子商务作为互联网的一个新的重要应用已全面走入社会生活的各个环节和领域,并直接影响和改变着人类社会生活的各个层面。电子商务正诠释一种全新的商业文明——电子商务文明,创造了新的商业模式和海量的商业机会,给企业的经营模式、政府的管理模式及人们的生活方式带来了巨大的冲击和积极的影响。今天的电子商务正似滚滚洪流奔涌而来,世界正以快速的步伐走进电子商务智能时代。

任务一

认识电子商务

▌任务描述 ▶▶▶

学习电子商务案例分析,先要了解何为电子商务,从不同角度对电子商务的定义进行分析,并掌握电子商务有哪些特征。

▌学习目标 ▶▶▶

1. 分析和理解电子商务的定义;
2. 掌握电子商务的特征。

▌思政目标 ▶▶▶

1. 从对电子商务的不同定义中学会从不同角度看问题,抓住事物的本质特征;
2. 从电子商务的不断发展中认识到任何事物都是不断变化发展的。

▌任务分配 ▶▶▶

本任务分 3 组进行,每组由 1 位组长和若干组员构成,组员在组长的带领下,根据【任务准备】模块的引导问题进行任务分工,了解电子商务的含义及特点,并填写表1-1。

表 1-1 认识电子商务学习任务分配表

班级		组号		组名	
角色	姓名	学号	任务分工		
组长					
组员					

▌任务准备 ▶▶▶

引导问题1:如何从广义和狭义上理解电子商务的定义?
引导问题2:电子商务的主要特征是什么?

任务实施

一、电子商务的定义

电子商务的定义分为广义和狭义两种。广义的电子商务被定义为：使用各种电子工具从事商务活动。这些工具包括从初级的电报、电话、广播、电视、传真到计算机、计算机网络，再到国家信息基础设施（National Information Infrastructure，NII）、全球信息基础设施（Global Information Infrastructure，GII）和互联网（Internet）等现代工具。而商务活动是从泛商品（实物与非实物、商品与非商品化的生产要素等）的需求活动到泛商品的合理、合法的消费除去典型生产过程后的所有活动。

显然，广义的定义令人抓不住重点，是多种工具、多种商务活动的"大杂烩"。广义的电子商务无所不包，而且具有博大的兼容性，但是这样一来，便很难突出互联网的决定性影响了。广义的定义更多的意义在于其学术研究的严谨上。下面，我们来看一下狭义的定义。

狭义的电子商务定义为：主要利用互联网从事商务活动。电子商务是在技术、经济高度发达的现代社会里，掌握信息技术和商务规则的人，系统化地运用电子工具，高效率、低成本地从事以商品交换为中心的各种活动的总称。狭义的电子商务强调了互联网的唯一性，事实也说明，只有互联网出现并发展后，真正的电子商务才开始显现。狭义的定义可谓抓住了事物的本质。虽然互联网在电子商务中发挥着重要作用，但是商务运作的复杂性也必然要求其他电子工具的支持，因此，狭义的电子商务定义并不全面。

知识链接：
电子商务的其他定义

根据上面的分析，本书认为，应当把广义的电子商务定义和狭义的电子商务定义结合起来看。本书研究的重点是狭义的电子商务。

二、电子商务的特征

电子商务是互联网爆炸式发展的直接产物，是网络技术应用的全新发展方向。互联网本身所具有的开放性、全球性、低成本、高效率的特点，也成为电子商务的内在特征，并使得电子商务大大超越了作为一种新的贸易形式所具有的价值，它不仅会改变企业本身的生产、经营、管理活动，而且将影响整个社会的经济运行与结构。以互联网为依托的"电子"技术平台为传统商务活动提供了一个无比宽阔的发展空间，其突出的优越性是传统媒介手段根本无法比拟的。电子商务的特征可归结为以下几点：商务性、服务性、集成性、可扩展性、安全性、协调性。

1. 商务性

电子商务最基本的特性为商务性，即提供买、卖交易的服务、手段和机会。网上购物提供了一种客户所需要的方便途径，因而，电子商务对任何规模的企业都是一种机遇。就商务性而言，电子商务可以扩展市场，增加客户数量；通过将互联网信息连至数据库，企业能记录客户的每次访问、销售、购买的形式和购货动态及客户对产品的偏爱，这样，企业方可以根据这些数据来获知客户最想购买的产品。

2. 服务性

在电子商务环境中，客户不再受地域的限制，不再像以往那样，忠实地只做某家商店的老主顾，他们也不再仅仅将目光集中在商品的最低价格上。因而，服务质量在某种意义上成为商务活动的关键。技术创新带来新的结果，互联网的应用使企业能自动处理商务过程，并不再像以往那样强调公司内部的分工。现在在互联网上很多企业都能为客户提供完整的服务，而互联网在这种服务的提升中充当了催化剂的角色。企业通过将客户服务过程移至互联网上，使客户能以一种简捷的方式完成过去他们花费较多时间才能获得的服务。例如，将资金从一个存款户头移至一个支票户头，查看一张信用卡的收支，记录发货请求，乃至搜寻、购买稀有产品，这些现在都可以足不出户而实时完成。显而易见，电子商务提供的客户服务具有一个明显的特性：方便。不仅对客户来说如此，对企业而言，同样也能受益。

3. 集成性

电子商务是一种新兴产物，其中用到了大量新技术，但并不是说新技术的出现必须导致老设备的死亡。互联网的真实商业价值在于协调新老技术，使用户能更加行之有效地利用他们已有的资源和技术，更加有效地完成他们的任务。电子商务的集成性，还在于事务处理的整体性和统一性，它能规范事务处理的工作流程，将人工操作和电子信息处理集成为一个不可分割的整体。这样不仅能提高人力和物力的利用率，也能提高系统运行的严密性。

4. 可扩展性

要使电子商务正常运作，必须确保其可扩展性。互联网上有数以百万计的用户，而在传输过程中，会时不时地出现高峰状况。例如，一家企业原来假设每天可受理 40 万人次访问，而事实上却有 80 万人次，那就必须尽快配一台扩展的服务器，否则客户访问速度将急剧下降，甚至还会拒绝数千次可能带来丰厚利润的客户来访。对电子商务来说，可扩展的系统才是稳定的系统。如果在出现高峰状况时能及时扩展，就可使得系统阻塞的可能性大为下降。随着技术的发展，电子商务的可扩展性将不会成为瓶颈。

5. 安全性

对客户而言，无论网上的物品如何具有吸引力，如果他们对交易的安全性缺乏把握，就根本不敢在网上进行买卖。企业和企业间的交易更是如此。在电子商务中，安全性是必须考虑的核心问题。欺骗、窃听、病毒和非法入侵都在威胁着电子商务，因此要求网络能提供一种端到端的安全解决方案，包括加密机制、签名机制、分布式安全管理、存取控制、防火墙、安全互联网服务器、防病毒保护等。为了帮助企业创建和实现这些方案，国际上多家公司联合开展了安全电子交易的技术标准和方案研究，并发表了安全电子交易（Secure Electronic Transaction，SET）和安全套接层（Secure Sockets Layer，SSL）等协议标准，使企业能建立安全的电子商务环境。随着技术的发展，电子商务的安全性也会相应得以增强，并作为电子商务的核心技术。

6. 协调性

商务活动是一种协调过程，它需要雇员和客户、生产方、供货方及商务伙伴间的协调。为提高效率，许多组织都提供了交互式的协议，电子商务活动可以在这些协议的基础上进行。

传统的电子商务解决方案能加强公司内部的相互作用，电子邮件就是其中的一种方式，但这只是协调员工合作的一小部分功能。利用互联网将供货方连接至管理系统，再连接到客户订单处理系统，并通过一个供货渠道加以处理，这样公司就节省了时间，消除了纸张文件带来的麻烦并提高了效率。电子商务平台是迅捷简便的、具有友好界面的用户信息反馈工具，决策者们能够通过它获得高价值的商业情报、辨别隐藏的商业关系和把握未来的趋势。因而，他们可以做出更有创造性、更具战略性的决策。

任务评价

请填写认识电子商务学习任务评价表（见表1-2）。

表1-2 认识电子商务学习任务评价表

班级		学号		姓名	
角色	○ 组长	○ 组员		完成时间	
任务	完成情况记录				
	学生自评		生生互评		教师评价
评价占比（自设）	%		%		%
理论学习得分					
技能训练得分					
任务完成得分					
任务创新得分					
总评					

拓展练习

1. 浅谈电子商务的作用。
2. 电子商务的优越性体现在哪些方面？

任务二

电子商务的发展

任务描述 》》》

随着网络信息技术的发展，电子商务异军突起，消费者和商家之间再也不用面对面地直接交流了，如此也带来了电子商务发展趋势的变革。了解电子商务的发展现状和趋势对于电子商务行业的从业者来说非常重要。

学习目标 》》》

1. 总结电子商务的发展历程；
2. 了解电子商务的发展趋势。

思政目标 》》》

把电子商务的发展和爱国主义结合，引导学生积极投身科技事业的发展，为实现科技强国目标贡献力量。

任务分配 》》》

本任务分3组进行，每组由1位组长和若干组员构成，组员在组长的带领下，根据【任务准备】模块的引导问题进行任务分工，学习电子商务的发展所经历的几个阶段及电子商务发展呈现的趋势，并填写表1-3。

表1-3 电子商务的发展学习任务分配表

班级		组号		组名	
角色	姓名	学号	任务分工		
组长					
组员					

任务准备 》》》

引导问题1：电子商务的发展经历了哪几个阶段？
引导问题2：电子商务的发展呈现哪些趋势？

任务实施

一、电子商务的发展历程

全球经济一体化和信息处理技术、现代通信技术的迅速发展，带动了电子商务的快速发展。一般研究认为，电子商务的发展经历了以下 3 个阶段：从 20 世纪 60 年代至 90 年代的基于电子数据交换（Electronic Data Interchange，EDI）的电子商务阶段，20 世纪 90 年代以后基于互联网的电子商务阶段和现在的 E 概念电子商务阶段。

1. 第 1 阶段：基于 EDI 的电子商务阶段

单纯从技术的角度来看，人们利用电子通信的方式进行贸易活动已有几十年的历史。早在 20 世纪 60 年代，人们就开始用电报发送商务文件；到了 20 世纪 70 年代，人们又普遍采用更方便、快捷的传真机来替代电报，但是由于传真文件是通过纸面打印来传递和管理信息的，不能将信息直接转到信息系统中，因此，人们开始采用 EDI 作为企业间电子商务的应用技术，这就是电子商务的雏形。

EDI 在 20 世纪 60 年代末期产生于美国，当时的贸易商们在使用计算机处理各类商务文件时发现，由人工输入一台计算机中的数据有 70%来源于另一台计算机输出的文件。由于过多的人为因素，影响了数据的准确性和工作效率的提高，人们开始尝试在贸易伙伴之间的计算机上进行数据自动交换，这促使 EDI 应运而生。

EDI 是将业务文件按公认的标准从一台计算机传输到另一台计算机中的电子传输方法。由于 EDI 大大减少了纸张票据的作用，因此，人们也形象地将它称为"无纸贸易"或"无纸交易"。从普通商场的电子收款机、销售点实时管理系统、电子订货系统和管理信息系统到跨越不同国家、不同企业的 EDI，数据信息的控制处理越来越准确和有效，同时，大量事务处理工作也趋于标准化。

从技术方面讲，EDI 包括硬件与软件两大部分。硬件主要是计算机网络，软件包括计算机软件和 EDI 标准。

从硬件方面讲，20 世纪 90 年代之前的大多数 EDI 都不通过互联网实现，而是通过租用专用网络实现的，这类专用的网络被称为增值网（Value Added Network，VAN），这样做的目的主要是考虑安全问题。然而，随着互联网安全性的日益提高，作为一个费用更低、覆盖面更广、服务更好的系统，它已表现出替代 VAN 而成为 EDI 硬件载体的趋势，因此，也有人把通过互联网实现的 EDI 直接称为互联网 EDI。

从软件方面讲，EDI 所需要的软件主要用于将用户数据库系统中的信息翻译成 EDI 的标准格式以供传输交换。由于不同行业的企业是根据自己的业务特点来规定数据库的信息格式的，因此，当需要发送 EDI 文件时，从企业专有数据库中提取的信息，必须被翻译成 EDI 的标准格式才能进行传输，这时就需要相关的 EDI 软件来帮忙了。

2. 第 2 阶段：基于互联网的电子商务阶段

由于使用 VAN 的费用很高，仅大型企业才有可能使用，这限制了基于 EDI 的电子商务应用范围的扩大，而促使电子商务快速发展的关键因素是互联网的飞速发展。

20 世纪 90 年代中期后，国际互联网迅速走向普及化，逐步地从大学、科研机构走向企业和普通百姓家庭，其功能也从信息共享演变为一种大众化的信息传播工具。从 1991 年起，一直被排斥在互联网之外的商业贸易活动正式进入这个"王国"，从而使电子商务成为互联网应用的最大热点之一。

基于互联网的电子商务活动完全摆脱了传统商务活动的时空限制,使商务的运行和发展更加趋于灵活、实时和全球化。

基于互联网的电子商务发展非常迅速,它比基于 EDI 的电子商务具有成本低、覆盖广、功能全、更灵活等优势(见表 1-4)。

表 1-4　基于互联网的电子商务与基于 EDI 的电子商务优势对比

基于互联网的电子商务与基于 EDI 的电子商务优势对比	
成本低	因为互联网是覆盖全球的开放性网络,任何人通过接入互联网来进行商务活动的成本都比传统的 VAN 成本要低很多
覆盖广	互联网覆盖全球,基于互联网的应用可以在全球范围内进行,用户通过接入互联网就可以方便地与贸易伙伴进行商务信息的沟通和传递
功能全	因为互联网可以提供许多不同的应用,有着相当丰富的资源,基于互联网的电子商务可以支持不同类型的用户实现不同层次的商务目标,如建立商务网站、发布商业信息、在线商务洽谈和建立虚拟商城等
更灵活	基于互联网的电子商务可以灵活地针对不同的客户提供不同的服务,如针对不同年龄的用户提供个性化的服务界面,针对不同国家和地区的用户提供不同的语言显示

3. 第 3 阶段:E 概念电子商务阶段

自 2000 年初以来,人们对电子商务的认识,逐渐由电子商务扩展到 E 概念的高度,人们认识到电子商务实际上就是电子信息技术同商务应用的结合。而电子信息技术不但可以与商务活动结合,还可以与医疗、教育、卫生、军事、行政等有关的应用领域结合,从而形成有关领域的 E 概念。电子信息技术和教育结合产生了远程教育;电子信息技术和医疗结合产生了电子医疗——远程医疗;电子信息技术和政务结合产生了电子政务;电子信息技术和军务结合产生了电子军务——远程指挥;电子信息技术和金融结合产生了在线银行;电子信息技术与企业组织形式结合形成了虚拟企业等。对应于不同的 E 概念,产生了不同的电子商务模式,如电子娱乐(E-entertainment)、电子政务(E-government)等。随着电子信息技术的发展和社会需要的不断提高,人们会不断地为电子信息技术找到新的应用,必将产生越来越多的 E 概念,人类社会也将进入真正的 E 时代。

E 概念的思想在 2000 年被提出并迅速得到认可和广泛的传播,即以电子技术和网络技术为基础,其他技术或思想为上层平台,经过功能与理念的双重整合,形成对社会生活形态有重大影响的新事物。从这个意义上来说,电子商务只是 E 概念的一个子集。

虽然电子商务只是 E 概念的一个子集,它却给整个世界带来了新的动力和通向未来的广阔空间。电子商务的发展可能会改变整个社会的运作规则。E 概念的意义就在于它可以使人们掌握所有未来新事物的本质特性,而不仅仅是新事物带来的表象上的巨变。那么,人们就可以真正掌握 E 概念所带来的 E 时代里可能发生的所有变化的根源,从而主动促进社会产生更大的变革。

二、电子商务的发展趋势

在电子商务刚刚兴起的年代,电子商务的功能非常有限,但现在它已经覆盖了很多领域,而且正在与最新的技术结合。无论是客户追求个性化、定制化的需要,还是强大的退货政策,以及与其他技术的集成,所有这些变化正在慢慢席卷整个电商领域。电子商务的发展呈现以下 8 大趋势。

1. 电子商务销量的增长势不可当

全球电子商务行业的销售额一直在稳步增长，这是有充分理由的。虽然网上购物是最流行的线上活动之一，但不同地区的网购活动情况也不同。如今独立的电商店铺越来越多，更多的人开始转向网上购物了，这种趋势是由很多因素造成的，不过最主要的原因之一就是网络购物的舒适度很高。同时，买家对在线购物的信任度也越来越高，买家的购物体验也越来越好。

2. 移动端购物行为持续上升

电子商务销量的上升在一定程度上受到了移动设备使用人群增加的影响。消费者不仅会在网上购物，还会在完成交易前通过移动设备浏览或搜索相关商品、服务的信息。人们对网上购物的信任度不断增加，他们会觉得通过移动设备端进行网上购物比通过PC端购物体验更好，尤其是对于那些在计算机和互联网环境下成长起来的"千禧一代"和"Z一代"来说更是如此。与上一代人相比，他们是使用移动设备购物的主力军。因此，越来越多的电商网站为了迎合这代人，纷纷对平台的移动手机端、平板PC端进行了优化。这样做可以优化电商购物体验，也可以让更多的人群享受电子商务的红利。

3. 语音电子商务崛起

语音电商起源于2014年，当时亚马逊推出了智能语音设备Echo。虽然语音购物现在还处于早期发展阶段，但相关的统计数据表明，语音购物将在未来几年越来越普及。语音购物属于一种非视觉体验，也就是说，客户可以通过语音来描述他们希望购买的商品。语音电商可以快速帮助客户找到他们中意的商品。然而，一般来说，通过语音搜索购买的商品类型价值都比较低，如食品、小商品及部分家具产品。语音购物的崛起意味着电商平台必须为客户提供更加优质的服务，让客户在搜索购买相关商品时拥有更好的体验。

4. 社交电子商务发展迅猛

社交购物的发展势头十分迅猛。在国外，Facebook增加了购买按钮，而Instagram（一款运行在移动端上的社交应用）引入了结账系统，这一切都表明社交购物在电商领域的作用越来越明显。另外，如果使用WooCommerce搭建一个电商网站，再添加一些社交分享类插件，卖家就可以把自己的商品分享给各大社交网络平台，以便社交平台上的用户可以快速访问网店然后下单购买商品。这些社交平台既包含国外的社交媒体，也包含国内的主要社交媒体，如抖音、快手这样的平台。作为灵感迸发与传播的渠道，这些社交媒体让各个品牌都有被更多的群体认识的机会，其他用户还可以订阅他们喜欢的内容，持续不断地接收感兴趣的信息。社交媒体已经成为大家日常生活中不可分割的一部分，它也会直接影响未来的电商发展趋势，而这种影响力只会增加不会减少。

5. 绿色环保理念逐步影响买家

如今，绿色环保的购物理念越来越深入人心，各大品牌有必要采取行动，保证自己的产品和业务始终处于绿色可持续经营状态，其中也包括采购环节。"千禧一代"消费者的购物理念也越来越贴近绿色环保，因此，绿色环保类产品越来越多。

6. 人工智能对电子商务的影响增加

人工智能对电子商务的影响增加是因为全球的零售商已经瞄准了新的技术，让客户的购物体验更加人性化、个性化。这表明全球的零售商都愿意在新工具方面进行投资，以改善他们的客户服务，获得竞争优势。这些人工智能工具包括自动营销平台、即时聊天机器人,另外,人工智能技术还触及人工智能优化过的定价和折扣领域,以及买家的需求预测。

7. 增强现实技术改变了买家的购物方式

未来将有越来越多的店铺使用增强现实技术,让买家获得更加丰富的购物体验。买家在网购时,最担心的就是无法亲眼看到商品,而增强现实技术可以有效弥补这一点,还可以让线上买家通过肉眼对他们感兴趣的商品进行视觉感官体验。增强现实技术能给消费者提供更加个性的网购体验,让消费者像进入实体店一样测试商品和服务。卖家也可以通过这项技术让买家有更加直观的购物体验。

8. 满足客户的个性化追求

如今的电子商务类网站正在顺应个性化追求这一发展趋势,并积极制定相关的投资策略,让买家拥有更好的购物体验。例如,个性化邮件信息可以为感兴趣的用户群体提供精确的商品信息。个性化客户交流、个性化折扣优惠、个性化客户交互、个性化视频内容等因素都会为买家带来更好的购物体验,从而与客户建立更加紧密的联系。

在电子商务飞速发展的时代,商家必须与时俱进,用变化发展的眼光看待问题,只有顺应电子商务发展的趋势,才能在竞争的浪潮中立于不败之地。

【任务评价】

请填写电子商务的发展学习任务评价表(见表1-5)。

表1-5 电子商务的发展学习任务评价表

班级		学号		姓名	
角色	○ 组长	○ 组员	完成时间		
任务		完成情况记录			
		学生自评	生生互评	教师评价	
评价占比(自设)		%	%	%	
理论学习得分					
技能训练得分					
任务完成得分					
任务创新得分					
总评					

【拓展练习】

1. 试分析推动电子商务发展的积极因素有哪些?
2. 如何理解电子商务中商务与技术的关系?

任务三

电子商务的应用领域及影响

任务描述

电子商务的应用领域非常广泛,该如何对其进行分类,以及电子商务在各行业中的具体应用又有哪些?对这些问题我们需要有清晰的认识,才能让抽象的电子商务变得立体化。作为一种不同于传统的新型交易模式,电子商务将生产企业、流通企业、消费者和政府引入一个数字化的虚拟空间,让人们不再受地域、时间的限制,以一种简单的、快速的方式完成更复杂的业务活动,将手动和电子信息处理集成一个不可分割的整体,优化了资源的配置,提高了业务系统运行的严密性和效率。电子商务从业人员应当了解电子商务的发展对社会、经济和生活带来的多方面影响。

学习目标

1. 了解电子商务的应用领域;
2. 了解电子商务给个人、企业和政府带来的影响;
3. 了解科学技术给社会发展进步带来的影响。

思政目标

引导学生未来就业或创业选择电子商务领域,实现自我价值和社会价值。

任务分配

本任务分3组进行,每组由1位组长和若干组员构成,组员在组长的带领下,根据【任务准备】模块的引导问题进行任务分工,学习电子商务的主要应用领域、人工智能在电子商务中的应用,以及电子商务对个人、企业和政府带来的影响,并填写表1-6。

表1-6 电子商务的应用领域及影响学习任务分配表

班级		组号		组名	
角色	姓名	学号	任务分工		
组长					
组员					

任务准备

引导问题1:电子商务主要应用在哪些领域?
引导问题2:电子商务给个人、企业和政府带来了哪些影响?

任务实施

一、电子商务的应用领域

电子商务作为信息流、物流、现金流的实现手段,应用极其广泛。其主要应用领域包括以下 7 个方面,如图 1-1 所示。

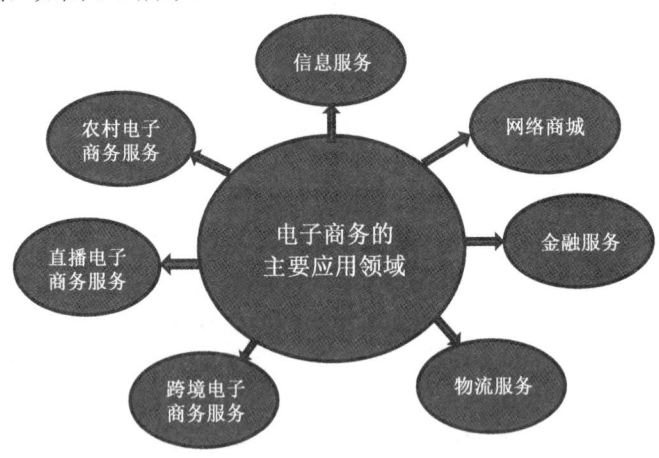

图 1-1　电子商务的主要应用领域

1. 信息服务

电子商务可以通过网络平台为用户提供各类信息服务,如行业资讯、企业供求信息、房屋租赁信息和法律咨询服务等。利用网络平台的信息服务,企业之间能够轻松掌握实质性的供求信息,可以更加便捷地实现互惠交易。

2. 网络商城

随着电子商务的发展,网络商城作为电子商务的一个重要应用,已逐渐成为人们上网的主要活动场所之一。人们可以在淘宝网、京东等大型购物商城进行在线购物,如购买服装、家电、数码产品及预订鲜花和快餐等。除传统的商品类购物外,还可以在网上进行房产交易、拍卖、装修,以及电子书刊和音像出版等业务。网上购物改变了传统的购物方式,为用户提供了更加方便和快捷的服务。

3. 金融服务

电子商务可通过金融机构、商业银行、证券公司等提供互联网信贷、供应链金融、预售订单融资、跨界合作金融、中间业务、货币汇兑、移动支付等金融服务。电子商务金融以网络平台为依托,使得传统金融业务具备透明度、参与度更高,协作性更好,中间成本更低,操作更便捷等一系列特征。

4. 物流服务

电子商务在现代物流中的应用主要表现在采购、配送运输作业环节的信息处理。运用电子化技术进行信息处理,使物流过程中的生产、运输、仓储管理最优化,充分发挥物流资源的配置作用。电子商务在物流配送中也起到了很大的促进作用,如从事电子商务的企业自建配送中心,自己经营配送业务或将配送业务外包给专业物流公司,还可以与其他企业合建配送中心,共同开展配送业务。这些新型的配送形式比传统的物流配送更容易实现信息化、现代化、社会化、合理化和简单化,使货畅其流,物尽其用,减少了生产企业的库存，加速了资金周转，提高了物流效率。

5. 跨境电子商务服务

电子商务为跨境外贸商务活动提供了一条更便捷的渠道。通过跨境电子商务平台，分属不同国家或地区的两家或多家企业，可以在平台上获得商品的供求信息，买卖双方通过平台实现订单提交、货款在线支付、物流配送，以及通关、外汇结算等交易环节。

6. 直播电子商务服务

电子商务与直播相结合，发展成为一种新型的营销手段——直播电商。直播电商是指主播借助视频直播形式推荐卖货的新兴电商形式，是电子商务进化的新阶段。直播电商作为内容电商的高级形态和最新形式，其"现场+同场+互动"的特点，实现了内容多维度的升级，能够通过紧密的互动与用户建立更为长久的"信任感"，可以更好地输出品牌价值，真正实现"品效合一"。

7. 农村电子商务服务

电子商务可以通过网络平台嫁接各种服务于农村的资源；拓展农村信息业务的服务领域；以数字化、信息化的手段，通过集约化管理、市场化运作、成体系的跨区域跨行业联合，构筑紧凑而有序的商业联合体，降低农村商业成本、扩大农村商业领域。

二、电子商务的影响

电子商务作为一种新型且发展迅速的交易方式，将企业和消费者带入了一个网络经济增长迅猛的新世界。它对个人、企业和政府管理决策产生了深远的影响，如图1-2所示。

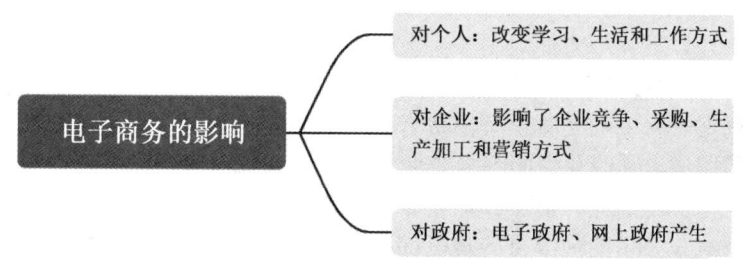

图1-2 电子商务的影响

1. 电子商务对个人的影响

电子商务让人们不受时间和空间的限制，在网上进行各种各样的活动。电子商务已经深入个人的学习、生活和工作中，其影响主要体现在以下3个方面。

（1）在学习上，可以通过电子商务网站购书，如电子书、纸质书。同时，随着电子商务的发展，网络学校应运而生，学员可以通过在线学习接受网络教育。这种远程教育方式，以计算机通信技术和网络技术为依托，采用双向交互式的多媒体现代化教学手段，传送声音、图像和电子课件，使身处两地的师生能像现场教学一样进行双向视听问答。

（2）在生活上，电子商务改变了人们的消费方式。传统的商务活动以企业为主导，引导消费者接受商品。而在电子商务中，消费者占据主导地位，可以自主选择接受什么商品或服务。电子商务网站中商品众多，消费者足不出户，通过计算机或智能手机就可以购买到自己想要的商品，并且可以随时随地接收新闻、咨询等信息，或定制电影、电视节目，还可以缴纳生活中的费用。

（3）在工作上，电子商务为人们提供了诸多岗位，如推广营销、策划、网络销售、采购、产品开发、仓库管理等，并缩短了商务活动的中间环节，大大提高了工作效率。

2. 电子商务对企业的影响

电子商务大大缩减了商务活动的中间环节。传统商务的运作模式是"生产商→批发商→零售商→消费者"，而电子商务使企业直接面对消费者。这种改变对企业之间的竞争、企业采购、企业生产加工及企业营销方式等方面都将产生影响。

（1）对企业之间竞争的影响。电子商务促进了社会经济的增长，使企业之间的竞争更为激烈。在电子商务环境下，传统的商务模式发生了根本性改变，社会行业逐渐细分，电子商务催生了更多的新兴行业，如网上商城、网络金融，以及专门为网上购物服务的配送业务等。一些崛起的新兴行业取代了其他传统行业。同时，电子商务使企业能及时了解消费者的喜好、需求和购物习惯，提高了企业开发新商品和提供新型服务的能力。

（2）对企业采购的影响。传统的企业采购一般通过供销会、订货会等方式实现。这种传统的采购原材料的方法耗时、费力，而电子商务恰好弥补了这方面的不足，成为企业降低采购成本的一种有效途径。一方面，互联网是一个开放性高、经营时间长、成本费用低的平台，并形成一体化的信息传递和信息处理体系，进而开创了一条方便、快捷的信息渠道，提高了买卖双方的协作能力；另一方面，电子商务模式可以通过网络平台快速地在众多供应商中找到合适的合作伙伴，不但能获得较低的采购价格，并且能及时了解供应商的商品信息，如价格、库存等。

（3）对企业生产加工的影响。在传统的生产管理中，企业由于生产的商品品种繁多，为了及时生产出合格的商品，必须采用各种方法解决生产中存在的问题。电子商务对企业的生产理念、生产方式、生产周期及库存管理等都会带来巨大的影响。具体而言，主要体现在以下4个方面。

① 提升企业生产理念：由于电子商务为消费者提供了一种快捷、方便的购物手段，生产商通过网络平台能够及时了解消费者的个性化需求。为了满足消费者的个性化需求、提供更优质的服务，制造业中的许多企业纷纷发展和普及电子商务，如美国福特汽车公司曾将分布在全世界的计算机工作站与公司内部网络连接起来，并将全世界经销商纳入内部网。福特汽车公司的最终目的是能够按照消费者的不同要求，按需供应汽车。

② 促使企业改变生产方式：企业传统经营模式下的生产方式为大批量、规格化、流程固定的流水线生产。而电子商务把信息技术和生产技术紧密地融为一体，使企业生产过程现代化。同时，消费者的需求变得越来越个性化、多样化，市场细分使企业必须针对每位消费者的需求进行一对一的"微营销"，电子商务的数字化正好满足了这方面的要求。

③ 缩短生产与研发周期：在电子商务环境下，企业需要通过产品和服务创新提高市场竞争力，促使企业加大产品的研发力度。并且，电子商务通过提高信息和资金等的转移速度，提高了生产效率，缩短了生产周期，从而降低了商品的生产成本。

④ 提高库存管理能力：企业的库存越多，经营成本就越高，相应的利润就会越少。库存更多并不能保证销售更好。电子商务通过人与电子通信方式的结合，极大地提高了商务活动的效率，有效缩减了中间环节，企业借此进入小批量、多品种的时代，使"零库存"成为可能。减少库存意味着现有的生产加工能力能更有效地得到发挥。有效地生产可以减少或消除企业对设备的额外投资。

（4）对企业营销方式的影响。传统商务活动主要的营销方式是依靠推销员来宣传产品和服务，往往"吃力不讨好"。互联网和电子商务构建了新的营销平台，其营销方式更加精准和细分，网上广告的形式更加灵活多样，传播范围和覆盖范围更加广泛，广告的平均费用也大为降低，并且，对中小企业的品牌塑造更为有利。

3. 电子商务对政府的影响

政府承担着大量的社会、经济、文化的管理和决策功能，尤其作为"看得见的手"，在调节市场经济运行、防止市场失灵等方面有着很大的作用。在电子商务背景下，企业应用电子商务进行生产经营、银行金融电子化等，消费者实现网上消费，将对政府管理行为提出新的要求。为促进电子商务健康、快速发展，国家层面涉及电子商务的政策层出不穷，政府不断提出管理措施和政策要求，如我国在统计消费者物价指数（Consumer Price Index，CPI）这样的重要指标时，除传统的线下企业数据外，还利用互联网信息，特别是电商交易价格数据补充完善调查样本。电子政府又被称为网上政府，将随着电子商务的发展而成为一个重要的社会角色。

任务评价

请填写电子商务的应用领域及影响学习任务评价表（见表1-7）。

表1-7 电子商务的应用领域及影响学习任务评价表

班级		学号		姓名	
角色	○ 组长　○ 组员		完成时间		
任务		完成情况记录			
		学生自评	生生互评	教师评价	
评价占比（自设）		%	%	%	
理论学习得分					
技能训练得分					
任务完成得分					
任务创新得分					
总评					

拓展练习

1. 举例说明你身边的电子商务应用。
2. 电子商务给你的学习、工作和生活带来了哪些影响？

项目二
B2B 电子商务案例

  企业对企业（Business to Business，B2B）电子商务是指企业与企业之间通过互联网或私有网络等现代信息技术手段进行的各种商务活动，如谈判、订货、签约和付款等。这种模式很受企业重视，在电子商务领域的应用较为广泛。B2B 电子商务平台使得企业可在网上寻找最佳合作伙伴，实现订购、结算等交易行为。阿里巴巴不仅是国内领先的电子商务服务平台，还是全球企业间的电子商务知名品牌；中国制造网是一个信息荟萃的中国产品服务平台，面向全球提供电子商务服务。本项目以阿里巴巴（简称阿里）和中国制造网为例，对平台的特点和优势进行分析，并对平台使用中的典型案例进行解析。

任务一

认识 B2B 电子商务模式

▶ 任务描述 ▶▶▶

使用 B2B 电子商务平台的用户须对 B2B 电子商务模式的定义和特点有基本的认知，了解 B2B 电子商务模式的分类和交易流程。

▶ 学习目标 ▶▶▶

1. 了解 B2B 电子商务模式的定义及主要平台；
2. 了解 B2B 电子商务模式的主要特点及分类。

▶ 思政目标 ▶▶▶

通过对 B2B 电子商务模式的分析，学会抓住事物的主要特征。

▶ 任务分配 ▶▶▶

本任务分 3 组进行，每组由 1 位组长和若干组员构成，组员在组长的带领下，根据【任务准备】模块的引导问题进行任务分工，理解 B2B 电子商务模式的定义及主要特点，了解 B2B 电子商务模式的分类及交易流程，并填写表 2-1。

表 2-1 认识 B2B 电子商务模式学习任务分配表

班级		组号		组名	
角色	姓名	学号		任务分工	
组长					
组员					

▶ 任务准备 ▶▶▶

引导问题 1：B2B 电子商务的定义是什么？你知道主要 B2B 电子商务的平台有哪些吗？

引导问题 2：B2B 电子商务模式的主要特点是什么？

引导问题 3：B2B 电子商务模式有哪些不同类型？

任务实施

一、B2B 电子商务模式概述

1. B2B 电子商务模式的简介

B2B 电子商务是指企业与企业通过互联网开展的一切商务活动,这些商务活动主要是商家交易。它是一个将买方企业、卖方企业及服务于它们之中的中间商(如金融机构)之间的信息交换的交易行为集成到一起的电子商务运作方式。我国的阿里巴巴、中国制造网、环球咨询网等是这类企业的典型代表。完整的 B2B 电子商务系统包括生产商、外部供应商、运输提供商、分销商、零售商等主体部分。这种电子商务模式市场规模巨大,也是企业改善竞争条件与建立竞争优势的主要方式。目前世界上 80%的电子商务交易额都是在企业之间完成的。

利用互联网进行的 B2B 电子商务交易中,买卖双方能够在网上完成整个交易流程:从建立最初印象到询价比较,讨价还价乃至签单和交货,最后到客户服务。B2B 电子商务使企业之间的交易减少了许多事务性的工作流程和管理费用,降低了企业经营成本,扩大了企业活动范围,使企业发展跨地区、跨国界的贸易更方便,产品成本更低廉。

2. B2B 电子商务模式的主要特点

B2B 电子商务发展至今,不仅带来了电子商务热潮,还改变了企业的经营模式。B2B 电子商务平台的出现,使企业可以在网上实现为每笔交易找到最佳合作伙伴,完成从订购到结算的全部交易行为。其主要特点体现在以下几个方面。

(1)交易金额大。相对于企业对消费者(Business to Consumer,B2C)电子商务模式和消费者对消费者(Consumer to Consumer,C2C)电子商务模式,B2B 电子商务模式的交易次数相对较少,但单次交易金额往往会大于前两者。

(2)交易对象广泛。B2B 电子商务模式交易对象广泛,可以是任何一种商品。该商品可以是成品,还可以是原材料或半成品。

(3)交易操作规范。相较于传统的企业间的交易,B2B 电子商务模式的交易操作相对规范化、标准化及流程化。通过 B2B 电子商务模式的交易方式,买卖双方能够在网上完成整个业务流程,这大大降低了企业的经营成本,缩短了交易时间,大大提高了工作效率。

(4)交易过程复杂。相对于 B2C 电子商务模式和 C2C 电子商务模式,B2B 电子商务模式的交易过程涉及交易谈判、合同签订和售后服务及赔付等环节,交易过程较复杂。

二、B2B 电子商务模式分析

1. B2B 电子商务模式的分类

B2B 电子商务模式有很多,我们可以根据不同的分类标准对其进行分类,下面分别按照行业性质和服务模式对 B2B 电子商务模式进行分类。

(1)按行业性质分类。

① 水平型 B2B。水平型 B2B 又称综合型 B2B,在目前的 B2B 电子商务中占主要市场份额,涵盖了不同的行业和领域,是以提供供求信息为主的平台,是商业信息的集散地。水平型 B2B 网站为买卖双方提供了一个信息分享和交易的平台,买卖双方可以在此分享信息、发布广告、竞拍投标、进行交易。这类网站既不是拥有商品的企业,也不

是经营商品的商家。它只提供一个平台,将供应商和采购商汇集在一起。采购商可以在平台上查看供应商的采购信息。典型的运营代表有阿里巴巴、慧聪网等。

② 垂直型 B2B。垂直型 B2B 又称行业 B2B,是指提供某一类商品及其相关商品(互补商品),从网上交流到广告发布、网上拍卖、网上交易等一系列服务的电子商务交易平台。垂直型 B2B 可以分为两个方向,即上游和下游。生产商或商品零售商可以与上游的供应商形成供货关系;生产商与下游的经销商可以形成销货关系。垂直型 B2B 电子商务网站将自身定位在一个特定的领域内,其专业性较强,如 IT、化学、医药、钢铁等行业。典型的运营代表有中国制造网、中国化工网、全球五金网、全球纺织网等。

注意,在垂直型 B2B 领域中存在一种特殊的模式——自建类 B2B。自建类 B2B 一般为大型企业基于自身的信息化建设程度,以自身商品供应链为核心搭建的行业化电子商务平台。企业通过自身的电子商务平台,串联起行业整条产业链,产业链上、下游企业通过该平台实现信息分享、沟通交流和支付交易。典型的运营代表有海尔、戴尔、联想等企业。

(2)按服务模式分类。

① 信息服务类 B2B。信息服务类 B2B 是指 B2B 电子商务企业为中小企业提供一个信息平台,中小企业通过平台充分展示自己,从而带来商机。信息服务类 B2B 可以减少中小企业信息获取困难的问题,在一定程度上拓宽了中小企业的销售渠道。此类平台的盈利模式为收取会员费。典型运营代表有慧聪网、环球资源网等。另外,现阶段的垂直型 B2B 平台大多以提供信息服务为主,不介入交易环节。

② 交易服务类 B2B。交易服务类 B2B 是指 B2B 电子商务企业为中小企业提供在线交易平台,实现信息流、物流和资金流的三流合一。目前,在国内外贸市场上,大宗商品和小额批发领域均出现了交易服务类 B2B 平台。此类平台依靠交易佣金盈利。典型运营代表有敦煌网、易唐网等。

③ 资源整合类 B2B。资源整合类 B2B 平台可以为用户提供全方位的电子商务解决方案,实现贸易在每个环节上的资源整合。电子商务企业可以实现与银行、物流企业、海关等机构的对接,最终实现每个环节的电子商务化。此类平台盈利模式多样化,可提供个性化的增值服务,用户体验较好。

2. B2B 电子商务模式的交易流程分析

B2B 电子商务模式的交易流程如图 2-1 所示。

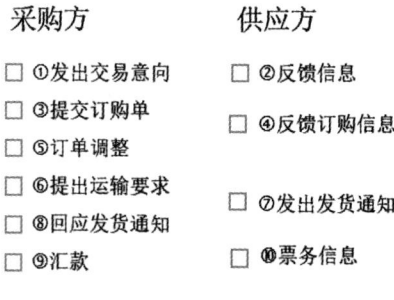

图 2-1 B2B 电子商务模式的交易流程

(1)发出交易意向。采购方向供应方发出交易意向,提出商品报价请求并咨询商品的详细信息。

（2）反馈信息。供应方向采购方反馈提出的问题。

（3）提交订购单。采购方向供应方提交商品订购单。

（4）反馈订购信息。供应方对采购方提交的订购单进行处理，统计采购方案中有无存货、商品规格、品种和质量等信息。

（5）订单调整。采购方根据供应方的反馈决定是否调整订购单，确认后做出购买决定。

（6）提出运输要求。采购方向供应方提出商品运输要求，明确运输工具、交货时间和地点等。

（7）发出发货通知。供应方向采购方发出发货通知，说明运输的具体情况，如运输公司法人姓名、交货地点、时间和包装等。

（8）回应发货通知。收货后，采购方回应供货方的发货信息。

（9）汇款。采购方回应供货方，确认收货信息并汇款。

（10）票务信息。供货方开具电子发票，采购方收到货物，供应方收到货款，结束交易。

任务评价

请填写认识B2B电子商务模式学习任务评价表（见表2-2）。

表2-2　认识B2B电子商务模式学习任务评价表

班级		学号		姓名	
角色	○ 组长　○ 组员		完成时间		
任务		完成情况记录			
		学生自评		生生互评	教师评价
评价占比（自设）		%		%	%
理论学习得分					
技能训练得分					
任务完成得分					
任务创新得分					
总评					

拓展练习

1. 各小组分配任务，浏览表2-3中的两类B2B交易平台。

表2-3　两类B2B交易平台

综合性B2B交易平台	阿里巴巴、慧聪网
行业性B2B交易平台	中国制造网、中国化工网

2. 各小组选择两个或两个以上B2B电子商务平台，讨论哪个平台的流程设计得更好。为什么？

任务二

阿里巴巴案例

▌任务描述 ▶▶▶

阿里巴巴是国际著名的B2B电子商务平台之一,阿里巴巴的卖家想要获得更多流量和更多订单,必须先了解阿里巴巴的优势及平台的使用方法和规则。

▌学习目标 ▶▶▶

1. 对阿里巴巴平台有基本的认知;
2. 理解数据运营的重要性,掌握用阿里巴巴生意参谋优化店铺数据的方法;
3. 了解运用自然搜索引流和站外推广等方式来提升阿里巴巴店铺流量的方法。

▌思政目标 ▶▶▶

1. 从阿里巴巴的成功之路感受中国互联网的快速稳定发展及民族自豪感;
2. 培养在竞争激烈的环境下迎难而上、力争上游的精神。

▌任务分配 ▶▶▶

本任务分3组进行,每组由1位组长和若干组员构成,组员在组长的带领下,根据【任务准备】模块的引导问题进行分工,了解阿里巴巴的特点及优势,掌握用生意参谋优化店铺数据及通过自然搜索引流和站外推广提升店铺流量的方法,并填写表2-4。

表2-4 阿里巴巴案例学习任务分配表

班级		组号		组名	
角色	姓名	学号	任务分工		
组长					
组员					

▌任务准备 ▶▶▶

引导问题1:阿里巴巴的优势有哪些?
引导问题2:阿里巴巴店铺如何用生意参谋优化店铺数据?
引导问题3:阿里巴巴店铺如何进行自然搜索引流和站外推广?

任务实施

一、认识阿里巴巴

阿里巴巴集团是全球电子商务的领导者,是中国第一家电子商务公司。阿里巴巴是国际领先的线上B2B电子商务交易市场,并成为全球国际贸易领域最大、最活跃的网上交易市场和商人社区之一。

阿里巴巴成立于1999年,总部位于杭州,在全球设有70多个办事处,如美国硅谷、英国伦敦等海外分支机构。凭借自己良好的定位、稳定的结构和优质的服务,阿里巴巴已发展成为全球首家拥有211万个商户的电子信息商务公司网站,深受大众的喜爱,并被评为"最受欢迎的B2B网站"。

自创立以来,阿里巴巴集团发展迅猛,旨在助力企业,帮助商家、品牌、零售商及其他企业变革营销、销售和经营方式,并借助新技术的力量与用户和客户进行互动,提升经营效率。其业务包括中国商业、国际商业、本地生活服务、菜鸟、云业务、数字媒体、娱乐、创新及其他业务。除此之外,阿里巴巴的蚂蚁集团为其平台上的消费者、商家及其他企业提供数字支付服务和数字金融服务。围绕着阿里巴巴的平台与业务,一个涵盖了消费者、商家、品牌、零售商、第三方服务提供商、战略合作伙伴及其他企业的生态体系已经形成。截至2021年12月31日,阿里巴巴生态全球消费者数量突破了10亿人。阿里巴巴(股票代码:1688)是阿里巴巴集团的核心企业,帮助全球买家和供应商在线交易。阿里巴巴旗下共有3个线上交易市场,国际交易市场集中服务全球的进出口商,中国交易市场集中服务中国本土的贸易商,而日本交易市场通过合资企业经营,主要促进日本外销及内销。

二、阿里巴巴案例分析与应用

案例1

案例描述

小周是入驻阿里巴巴不久的新手小白,他每天耗费巨大心力运营店铺,积极参与平台活动,但店铺的销量始终不高,上架了很多产品却没有一个爆款,有的产品上架30天都没有出单,他只知道店铺卖了多少钱,不了解店铺销量好与差的原因,预估后面销量与销售额等也无从下手,他感到十分苦恼。

案例分析

在全面进入数字化时代的今天,运营阿里巴巴店铺也需要通过数据反馈来发现问题并解决问题。作为小白,首先最应该且最紧迫的就是要会看数据,不会看数据,无异于盲人摸象,阿里巴巴的官方工具"生意参谋"就是获取数据的重要来源。使用"生意参谋"时,首先要清楚自己要如何运营阿里店铺,需要知道哪些数据,只有理清这些,才能有针对性地看"生意参谋",然后做表格,记录数据。

"生意参谋"集数据作战室、市场行情、装修分析、来源分析和竞争情报等数据产品于一体,是大数据时代下赋能商家的重要平台。定位为统一的商家数据产品平台且支持多端联动,基于全渠道数据融合、全链路数据产品集成,为商家提供数据披露、分析、诊断、建议、优化和预测等一站式数据产品服务。接下来,我们讲解一下新手小白如何使用"生意参谋"工具来分析数据,从而了解店铺的问题。

1. 实时概况

了解今日店铺实时访客数、浏览量、订单数和买家数等数据，并与昨日数据对比。根据实时流量的变化，发现目前存在的问题。其中，最重要的是实时访客数和实时浏览量。可以从每天早上八点半开始，每半小时观察下实时访客的数量，这样坚持两三天，也就摸清楚了店铺访客情况，以及什么时间段客户访问量高，商家可以在这个时间段里做推广活动，如图 2-2 所示。

图 2-2　生意参谋实时概况

2. 核心看板

将昨日全天数据、近 7 日及前 30 日各项数据进行对比，了解同行优秀水平及平均水平，尤其是日变化趋势超过 15%时，应分析是哪个环节做得好或者有所影响（活动、节假日、违规或是昨日优化带来的变化），每个数据所对应的因素（展现对应排名或者各个端口，访客对应外在的点击转化，浏览对应详情及店铺布局）。其中，需要重点关注的数据是展现次数、访客数和浏览量。展现次数体现产品被多少人看到，这能判断出产品排名，如果展现次数一直都很低，那么可以直接认定为排名不够。访客数也是必须要看的，访客数这部分是和上周同期做比较，有一定人数来看产品的情况下，访客越多，说明主图做得越好，包括主图、定价、销量等，所以如果访客数不行，就是点击出了问题，需要重新优化产品。浏览量也在一定程度上和转化挂钩，如果在有了一定基础访客的情况下浏览量很少，则说明内容不行，需要更换内容详情。此外，在核心看板下面，有一个同行比较的曲线图。如果店铺的曲线在最下面，那么说明店铺有问题，能运作起来的店铺，展现次数和访客数都应排在上面，如图 2-3 所示。

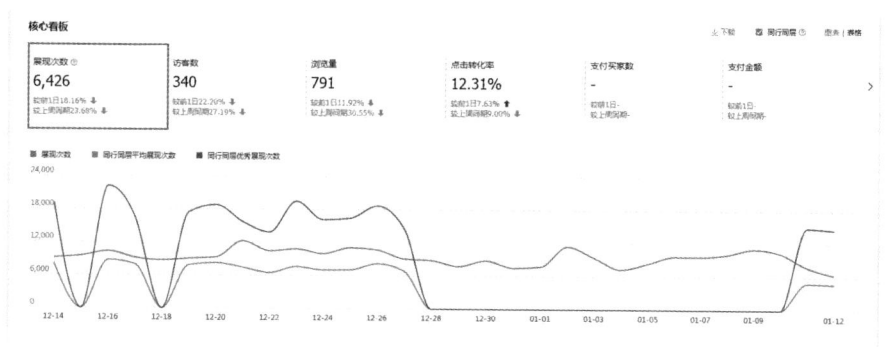

图 2-3　生意参谋核心看板

3. 流量看板

这个模块分别可以按照日、周、月及实时、近 7 天、近 30 天查看。展现次数与展现人数比越大，说明店铺排名越好；访问与展现比越大，说明点击转化越好，反之则是点击率比较低，应该注重提升点击率（需要以一定的数据为基数，否则存在偶然性）。在这个模块可以看到近1个月内各个渠道的曲线数据。从数据上升和下滑的地方，可以选择对应的日期来具体分析当日是哪个渠道的流量在下滑或上升，如图2-4所示。

图2-4　生意参谋流量看板

4. 访客分时段分布

分析访客时段分布可以合理安排客服接待时间，尽量在访客进店高峰期有客服接待，如图2-5所示。

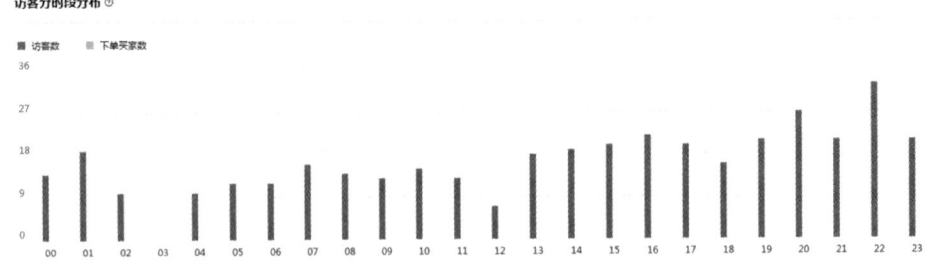

图2-5　生意参谋访客分时段分布

5. 地域分布

在地域分布中可以看到进店TOP10省市分布，此处可以发现对于本店产品采购需求较大的城市，在后期推广时重点对这些城市进行推广，它们也是本地服务数字化能力和数字营销重点经营城市，如图2-6所示。

6. 行为分析

在行为分析中，利用来源关键词TOP5可以查看最近店铺进店关键词是否为店铺最近主推产品，是否偏离既定方向，查漏补缺，完善店铺关键词推广，如图2-7所示。

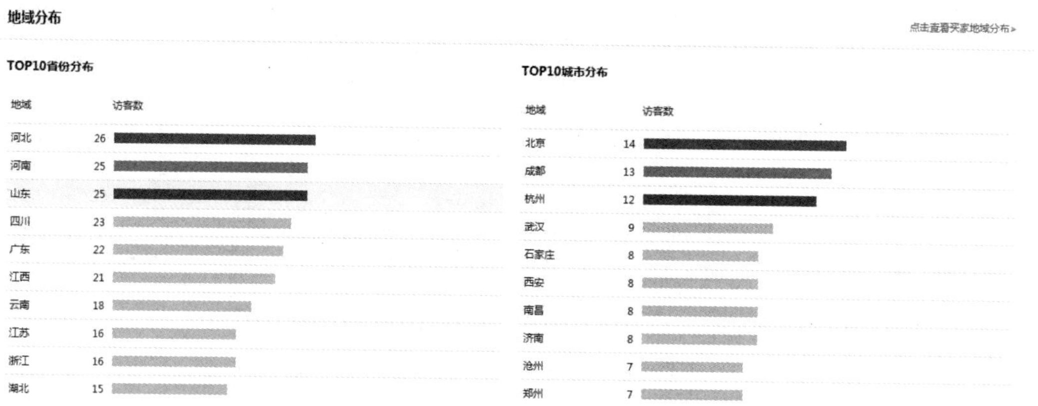

图 2-6　生意参谋地域分布

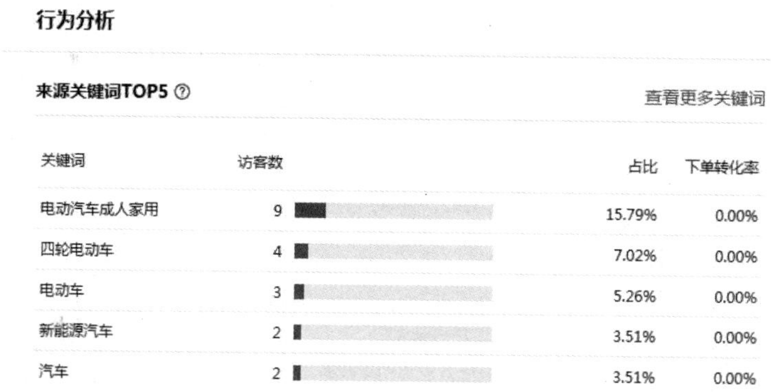

图 2-7　生意参谋来源关键词 TOP5

7. 入店来源

通过同行流量来源 TOP10 对比可以直观看出与同层级同行 TOP 商家的差距，找出差距才能迎难而上，如图 2-8 所示。

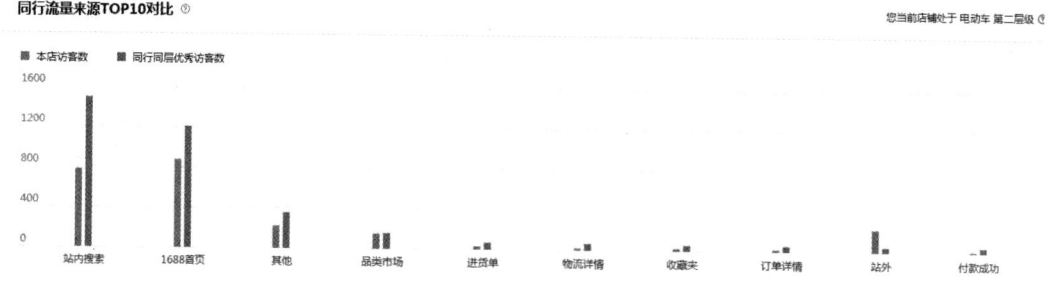

图 2-8　生意参谋同行流量来源 TOP10 对比

8. 流量来源

通过流量来源明细可以更细致地分析本店访客通过不同来源所得到的结果，并且与同层级同行 TOP 级店铺对比，找到和 TOP 级店铺在访客及成交方面的差距，找出需要重点优化的路径，如图 2-9 所示。

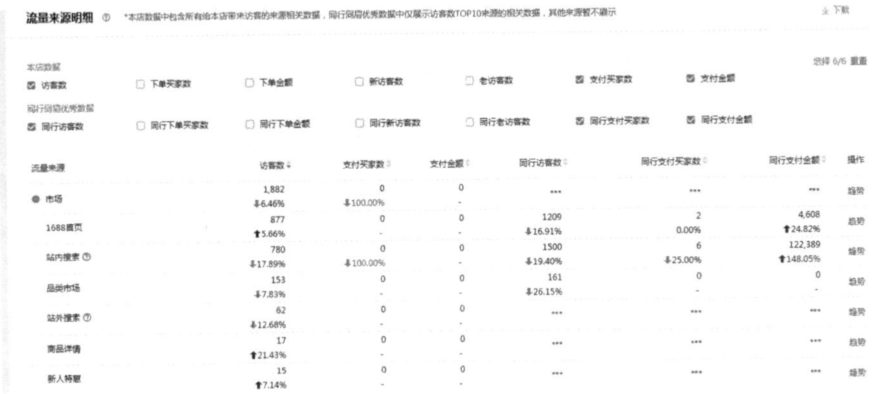

流量来源明细 *本店数据中包含所有给本店带来访客的来源相关数据，同行同层优秀数据中仅展示访客数TOP10来源的相关数据，其他来源暂不展示 下载

本店数据：访客数 下单买家数 下单金额 新访客数 老访客数 支付买家数 支付金额 选择 6/6 重置

同行同层优秀数据：同行访客数 同行下单买家数 同行下单金额 同行新访客数 同行老访客数 同行支付买家数 同行支付金额

流量来源	访客数	支付买家数	支付金额	同行访客数	同行支付买家数	同行支付金额	操作
市场	1,882 ↓6.46%	0 ↓100.00%	0 -	***	***	***	趋势
1688首页	877 ↑5.66%	0 -	0 -	1209 ↓16.91%	2 0.00%	4,608 ↑24.82%	趋势
站内搜索	780 ↓17.89%	0 ↓100.00%	0 -	1500 ↓19.40%	6 ↓25.00%	122,389 ↑148.05%	趋势
品类市场	153 ↓7.83%	0 -	0 -	161 ↓26.15%	0 -	0 -	趋势
站外搜索	62 ↓12.68%	0 -	0 -	***	***	***	趋势
商品详情	17 ↑21.43%	0 -	0 -	***	***	***	趋势
新人特惠	15 ↑7.14%	0 -	0 -	***	***	***	趋势

图 2-9　生意参谋流量来源明细

9. 入店关键词

TOP 入店关键词为生意参谋升级后的新增细分点，可以看到本店铺展现的关键词所带来的各项数据，是分析店铺必看的点：① 可分析入店关键词是否为店铺主推关键词，其最好排名（PC 端及移动端）；② 可分析关键词所对应的点击转化率、访客数、浏览量及进一步的引导数据，找到此环节可提升的点；③ 进一步的商品效果中，可以看到所对应的关键词为店铺带来的效果，分析转化，作为提升转化的依据，如图 2-10、图 2-11 所示。

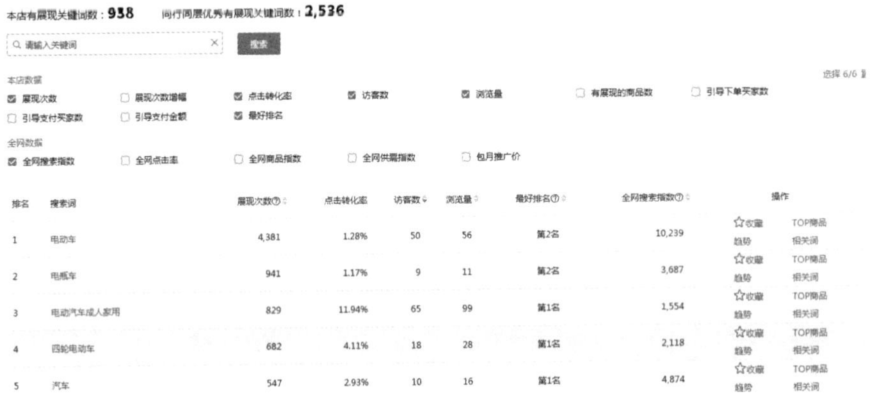

本店有展现关键词数：938　同行同层优秀有展现关键词数：2,536

请输入关键词 搜索

本店数据：展现次数 展现次数增幅 点击转化率 访客数 浏览量 有展现的商品数 引导下单买家数 引导支付买家数 引导支付金额 最好排名 选择 6/6

全网数据：全网搜索指数 全网点击率 全网商品指数 全网供需指数 包月推广价

排名	搜索词	展现次数	点击转化率	访客数	浏览量	最好排名	全网搜索指数	操作
1	电动车	4,381	1.28%	50	56	第2名	10,239	收藏 TOP商品 趋势 相关词
2	电瓶车	941	1.17%	9	11	第2名	3,687	收藏 TOP商品 趋势 相关词
3	电动汽车成人家用	829	11.94%	65	99	第1名	1,554	收藏 TOP商品 趋势 相关词
4	四轮电动车	682	4.11%	18	28	第1名	2,118	收藏 TOP商品 趋势 相关词
5	汽车	547	2.93%	10	16	第1名	4,874	收藏 TOP商品 趋势 相关词

图 2-10　生意参谋店铺展现关键词数

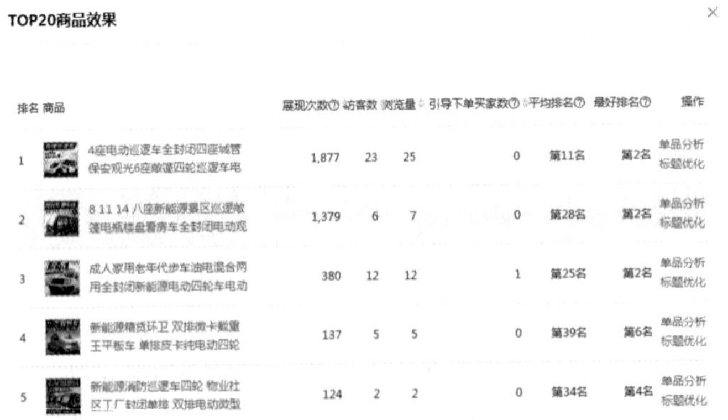

TOP20商品效果

排名	商品	展现次数	访客数	浏览量	引导下单买家数	平均排名	最好排名	操作
1	4座电动巡逻车全封闭四座城管保安观光6座敞篷四轮巡逻车电	1,877	23	25	0	第11名	第2名	单品分析 标题优化
2	8 11 14 八座新能源景区巡逻敞篷电瓶楼盘看房车全封闭电动观	1,379	6	7	0	第28名	第2名	单品分析 标题优化
3	成人家用老年代步车油电混合两用全封闭新能源电动四轮车电动	380	12	12	1	第25名	第2名	单品分析 标题优化
4	新能源箱货环卫 双排微卡载重王平板车 单排皮卡纯电动四轮	137	5	5	0	第39名	第6名	单品分析 标题优化
5	新能源消防巡逻车四轮 物业社区工厂封闭单排 双排电动微型	124	2	2	0	第34名	第4名	单品分析 标题优化

图 2-11　生意参谋 TOP20 商品效果

基于"生意参谋"这一数据分析工具，对原本整体基础和流量都不容乐观的店铺运营过程中的各个环节进行了科学的分析，包括市场分析与店铺的基础优化，从而能达到优化运营效果和效率、降低运营成本、提高效益的目的。

案例 2

案例描述 >>

小刘是一家快销品公司的老板，专注服装行业已经有 10 年之久，拥有专业的设计团队及生产工厂。随着电子商务的快速发展，小刘于 2019 年开通了阿里巴巴店铺，开始正式接触线上业务。他投入了精力和财力，开通了实力商家，并且进行了一定的操作，然而店铺数据依然没有起色。经过一年多的运营，店铺每天只有不到 50 人的访客，并且交易额极低，小刘倍感焦虑。

案例分析 >>

服饰配饰行业在阿里巴巴属于非常热门的快销品行业，竞争压力非常大。它的线上运营节奏不容迟疑，每一步都需要踩准，运营操作需要迅速跟上市场节奏，而产品更是需要迅速跟上运营节奏。于是，自然搜索引流与站外推广等有效的推广引流手段显得十分必要。

1. 自然搜索引流

我们都知道标题很重要，而标题中的关键词更重要，因为不管是自然流量还是付费推广，一个好的标题不仅能提升店铺流量，还能节省一大笔推广资金。因为买家不会漫无目地搜索，而是会根据自己的需要进行搜索，这时标题的关键词就起到了决定性的作用。那么，如何通过标题优化提升店铺流量呢？

第一步：按照六步构词法构造关键词库，如表 2-5 所示。

表 2-5 六步构词法

	属性	品牌	用途	材质	促销	地域
描述	商品的构成属性，如大小、长短、厚薄、容量等	注册品牌、明星同款、品牌同款、电视同款、节目同款等	穿着场合、穿着用户、穿后感受等	构成服装的材质、设计赋予的材质	清仓、包邮、新款、爆品、厂家、特性等	体现供货实力，公司名一般包含地域性，标题可弱化
案例	长袖雪纺衫；长款雪纺衫；雪纺开衫	刘诗诗同款雪纺衫；春晚同款雪纺衫；下一站是幸福同款雪纺衫	修身打底雪纺衫；性感显瘦雪纺衫；休闲气质雪纺衫	印花雪纺衫；蕾丝拼接雪纺衫；大 V 领雪纺衫	厂家清仓包邮雪纺衫；2022 年新款雪纺衫	杭州四季青雪纺衫；韩国大东门雪纺衫
拓展	在选取关键词时，有时我们会感到困惑，例如，工作服的防静电到底是属性还是用途？使用后所带来的一系列感受就是用途，其他针对产品的描述都是属性，如加厚羽绒服就是属性，而保暖羽绒服就是用途，保暖表示穿后感受					

先按照属性、品牌、用途、材质、促销、地域等 6 个分类来构造长尾关键词，这基本上可以全方位覆盖关键词的每一个组成。以一款雪纺衫为例，分析雪纺衫的长尾关键词如何组成。

（1）属性一般指产品的构成属性，如大小、长短、厚薄。对于雪纺衫，可以用长袖雪纺衫、无袖雪纺衫等作为长尾关键词，这就好比对于 U 盘可以用 4GB U 盘，对于饮料可以用 500mL 果汁和 500mL 苹果味果汁等。

(2) 按品牌来讲，可以是秋水伊人雪纺衫，ONLY 雪纺衫。如果是没有品牌的雪纺衫，也可以用明星同款、品牌同款、电视电影同款、综艺节目同款等方式来表现，比如刘诗诗同款雪纺衫、春晚同款雪纺衫、欧时力同款雪纺衫、下一站是幸福同款雪纺衫和韩国东大门同款雪纺衫等。

(3) 服装的用途就是穿，因此可以从以下几方面入手：穿着形式，如打底衫；穿着用户，如女士雪纺衫、童装雪纺衫；使用感受，如穿得美丽、穿得舒服，穿得美丽即修身定做等，而穿得舒服即宽松休闲等；买家的穿后感受，如显瘦、性感、可爱、气质、知性等，这些也可以用来构成雪纺衫的长尾词，如修身雪纺衫、休闲雪纺衫、性感雪纺衫、可爱雪纺衫等。

(4) 对于雪纺衫来说，雪纺二字已经指定了主材质，但是我们可以用服装设计来体现亮点，如印花雪纺衫、蕾丝拼接雪纺衫、大V领雪纺衫、立领雪纺衫、烫钻雪纺衫等。

(5) 买家都希望挑选到物廉价美的商品，所以很多时候他们会用"清仓""包邮""爆款""厂家""新款"等字眼进行搜索，包邮对买家的吸引力非常大，所以商家能包邮就必须在标题写上"包邮"，如 2022 年新款、厂家特价包邮、爆款热卖、新品包邮、清仓包邮等。

(6) 对于部分买家来说，地域和质量成正比，比如杭州四季青的服装非常好，广州沙河的牛仔裤最多，韩国东大门的设计比较前卫，所以买家也会通过地域来挑选厂家；另外，还有部分买家希望可以找到附近的批发商，这样进货时间缩短，也有助于产品的迭代更新，因为公司名一般包含地域性，所以商家在设置标题时可以尽量弱化这方面。

第二步：通过搜索来分析买家的购买心理。

1688 站内搜索入口可以为分为两个（如图 2-12 所示）：① 1688 搜索框，通常排名在 1~3 页的能够被有效搜索，排在 3 页之后的，所能带来的流量就会较少；② 1688 分类入口。因此，在进行标题优化时，要考虑这两个入口。

图 2-12　1688 搜索框

按照买家思路，商家可以想一些关键词，如果不知道怎么去理解买家的思路，可以用阿里搜索和阿里指数来辅助判断。比如在 1688 上搜索雪纺衫，可以看到其有一系列属性，如袖长、风格、领型等，这可以帮商家补充单纯六步构词法的不足。另外，商家需要重点关注的是"您是不是要找："这一串的长尾词，这些长尾词是买家日常搜索中比较常用的一些搜索文案,在构造关键词时一定要把这些词语添加到关键词库里,如图2-13所示。

图 2-13　1688 分类入口

另外,商家还可以通过阿里指数来构造关键词库。首先,输入雪纺衫可以知道雪纺衫究竟属于哪个类目,这点非常重要,因为搜索引擎判定标题是否有效的重要因素,就是关键词所在类目和属性类目是否一致。当用户在搜索雪纺衫时,系统会自动调取该类目下的产品。如果分类选错了,基本上标题优化也就白做了。当然,讲到分类,就不得不提相关性,比如雪纺衫是属于服装这个大类目下的,所以公司名称尽量要包含服装这个关键词,比如××服装厂,同时在主营产品这里至少要写 3 个关键词,比如雪纺衫、连衣裙等,最好是一个大的分类,不要单纯写一个服装就结束了。

第三步:巧用阿里指数来选取优质关键词。

从阿里指数输入已经构造的关键词,可以查看这个关键词最近 7 天和最近 30 天的热搜榜、转化率榜、上升榜和新词榜,如图 2-14 所示。一般要看最近 7 天的数据,因为用户的搜索习惯是不断变化的,长尾词变动还是比较频繁的,大概一到两周优化一次比较合适。商家需要重点查看的是热搜榜和转化率榜,通过热搜榜,可以找到这个类目下最近的热搜词,就是用户搜索量最大的那些词语,而通过转化率榜,可以找到这个类目下的成交词,就是用户是通过哪些关键词最后成功下单的?这两个榜单对后续组装关键词非常重要。那么,通过六步构词法和搜索找到的产品长尾关键词,哪些才是比较优质的呢?一个优质关键词必须具备两个条件:一是要有一定的搜索量,至少要保证有 100 人次的搜索,搜索量太低的关键词也没有优化的必要;第二是要保证这个关键词搜索的商品数量尽量少。通过这两个原则来筛选构造的关键词库,把符合这两个标准的关键词找出来。对于 5A 店铺,可以直接从热门关键词开始做,而对于新店铺,则需要从冷门关键词开始做。新手优化关键词时,要选择从下到上的方式来进行,从阿里指数热搜榜和转化率榜中选择 2~3 个排名最靠后的关键词进行优化,等流量做起来后,有了询盘和订单后再慢慢往前做,这是因为,排名靠后的关键词很多人都不愿意去做,做了也没有多少流量,但是对于新店铺而言,这些关键词的竞争比较小,等有了成交额,这几个冷门关键词做到第一的时候就可以考虑向热门关键词优化了。

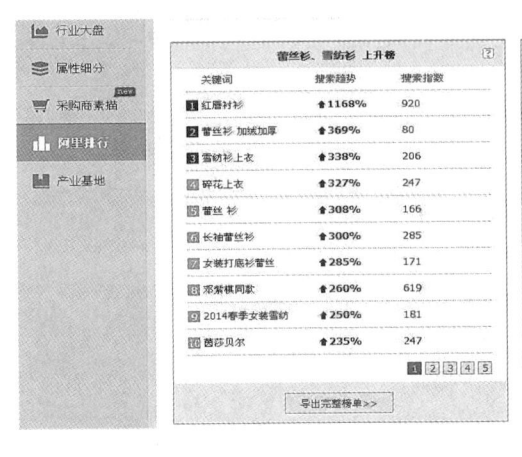

图 2-14 雪纺衫的阿里排行

第四步：标题优化原理和注意事项。

前面提到了长尾词的构造方法，那么怎样才能把这些词组成一个完整的标题呢？下面先介绍 4 个原则。

(1) 关键词的紧密性。在搜索"蕾丝雪纺衫"时，搜索引擎会优先选择将独立的关键词展示出来，如果"蕾丝雪纺衫"紧密连在一起，在相同的情况下，排名会比较靠前。接着，搜索引擎会对蕾丝雪纺衫进行分词，分成"蕾丝""雪纺衫"和"蕾丝""雪纺""衫"进行搜索，所以在搜索"蕾丝雪纺衫"和"蕾丝 雪纺衫"时，搜索的结果是有所差异的。

(2) 避免废词占位。在给标题做优化时，有一些词语已经是废词了，比如杭州、上海，只要公司名字上面显示了杭州、上海，标题中即使没有这些地域名词，也一样能被搜索到。另外，没有搜索量的关键词也属于废词，比如搜索阿里指数，结果显示几乎无人搜索某个标题，直接在 1688 中搜索时，搜索引擎就会直接拆分关键词。当然，多余的修饰词也是废词，比如有家旺铺在每个产品标题上面都会加上"纯正果汁浓香醇厚美味佳品"，这些没有作用的修饰词就是废词。

(3) 关键词的顺序。关键词的排列顺序，也会影响到排名，这个变化主要是因为买家的体验不同，造成产品的曝光和转化的差异。一般来说，1688 对于标题进行搜索是无序的，就是说某个关键词，无论排在标题的前面、中间或者后面，对于搜索展现没有直接影响。但是买家在读取标题时，关键词的排列却在很大程度上决定了买家会不会单击宝贝。一般人看东西的顺序是从上到下，从左到右，那么中间的关键词，在买家第一眼扫过去时就极容易被忽略，这样商家就需要把主要的特征词，能够吸引买家的卖点，放置在标题的头和尾，吸引买家去单击标题。

(4) 关键词的位置。关键词出现的位置也会影响排名。通过对一些词的搜索研究可以发现，在销量等其他因素相当的情况下，关键词位置出现在标题越前端的，越能得到较高的搜索权重。所以，在做标题时，一定要把最符合宝贝的关键词放到最前面，以得到更高的搜索权重。

讨论完标题优化的 4 个原则后，我们还需要了解标题优化的一些注意事项。

(1) 标题汉字要充分利用，但不要语句不通、堆砌关键词的标题，一方面是系统抵制，另一方面是用户体验不好。

（2）标题关键词尽量不要与竞争对手一模一样，要根据自己的产品特性来优化。标题要包含产品的主要属性词，比如蕾丝是一个很重要的属性，一定要加上。因为推广设置关键词时，会大量用到蕾丝去组合关键词，如果没加，那么质量得分会受到影响。

（3）保证推广标题读起来是通顺的，不要设置得特别拗口，例如，“蕾丝吊带睡裙”要是设置成“睡裙吊带蕾丝”，这样读起来就不通顺。

（4）标题中带一些营销性的、吸引点击的词是非常有必要的，例如“特价包邮”“限量抢购”“爆款热卖”等。标题优化是一个需要长期坚持的工作，一边优化，一边评估，一般评估周期为 7 天。优化前，先记录下宝贝的访问量，如果做了优化 7 天后，后台显示宝贝访问量没有明显的增长（20%～30%），那么就要考虑重新再做一次优化了。如果有增长，也要根据销量情况来进行周期性调整。当然，对于产品数量比较多的卖家，也不用全部宝贝都去做，一般选销量在 TOP10～TOP20 的宝贝进行标题优化就可以了。另外，在优化标题时应该注意，对于普通销量的宝贝标题设置，应该在保证长尾关键词的最大匹配前提下覆盖热搜关键词。

2. 站外推广引流

站外推广可以使 1688 店铺的外链增加搜索权重，有助于搜索引擎收录 1688 店铺信息及帮助 1688 信息在搜索引擎中的排名靠前。要让品牌遍布全网，发的内容越多，被客户通过搜索引擎找到的机会越多。只要长时间坚持发布软文，以知识、问答为主，还是比较容易被客户搜索到的。

针对站外引流，主要可以从以下几点入手。

（1）诚信通店铺一键绑定微博，转发产品到微博。

（2）B2B 站群发布产品、公司信息。这个发布信息不一定多，但一定要精，商家只需要把 1688 信息复制过去，然后在详情页留下 1688 店铺的网址和电话即可。以下是目前国内比较知名的 B2B 网站信息，商家可以搜索注册并发送公司和产品信息，如图 2-15 所示。

网站名称	网站评分	百度收录速度	谷歌收录速度	类型	可发数量	用户印象	快速发布
黄页88网	7.8（755）	7.9	7.6	B2B网站	不限制	百度收录快，免费，操作方便	点击发布
马可波罗网	6.9（112）	6.9	6.8	B2B网站	少于10条	百度收录快，免费，操作方便	点击发布
一呼百应	5.9（99）	5.8	5.8	B2B网站	少于20条	百度收录快，操作方便，免费	点击发布
志趣网	6.6（62）	6.6	6.6	B2B网站	不限制	百度收录快，免费，操作方便	点击发布
八方资源网	7.0（55）	7.3	7.0	B2B网站	少于5条	百度收录快，好搜收录快，免费	点击发布
世界工厂网	7.1（241）	7.2	7.0	B2B网站	少于10条	百度收录快，免费，排名效果好	点击发布
慧聪网	6.3（75）	6.2	6.1	B2B网站	少于5条	百度收录快，免费，好搜收录快	点击发布
阿里巴巴	6.4（70）	6.5	6.2	B2B网站	少于10条	百度收录快，操作方便，好搜收录快	点击发布
中国制造网	6.3（44）	6.1	6.1	B2B网站	少于10条	百度收录快，免费，	点击发布
行行出状元网	5.9（28）	5.5	5.4	B2B信息	不限制	百度收录快，免费，排名效果好	点击发布
环球经贸网	6.3（71）	6.3	6.1	B2B网站	少于40条	百度收录快，免费，好搜收录快	点击发布
中国供应商	6.9（85）	7.1	6.8	B2B网站	少于5条	百度收录快，排名效果好，免费	点击发布
汇商网	7.1（23）	7.6	7.6	B2B网站	少于100条	百度收录快，好搜收录快，排名效果好	点击发布

图 2-15　国内知名的 B2B 网站信息

（3）寻找知名问答或博客平台发布软文。软文的发布渠道有 1688 商友圈、百度文库、百度知道、知乎、豆瓣等，应以知识内容为主，最好能发布系列文章，并在文章内部加上自己的品牌及联系方式，同时加上 1688 店铺外链。

例如，2022年什么类型雪纺衫比较好买？哪几种布料适合做雪纺衫？雪纺衫生产加工的5个步骤。雪纺衫进货注意事项等。

（4）使用应用市场流量推广工具，全网流量推广。

总之，1688运营站内是商家推广的重点（一定要投入时间），站外推广作为辅助，有时间就去做（坚持发软文）。阿里巴巴站外搜索引擎精准推广企业通，主要致力于搜索引擎营销推广，联合百度、搜狗（搜搜）、360、有道等四大主流搜索引擎进行精准长尾词推广与聚合营销，能够实现精准引流。

任务评价

请填写阿里巴巴案例学习任务评价表（见表2-6）。

表2-6 阿里巴巴案例学习任务评价表

班级		学号		姓名	
角色	○ 组长		○ 组员	完成时间	
任务		完成情况记录			
		学生自评		生生互评	教师评价
评价占比（自设）		%		%	%
理论学习得分					
技能训练得分					
任务完成得分					
任务创新得分					
总评					

拓展练习

1. 小李是阿里巴巴新手，他在进行数据分析时，发现自己的店铺没有稳定的访问量与成交率，他想通过打造爆款产品提高店铺流量，提升转化率，你能给他支支招吗？

2. 一家阿里巴巴店铺的卖家小王开通了诚信通旺铺，由于店铺是一家集生产、加工、销售为一体的塑胶挤出制造企业，如何向消费者简洁明了地介绍自己的产品成了大难题。在线下可以拿着产品解释，或邀请客户到工厂参观了解，可是在线上却没有办法，这给产品推广造成了困难。他想知道如何推广才能让消费者了解产品。

任务三

中国制造网案例

▌任务描述 ▶▶▶

中国制造网（Made-in-China）是国内目前最优秀的B2B电子商务服务平台之一，平台上的店铺卖家需要掌握提高产品排名的方法并分析客户画像，为店铺带来稳定的流量和订单。

▌学习目标 ▶▶▶

1. 对中国制造网有基本认知；
2. 掌握中国制造网店铺提高产品排名的方法；
3. 理解什么是B2B电子商务用户画像并掌握如何构建用户画像。

▌思政目标 ▶▶▶

1. 中国制造越来越受到国际用户的认可，中国市场对全球企业有着超强磁场效应，增强民族自信心；
2. 培养"脚踏实地，仰望星空"的精神，一步一个脚印。

▌任务分配 ▶▶▶

本任务分3组进行，每组由1位组长和若干组员构成，组员在组长的带领下，根据【任务准备】模块的引导问题进行任务分工，了解中国制造网的主要优势，掌握店铺提高产品排名的方法及如何分析客户画像，并填写表2-7。

表2-7 中国制造网案例学习任务分配表

班级		组号		组名	
角色	姓名	学号	任务分工		
组长					
组员					

▌任务准备 ▶▶▶

引导问题1：中国制造网有哪些优势？

引导问题2：中国制造网店铺如何提高产品排名？

引导问题3：如何构建目标用户画像？

任务实施

一、认识中国制造网

中国制造网由焦点科技股份有限公司开发及运营,目前已经是国内第一家大规模面向中小企业提供第三方权威机构实地审核服务的 B2B 电子商务平台。

中国制造网是一个中国产品信息荟萃的网上世界。该网站利用互联网将中国制造的产品介绍给全球采购商。经过多年的踏实积累和成功运营,中国制造网现已成为最知名的 B2B 电子商务网站之一,有效地在全球买家和中国产品供应商之间架起了贸易桥梁。

焦点科技股份有限公司成立于 1996 年,是国内最早专业从事电子商务开发及应用的高新技术企业之一,致力于为客户提供全面的电子商务解决方案。面对日益增长的中国贸易出口商和互联网用户,焦点科技股份有限公司于 1998 年推出了在线的国际贸易平台——中国制造网,它拥有长达 20 余年的大型电子商务平台运营经验、覆盖 26 个大类 1 600 多个子类的丰富产品信息、遍布全球 200 多个国家和地区的采购商会员、高达 100 万种以上的中国产品数据及高达 600 万条以上的商业信息,为中外客商的满意度和不断增长的访问量提供了坚实的基础。2007 年,中国制造网被《中国电子商务世界》杂志评选为"中国行业电子商务网站 TOP100";被《互联网周刊》授予"2007 年中国商业网站排行榜(B2B)"第 1 名;荣获第十届中国国际电子商务大会组委会授予的"电子商务行业应用优秀平台奖"。2009 年 8 月,以中国制造网为主要平台的焦点科技首次公开发行(Initial Public Offering,IPO)申请通过证监会审核,同年 12 月,焦点科技在深交所中小企业版挂牌交易,正式上市。这是继阿里巴巴 2007 年在港交所上市后又一家 B2B 电子商务平台登陆资本市场。

知识链接:
中国制造网的发展历程

二、中国制造网案例分析与应用

案例1

案例描述

小陈是中国制造网的新手卖家,经过前期一系列准备工作,包括产品拍照(产品图 100 张,工厂全景图)和工厂资质认证等,开始了店铺运营事宜。经过一段时间运营,产品曝光量虽然达到了 5 000,但产品访问量比较少,询盘也不多。经过与中国制造网客服的沟通,他发现问题出在产品排名没有优势,没能让买家关注到。那么,中国制造网如何优化产品排名呢?

案例分析

在智能语义识别系统中,不论是买家的搜索词,还是供应商使用的名称、关键词,都被分为中心词+修饰词。中心词是唯一且固定的,比如 Blown Glass Bottle for Beer with Mugs。中心词是 Bottle,其他的词都是修饰 Bottle 的,比如颜色、材质、用途和配件等。此时如果买家搜索 Bottle,那么这个名称属于高度匹配的,如果买家搜索 Mug,这个名称的匹配度就不高了。如以下 3 个例子。

例 1:Toy for Baby,中心词为 Toy,因为 for、with、made of 等转义词后的都会被

当作修饰词，这也是符合英语的书写习惯的。而且 Baby 是一个不具有销售性质的词。

例 2：Dinner Bowl（Stainless Steel），中心词为 Bowl，括号里面的内容不会被判定为中心词。

例 3：Energy Saving Lamp/Bulb/Light，中心词为 Light，因为中心词只能是唯一且固定的一个，所以当几个名词并列时，系统认定最右边的词为中心词。这也是符合英文的书写习惯的。

那么现在分析一下产品信息应该如何设置，以提升自己的排名。

1. 产品名称设置

产品名称是搜索引擎的第一匹配要素。如果产品名称能同时匹配上买家搜索的中心词和修饰词，那么对于排名有很大帮助，例如，CE Approved Steam Shower Room for Two People。

误区 1：产品名称堆叠能提升排名。

在智能语义搜索引擎中，匹配的词条出现一次和出现多次，对排名是没有影响的，多次重复并不会提升排名，如图 2-16 所示的产品名称中多次出现 Injection 和 Machine，并不会提高排名。

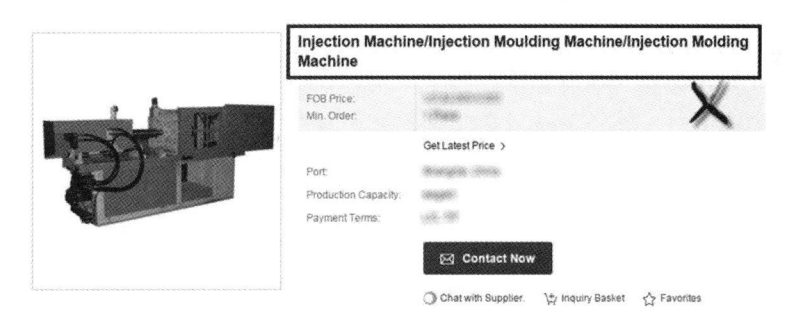

图 2-16　产品名称堆叠误区

误区 2：产品名称过于简单。

如图 2-17 所示，产品名称只有一个 Tent，如果买家搜索 Camping Tent，则卖家产品就匹配不上修饰词了，此时对产品的排名也是有影响的。因此应该丰富修饰词，以迎合买家不同的搜索习惯。在搜索结果列表中，丰富的名称也能展示给买家更多有价值的信息。

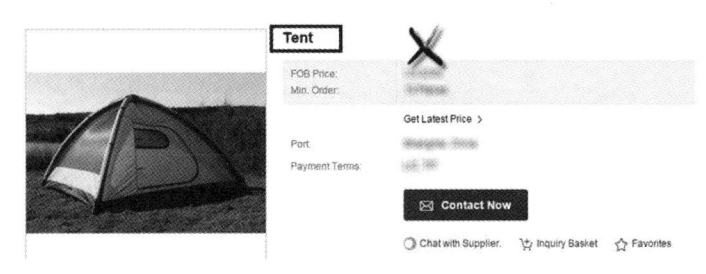

图 2-17　产品名称简单误区

设置建议如下。

（1）明确核心词。买家常用的搜索词是 Glass，卖家产品名称的中心词也是 Glass，产品才能较好地匹配。

（2）明确产品定位。用材质、规格和认证等信息修饰核心词，如图 2-18 所示。

图 2-18　产品名称设置

2. 关键词设置

关键词可以选择该产品常见的名称、别名及买家最可能用来搜索该产品的词。关键词不区分大小写与单复数，如设置了 shoes 后，就不用再设置 shoe 了。关键词设置误区有以下 3 点。

（1）关键词填的越少越好，这样相关度高。

关键词是买家搜索该产品最可能用到的词，填得过少，甚至不含最常用的别名，则被搜索到概率就小。

（2）热词出现的次数越多越好，这样匹配度会更高。

在智能语义搜索引擎中，匹配的词条出现一次和出现多次，对排名是没有影响的，多次重复并不会提升排名。

（3）关键词的顺序没影响。

关键词的顺序对结果是有影响的，因此，热门的关键词尽量设置在前面。

设置建议：在发布产品时，输入 1~3 个关键词，单击"关键词建议"，会显示相关热词推荐。

还可以使用数据罗盘——推广及优化中的产品关键词优化（限专业版）及关键词分析功能。

3. 产品目录选择

选择与产品相关的最合适、最准确的目录，如图 2-19 所示。只有准确地选择目录，

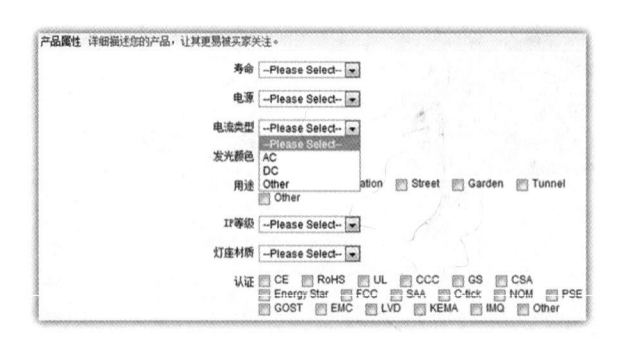

图 2-19　产品目录设置

系统才会根据目录给出对应的产品属性供我们选择，而所选的属性也是参与搜索引擎匹配的。例如，买家搜索 DC LED，卖家在名称和关键词中均没有设置 DC 这个修饰词，但是在产品属性中选择了电流类型为 DC，那么该产品仍然能较好地匹配并排名靠前。

4. 产品描述设置

外贸企业在 MIC 中的产品描述的内容尽量做到专业、详尽，注意特色（卖点）的突出，有针对性。产品的技术参数、尺寸、规格、材质和工艺/设计特点等都是重要且海外买家关注的产品信息，甚至如果外贸企业能做好对产品的包装、装箱尺寸和毛重、净重的介绍，使客户一目了然就更好了。总之要尽量把产品的个性、特色和优势在描述中体现出来。同时，一定要避免过于简单的一句话描述，也尽量不要用公司描述来代替，或使用相同的产品描述。描述在排名中影响很小，因此，可读性是卖家最应该关注的重点。

误区：描述里含关键词越多，对排名越有利。

描述里大量重复且无意义的搜索词，将被搜索引擎视为只有一个词，甚至会降低相关性。

设置建议如下。

（1）提炼产品核心竞争力和产品特征，如规格、材质、性能和用途等；

（2）注重首段产品描述，可作为产品广告语；

（3）描述内容较多时，建议使用数字序号分点介绍；

（4）涉及参数较多时，可采用表格的形式呈现，便于买家阅读。

5. 图片设置

图片作为世界通用的"语言"，是向买家展示自己产品的重要途径，图片效果的不同，直接影响到潜在买家的决策，进而影响产品的点击及询盘发送。有图的产品相比于无图的产品，在排名上会有优势。网络经济就是眼球经济，图片的作用不仅仅体现在排名优化，更多的还在于吸引买家。图片应清晰、美观，背景最好为白底，无水印或水印较浅，还可以充分使用多图或富文本的功能。

（1）调整图片尺寸和大小。

中国制造网的产品图片展示均为正方形，即长宽比例是 1:1。为了达到最佳的展示效果，产品图片可以处理为正方形，像素为 800×800 和 1 500×1 500 之间，大小为 5MB 以内。

（2）确认照片主体。

一张图片凸显一个主体（即主要产品），需要完整展示，避免拼图。图片中产品应占图片面积的 60%～90%，如果产品在图片中显示过小，那么剪裁掉多余的部分，以充分展示产品，如图 2-20 所示。

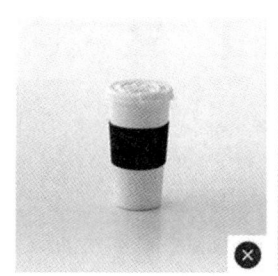

图 2-20　照片主体展示

(3) 保证产品的完整性。

选择产品图片时优先选择能够完整展示产品的图片，即产品主体部分不超出不截断，如图 2-21 所示。

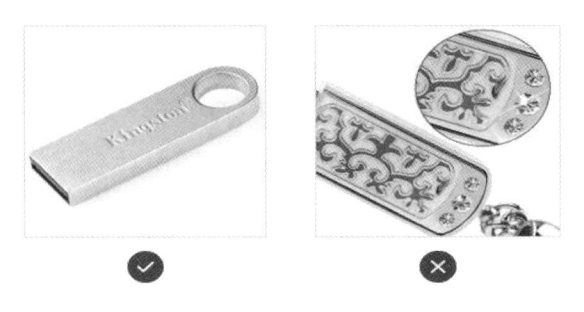

图 2-21　产品完整性展示

(4) 统一图片背景。

国内外大型网站一般都会要求图片以白色背景为主，因为白色背景最能烘托出图片主体，如图 2-22 所示。

图 2-22　白色图片背景展示

如果遇到一些特殊产品，用白色背景确实难以展现产品特质，那么可以使用其他更合适的背景色，如图 2-23 所示。

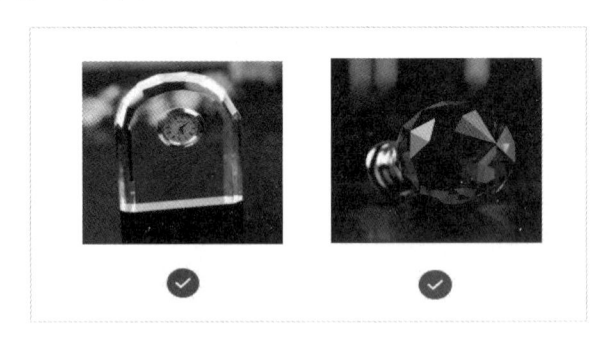

图 2-23　其他图片背景展示

(5) 选择拍摄角度。

产品拍摄角度要符合常规，能让买家一眼看出产品的全貌。同时，拍摄产品图片时，尽量统一角度，例如，有把手类的产品把手向右或鞋类产品的鞋头向左等，如图 2-24 所示。

图 2-24　拍摄角度展示

（6）图片美化。

图片美化可以用两款简单小工具来完成：中国制造网图片编辑器与美图秀秀软件。美图秀秀可在百度搜索其网页版，操作简单，可实现图片裁剪、润色和抠图等功能；同时，中国制造网图片编辑器简单实用，方便编辑产品图片，上传图片时就可完成加水印和裁剪等编辑制作，如图 2-25 所示。

图 2-25　图片编辑美化

除以上这些因素，主打分值、认证供应商、交易条件、产品参数及产品星级均会影响产品排名。在信息匹配度相同的条件下，主打分值越高，产品在搜索结果中的排名相对优势越明显；在信息匹配度、主打分值相同的条件下，认证供应商的产品在排名上更有优势；在其他信息品质相同的条件下，填写价格单价及最小起订量（而不是选择"可洽谈"）的产品，在排名上更有优势；在其他信息品质相同的条件下，原产地、海关编码和包装方式等产品参数信息填写得越完整、清晰，排名越有优势；在主打分值、会员级别相同的条件下，产品星级越高，排名越有优势。

案例 2

案例描述

某企业已经入驻中国制造网一段时间，但发现最近一年各类营销活动的效果不佳，且总体销售额没有明显的增长。据了解，以往的营销活动面向所有用户，部分用户无论有无营销活动均有稳定的消费，而有些用户很长时间未消费，可能已转变为流失人群。企业逐渐意识到用户分类的重要性，实现用户分类后，可针对不同用户实施不同的运营策略。

案例分析

根据国外知名咨询机构 Cintell 收集的研究，在销售和营销过程中有效使用完善的用户画像的企业,其效益会得到以下 3 个维度的提升:收入增加 10%~25%;销售周期缩短 2~3 个月;销售交易额增加 3 倍。用户画像将帮助我们提出正确的问题,并从目标用户的角度去回答,例如,"这些人都在想什么、感觉什么、做什么和说什么?",以及"我们试图满足他们的潜在需求是什么?"等。

1. B2B 用户画像与 B2C 用户画像的区别

在 B2C 业务中,电商为了引导用户购买几十元的产品,都会送礼品,发优惠券;B2B 公司为了引导客户下订单,手段更是五花八门。最后想打动用户,往往"代码千行,不如优惠券一张"。做 B2B 的精准营销,则是靠各个身怀绝技、神通广大的销售。B2B 的商品采购流程的复杂度远远超过普通 B2C 业务。企业采购要按流程走,有流程就有各种规矩。然而一旦乙方和甲方失去联系,甚至被列入采购黑名单,就永远失去了每年数以百万计的生意。丢失一个老客户的损失大于开发 10 个新客户,在 B2B 领域更成立。

所以,B2B 企业更需要做用户画像。一则为建立清晰的用户联系,把客户控制权从一线销售手里夺回来;二则为了清楚掌握客户特征,识别用户需求,及时跟进服务。与 B2C 用户画像一样,B2B 用户画像也可以分为用户名称、基本特征、消费行为和互动行为等维度,但要考察的内容完全不同。单纯看用户画像的维度,相似之处很多,但有着两个本质区别:个人和组织,个人需求和经营效果,如表 2-8 所示。

表 2-8 B2B 与 B2C 用户画像的差异

	B2C 业务	B2B 业务
用户名称	ID	企业名
基本特征	自然属性:性别、年龄、地区	经营属性:行业、行业排名、企业规模和发展速度
用户角色	自然人	审批者(各部门领导) 采购者(采购部经理、主管和职员) 需求者(需求部门经理、主管和职员) 使用者(各种角色)
用户消费行为	售后:点击、收藏、转化和 RFM	售前:需求发起、沟通、演示、评标和中标结果
用户互动行为	在线点击、线下到店	采购行为(进度次数及进度节点) 沟通内容(咨询人、咨询问题、应对答案和后续反馈) 使用行为(使用人次、使用频次和使用满意度)

2. 如何构建 B2B 用户画像

B2B 的用户画像可以简单理解成海量数据的标签,根据用户的目标、行为和观点的差异,将他们区分为不同的类型,然后每种类型中抽取出典型特征,赋予名字、照片、一些人口统计学要素和场景等描述,形成了一个人物或客群原型。定义明确的用户画像包括有关用户在其组织中的角色的用户行为统计、企业信息和性格特征心理的混合,以及他们的目标和驱动因素。

(1)研究准备与数据收集。

B 端用研和 C 端有一点不同,企业用户的使用场景基于业务,背景复杂、角色多样且使用工具特殊(如企业自有后台系统)等,导致无法在可用性实验室中切实地模拟出来,所以商家得接近用户、基于业务场景去了解用户。总体来说,B 端用研有以下 3 大核心问题,如图 2-26 所示。

信息获取难。B 端产品主要针对用户工作和业务开展,一般都是强制使用产品,不存在"挑剔"的选择空间,导致用户反馈非常少,信息的获取壁垒较高。"深度访谈"是最核心也是获取信息性价比最高的一种方法,但是出于对信息用途的不了解,对商业隐私、生意经验泄露的担忧，B端用户可能不愿意配合调研或不信任商家。

业务复杂。缺乏行业经验，难以理解业务，这会让用研对象觉得商家不专业。而且在不了解业务的情况下，设计师在访谈过程中会过于关注基础业务，无法进行更深层次的访谈，采集的信息并非用户的真正需求。

视角不同。设计师视角容易缺乏框架性思考，搞不清每个业务模块/功能的边界及它们之间的关系，不能站在用户（决策者、使用者）的角度思考问题，以至于被用户牵着鼻子走，用户说什么就是什么，能和用户产生共鸣的部分极少。

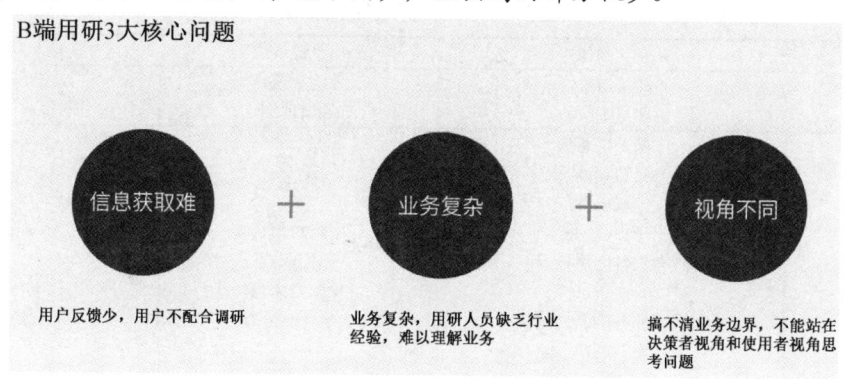

图2-26　B端用研3大核心问题

针对以上3大问题，有必要进行一轮全面的桌面研究，一方面能帮助我们快速建立对行业的全局认知并了解业务，另一方面，也有助于我们更好地和用户进行沟通。

① 研究内容。

产品的定位、盈利点及目标客户；当前的业务目标是什么，主要解决什么问题；整体业务框架，核心业务流程和使用场景；不同角色之间如何协同，以及每种角色的价值和目标；专业术语的理解；达成业务目标的关键资源和能力。

② 研究途径。

查阅公司官网、竞品网站、行业内相关报告及参加行业会议等，形成对行业的整体认知，如查阅艾瑞网、易观和CBNData等专业网站（部分报告需开通会员才能查阅）；最快捷的方式是向产品经理/业务方索要相关文档或直接向他们请教；销售/客服/实施顾问等，针对上线的产品都会有客户反馈群或收集整理的客户实时反馈的需求信息，可以通过这些信息大致了解目前产品有哪些问题；如果有这方面的专家用户，可以虚心向他们请教，他们对业务的理解更加深入。

（2）确定目标与画像维度。

① 筛选出目标用户。

Cooper指出，不能为超过3个以上的用户画像设计产品，这样容易产生需求冲突，当有多个用户画像的时候，需要考虑用户画像的优先级。

由于B2B是企业产品，产品中仅一条业务线，角色却是多样的，所以在筛选目标用户时有一点尤其要注意：应识别出关键的用户画像。先由产品、市场及各组领导一起完成用户画像的优先级排序工作，确定用户画像优先级时，可以主要从以下几个方面来考虑：使用频率、市场大小、收益的潜力和竞争优势/策略等。之后再找关键角色画像，即角色画像中的决策者和主要使用者，次要使用者和间接使用者因时间、金钱而产生的关系。

② 画像维度。

做用户画像的目的是了解用户对商品的使用情况，如各功能的使用频率、使用中遇到的问题、定位问题关键及原因分析、优化产品功能及运营模式，同时也希望通过了解用户的具体行为细节和态度，发现新的机会点。B2B 客户画像组成的 3 个大方向分别是企业画像、决策链画像和联系人画像。3 大方向根据两个端口分开，一个是业务侧，另一个是技术侧（见表 2-9）。

表 2-9　B2B 客户画像的组成

	企业画像	决策链画像	联系人画像
业务侧	购买潜力 客户细分	采购决策点 渠道地图	兴趣图谱 职位标签
技术侧	基础信息 行业属性 地域属性 历史收入 现有设备使用情况 商机 与内部业务的从属结构 企业规模 名单制标签	客户树结构 部门职能 受影响渠道	职位信息与人群特征 个人特征 心态与行为 个人目标与动机 销售反馈

① 企业画像。

企业画像是最先构建的画像，技术侧需关注的主要内容包括以下 9 个方面。

基础信息：客户名称、地址和联系电话。

行业属性：行业代码及标准。

地域属性：所在国家、城市和城市等级区分。

历史收入：订单数据、客户在以往交易过程中产生的数据、购买产品金额、产品类型和时间。

现有设备使用情况：客户采购的设备，包含竞争对手（可能出现）和本公司产品。

商机：销售人员及时跟进的未来采购意向或已经明确的采购意向。

与内部业务的从属结构：现在负责这个客户的销售业务团队名称、业务人员。

企业规模：客户企业规模，包括员工人数、年销售额，甚至查询纳税额。

名单制标签：是否外企 500 强等，企业是否有很知名的标签。

以上信息整合后，会产生客户购买潜力，方便进行客户细分。大客户的采购方式由于其特殊性，可能会出现分期采购、多批次采购。大客户并不会频繁更换供应商，所以根据历史数据可以预测下一阶段的采购产品并进行备货等。

② 决策链画像。

技术侧须搭建的决策链画像如下。

客户树结构：构建相关客户树结构。

部门职能：大型企业的采购可能不是一个部门所能决定的，所以分清楚部门结构及有采购权力的核心结构很重要。

受影响渠道：有些大型企业采购结果会公示，通过这些数据我们可以找到这些材料的代理商。

搭建完成后，业务侧可以清晰明白客户的渠道与决策权，针对具体客户销售不同产品。

③ 联系人画像。

向企业销售产品时，最终是由人来做决策的。在企业中，策略大多出自集体决策（董事会或者执行团队）。与其试图了解和描述每个相关人，不如试着找出最有影响力的那个人，将其他人列为校验者，了解相关信息。

职位信息与人群特征：揭示角色在组织结构中的地位，拥有什么样的经历，以及承担什么样的责任。

个人特征：帮助建立角色的视觉形象，如照片、名字、年龄和教育背景。

心态与行为：人格特质、思维模式和观点。

个人目标与动机：明确角色在战略层的关注点和驱动力（包括内在驱动力和外在驱动力）。

销售反馈（为什么不买）：可以帮助梳理清楚产品被拒绝的因素有哪些。

校验者可以评估和质疑提案，从而影响决策的制定。通过构建联系人画像，我们可以得知校验者的兴趣图谱与职位标签，进而促成交易。

（3）确定调研方法。

明确调研对象后，展开调研，一般有3种方式：定性研究（基于小样本的研究，如用户访谈、实地调研等）；定量研究（收集更大规模样本的调查数据，如问卷调研、数据分析及发现现象等）；定量+定性研究（两者的结合）。

定量和定性研究虽各有优劣，但定量研究较为昂贵、费时，也需要工作人员有精通统计分析的专业技能，在B端调研方式中并不太实用。对大多数团队而言，定性研究是性价比最高、最合适的。它不仅提供了"用户是谁、他们想要什么"，还是基于数据、经济高效、较为快捷的一种方式。采用何种研究方法，主要根据企业生命周期、研究目的、项目时间和经费等进行综合考量。

（4）基于角色资料分析建模。

① 根据角色对象分组。

将用户重点信息写在便利贴上（或在Excel表中打印后切片），设计师需要根据产品用户角色不同，将受访的用户归类分组。

② 找出行为变量。

分组后，需要识别关键的行为变量，将调研到的用户与行为变量进行一一对应，并识别差异化行为模式，如图2-27所示。

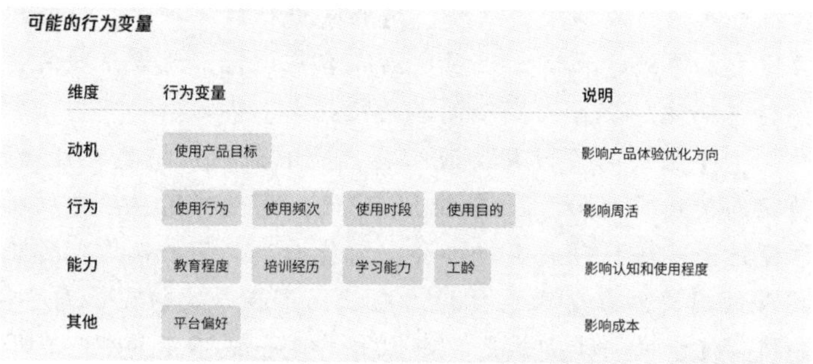

可能的行为变量					
维度	行为变量				说明
动机	使用产品目标				影响产品体验优化方向
行为	使用行为	使用频次	使用时长	使用目的	影响周活
能力	教育程度	培训经历	学习能力	工龄	影响认知和使用程度
其他	平台偏好				影响成本

图2-27 用户角色可能的行为变量

③ 映射对象与行为变量的关系。

将不同的角色间同类行为模式归纳（合并同类项），进行行为描述，如图2-28所示。

此处需注意以行为变量为依据进行用户对应时，不必追求绝对的精准，只要能相对映射清楚即可。梳理完后，观察可发现某些用户群体聚集在几个行为变量上，它们构成了一个显著的行为模式，由此聚类出某个角色类型。依此类推，可以发现几个不同的行为模式。为保证全面，映射完最好遍历一下，检查是否有用户或行为变量的遗漏。

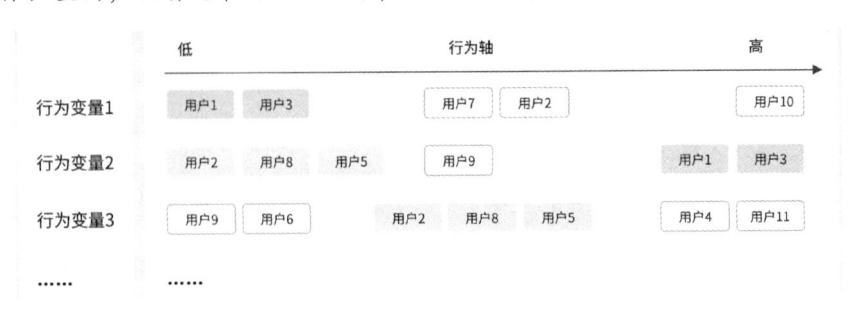

图 2-28　映射对象与行为变量的关系

④ 找出共性行为模式。

完成映射后，寻找在变量轴上的对象群。梳理完后，如果一组对象聚集在多个不同的变量上，则可以代表一类角色存在显著的共性行为表现（通常每类角色会有 2～3 个共性行为）。共性行为能帮我们识别标准化产品需要满足的用户需求，而差异化行为可以根据企业需求做定制化服务，一个 B 端产品是不太可能满足所有用户的需求的，如图 2-29 所示。

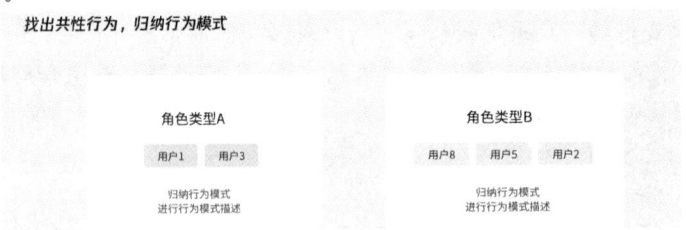

图 2-29　用户角色共性行为与行为模式的归纳描述

（5）画像呈现与使用。

一旦找到共性行为，就可以创建用户画像了。梳理出每类角色的行为、目标和痛点等维度特征，形成画像的基本框架。最后完善用户画像，此时需要做的是结合真实的数据，选择典型特征加入用户画像中；结合使用场景进行故事描述，在描述中体现行为变量等因素，让画像更加丰满、真实；让用户画像容易记忆，比如用照片、名字和年龄等几条简单的关键特征描述，都可以减轻读者的记忆负担。

用户画像作为一个强大的设计和交流工具，能够让利益相关人目标始终保持一致，它的价值在于传播与使用。例如，20 世纪 90 年代，库珀将用户画像的描述做成一页纸贴在墙上，这样设计团队成员每天走进办公室就能看到。用户画像制作出来后，与整个项目团队共享定义的用户画像是很重要的，应让同事在每次讨论、每个决策时，自然、自发地被提起。值得注意的一点是，用户画像并非是一成不变的，它在很大程度上受环境和周期的影响，市场变化和策略变化可能会重新定义业务受众，也可能出现其他的细分，所以要定期回顾自己的用户画像，对它们进行更新，确保和现实一致。

任务评价

请填写中国制造网案例学习任务评价表（见表 2-10）。

表 2-10　中国制造网案例学习任务评价表

班级		学号		姓名	
角色	○ 组长　○ 组员		完成时间		
任务	完成情况记录				
	学生自评		生生互评		教师评价
评价占比（自设）	%		%		%
理论学习得分					
技能训练得分					
任务完成得分					
任务创新得分					
总评					

拓展练习

1. 小吴是中国制造网的新手卖家，他开通了会员，采取一系列手段提高了产品排名，获得了一定的曝光量和询盘，但他想通过展现企业实力和风采，进一步提高店铺的询盘与订单量，他该怎么做？

2. 小张在中国制造网开通了店铺，经过一段时间的运营，吸引了一部分客户的询盘，但他发现店铺的客户流失率较高，店铺提供的产品服务与用户的需求匹配率不高，用户体验不好，他决定采用实地访谈的方法构建用户画像，该如何操作？

项目三
B2C 电子商务案例

  B2C 电子商务模式是指企业与消费者之间的电子商务交易模式，属于按交易主体划分的类别范畴。它表达的是单向交易关系，反之，则属于 C2C 电子商务类型。结合实际经济活动，该模式中的卖家可以是专事流通的销售商，也可以是兼营生产与销售的企业。本章以京东和苏宁易购两个平台为例，对平台的特点和优势进行分析，并针对平台使用中的典型案例进行解析。

任务一

认识 B2C 电子商务模式

任务描述

使用 B2C 电子商务平台的用户须对 B2C 电子商务模式的定义和特点有基本的认知,并了解 B2C 电子商务模式的具体内容及交易流程。

学习目标

1. 了解 B2C 电子商务模式的定义及主要平台;
2. 了解 B2C 电子商务模式的主要特点;
3. 能够对 B2C 电子商务模式进行分析。

思政目标

能辩证地看待不同电子商务模式之间的关系,形成自己独到的见解。

任务分配

本任务分 3 组进行,每组由 1 位组长和若干组员构成,组员在组长的带领下,根据【任务准备】模块的引导问题进行任务分工,了解 B2C 电子商务模式的定义及主要特点,能够对 B2C 电子商务模式进行分析,并填写表 3-1。

表 3-1 认识 B2C 电子商务模式学习任务分配表

班级		组号		组名	
角色	姓名	学号	任务分工		
组长					
组员					

任务准备

引导问题 1:B2C 电子商务的定义是什么?你知道主要 B2C 电子商务的平台有哪些吗?

引导问题 2:B2C 电子商务模式的主要特点是什么?

引导问题 3:B2C 电子商务模式有哪些?

任务实施

一、B2C 电子商务模式概述

1. B2C 电子商务模式简介

B2C 电子商务模式是按电子商务交易主体划分的一种电子商务模式，即商家对消费者电子商务模式，具体是指通过信息网络及电子数据信息的方式实现企业或商家机构与消费者之间的各种商务活动、交易活动、金融活动和综合服务活动，是消费者利用互联网直接参与经济活动的形式。这种形式的电子商务一般以直接面向客户开展零售业务为主，主要借助于互联网开展在线销售活动，故又称为电子零售（电子销售）或网络销售。B2C 电子商务模式是我国最早产生的电子商务模式。

B2C 电子商务模式以完备的双向信息沟通、灵活的交易手段、快捷的物流配送和低成本高效益的动作方式等在各行各业展现了其强大的生命力。目前，国内市场上比较著名的平台有天猫、京东商城、苏宁易购和当当网等。

"天猫"（Tmall）原名淘宝商城，是淘宝网打造的 B2C 电子商务平台，是一个综合性购物网站。2014 年，阿里集团宣布天猫国际正式上线，为国内消费者直供海外原装进口商品。

京东由刘强东于 1998 年在中关村创立，并于 2004 年涉足电子商务领域，2013 年 3 月，京东商城正式将 360buy 的域名切换至 jd。此外，"京东商城"这一官方名称也被缩减为"京东"。

苏宁易购也是国内领先的综合网上购物平台，创办于 1990 年，其线上线下的融合发展引领了零售发展新趋势。

当当网是知名的综合性网上购物商城，从 1999 年 11 月正式开通至今，已从早期的网上卖书拓展到卖各类商品。

随着电子商务的普及，网上商店如雨后春笋般出现，各大、中、小企业都有很强烈的加入电子商务的愿望，B2C 电子商务交易也成为众多企业营销的一部分，与 B2C 电子商务相关的工作岗位也大量增加，这些岗位都要求从业者掌握 B2C 电子商务平台、网络市场等相关知识。

2. B2C 电子商务模式主要特点

目前 B2C 电子商务平台的主要特点体现在以下几个方面。

（1）提供多方面个性化服务，适合大面积推广。

线上销售比传统销售更加多元化，弥补了传统商务形式单一的不足，在 B2C 电子商务平台上，企业利用 Web 提供的在线表单或电子邮件自动回复、转发系统，能对每位客户的需求做出及时响应，同时将订单传输至生产厂商，厂商按订单生产，不仅大大缩短了供货时间，同时也能满足客户的各种特殊需求。越来越多的企业开始创新自己的理念，提供个性化的自我品牌。

（2）拥有合理的物流渠道。

所谓物流渠道是指物资的物质实体由供应者到需求者的流动，包括物资空间位置的变动、时间位置的变动和形状的变动，简单地说就是创造时间、空间和性质效应。B2C 电子商务模式下的商品交易主要是通过商品配送完成的，客户群体所处位置较分散，因此在商品配送的时候需要有一条合理的运输渠道，无论企业是使用自营性物流，还是使用第三方物流，都需要合理地完善体系，更快更好地满足不同客户的需求。

（3）用户量大且群体范围广。

B2C 电子商务现在已经被人们广泛接受，不管是年轻人、中年人还是老年人，都习惯这种线上消费的方式，所以 B2C 电子商务的用户量十分庞大。

（4）提供商品信息的中介。

B2C 电子商务利用互联网的发展，在线上交易平台提供了与企业相关的信息服务。能够统一管理和建立透明的诚信体系，为用户提供更加权威和具有参考价值的信息。

（5）为消费群体提供便利，为企业降低成本。

B2C 电子商务的线上交易方式，不仅为消费者节约了时间、精力和资金，也为企业省去了门面成本费用，实现了利润最大化。对于销售方来说，可以更好地将广阔传统市场中分散的市场需求集中到网商平台，易于实现规模化采购；对于经营者来说，能够减少传统供应链的中间商环节，从而降低采购成本和销售成本；对于消费者来说，获益于减少供应链的中间商环节，从而降低了消费成本。

二、B2C 电子商务模式分析

1. B2C 电子商务模式分析

根据交易的客体不同，B2C 电子商务模式可以分成以下两类。

（1）有形商品的电子商务模式。

有形商品是指传统的实物商品，采用这种模式，有形商品和服务的查询、订购和付款等活动将在网上进行，这种电子商务模式也叫在线销售。目前，企业实现在线销售主要有两种方式。一种是在网上开设独立的虚拟商店；另一种是参与并成为网上购物中心的一部分。网上实物商品销售的特点主要是，在线销售在市场扩大的同时减少了交易中的摩擦，提高了交易效率。与传统店铺的市场销售相比，即使企业的规模很小，网上销售也可以将业务伸展到世界各个角落。

（2）无形产品和劳务的电子商务模式。

网络具有信息传递和信息处理的功能，因此，无形产品和劳务（如信息、计算机软件和视听娱乐产品等）就可以通过网络直接向消费者提供。无形产品和劳务的电子商务模式主要有网上订阅模式、付费浏览模式、广告支持模式和网上赠与模式四种。

① 网上订阅模式。

网上订阅模式（Subscription Based Sales）指的是企业通过网页向消费者提供网上直接订阅、直接信息浏览服务的 B2C 电子商务模式。网上订阅模式主要适用于商业机构销售报纸杂志和电视节目等。网上订阅模式有在线服务（Online Services）、在线出版（Online Publications）和在线娱乐（Online Entertainment）等几种主要方式。

在线服务是指在线经营商通过每月向消费者收取固定的费用而提供各种形式的在线信息服务；在线出版指的是出版商通过互联网向消费者提供除传统出版物之外的电子出版物；在线娱乐是指一些网站向消费者提供在线游戏，并收取一定的订阅费。

② 付费浏览模式。

付费浏览模式指的是企业通过网页向消费者提供计次收费性网上信息浏览和信息下载的电子商务模式。付费浏览模式让消费者根据自己的需要，在网络上有选择地购买一篇文章、一章书的内容或者参考书的一页内容。在数据库里查询到的内容也可付费获取。另外，一次性付费参与游戏娱乐将会是非常流行的付费浏览方式之一，如统计报告、电子书、电子杂志和收费下载服务等都是付费浏览的实例。

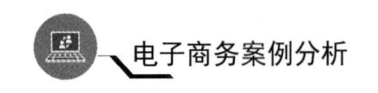

③ 广告支持模式。

广告支持模式（Advertising-supported Model）是指在线服务商免费向消费者或用户提供信息在线服务，而营业活动全部用广告收入支持。互联网用户在信息浩瀚的互联网上找寻相关信息是信息搜索最基础的服务，企业也愿意在信息搜索网站设置广告，特别是通过付费方式在网页上设置旗帜广告（Banner），有兴趣的用户通过单击"旗帜"就可直接到达企业的网站。由于广告支持模式要求线上企业的商务活动靠广告收入来维持，因此，企业网站能否吸引大量的广告就成为该企业是否能成功的关键。

④ 网上赠与模式。

网上赠与模式是一种非传统的商业运作模式。它指的是企业借助于互联网全球广泛性的优势，向互联网上的用户赠送软件产品，扩大知名度和市场份额。通过让消费者使用该产品而下载一个新版本的软件或购买另外一个相关的软件。由于所赠送的是无形的计算机软件产品，用户是通过互联网自行下载的，因此企业所投入的成本很低。这样一来，如果软件的确实用，那么是很容易让消费者接受的。

实际上，多数企业网上销售并不是仅采用一种电子商务模式，而是采用综合模式，即将各种模式结合起来实施电子商务。例如，携程网凭借其提供的全面服务和丰富的信息，被网民评为最受欢迎的旅游网站。携程网除酒店预订、机票预订和度假预订等主营业务外，对于商旅客户，还提供差旅费用管理咨询和旅游资讯等服务。另外，携程网还承做上海热线、21CN和央视国际等知名门户网站的旅游频道，收取广告费。

2. B2C 电子商务模式的交易流程分析

B2C 电子商务模式的交易流程主要是通过网络来连接企业和用户，在互联网上搭建一个电商平台，用户可以在该电商平台上购物，企业可以在电商平台上架自己的商品，这种模式减少了买卖双方的沟通时间，也更方便用户随时随地去购买商品。

（1）查询商品。

用户进入商城之后，一般会先查找商品，找到后再看商品能不能满足自己的需要。

（2）了解商品。

在了解商品的时候，不同用户选择商品的标准不一样，有的看中性价比，有的看中质量，有的看中价格便宜，只有商品的信息满足用户的需求之后，用户才有可能去做进一步的了解。

（3）疑问解答。

如果有的疑问没有在商品详情页中解释清楚，用户可能会向在线客服进一步了解。

（4）下单收货。

一般到了这一步，没有什么问题的用户就会选择下单，不过也有一些用户会选择先将商品加入购物车，过段时间或等到有活动的时候再下单。

（5）售后处理。

用户收到货后，可能会因为商品某方面的问题需要售后来处理，如用户不会使用。

任务评价

请填写认识电子商务模式学习任务评价表（见表3-2）。

表 3-2　认识 B2C 电子商务模式学习任务评价表

班级		学号		姓名	
角色		○ 组长　○ 组员		完成时间	
任务		完成情况记录			
		学生自评		生生互评	教师评价
评价占比（自设）		%		%	%
理论学习得分					
技能训练得分					
任务完成得分					
任务创新得分					
总评					

> **拓展练习** >>

结合本节内容，说一说决定 B2C 电子商务平台成功的关键是什么。

任务二

京东案例

▶ 任务描述 ▶▶▶

京东是国内最大的自营类电商平台,京东店铺的卖家想要获得更多店铺流量和促成更多订单,必须要了解京东的优势及平台使用的方法和技巧。

▶ 学习目标 ▶▶▶

1. 掌握京东海投的调整方法;
2. 掌握京东卖家使店铺涨粉的方法。

▶ 思政目标 ▶▶▶

了解京东的发展理念及创新精神。

▶ 任务分配 ▶▶▶

本任务分3组进行,每组由1位组长和若干组员构成,组员在组长的带领下,根据【任务准备】模块的引导问题进行任务分工,了解京东的特点及优势,并掌握京东海投的调整方法及使店铺涨粉的方法,并填写表3-3。

表3-3 京东案例学习任务分配表

班级		组号		组名	
角色	姓名	学号		任务分工	
组长					
组员					

▶ 任务准备 ▶▶▶

引导问题1:京东海投是什么?如何进行调整,使店铺提升流量?
引导问题2:京东店铺涨粉的方法有哪些?

任务实施

一、认识京东

京东原名京东商城,是中国最受消费者欢迎和最具影响力的电子商务网站之一,在线销售家电、数码通信、计算机、家居百货、服装服饰、母婴、图书、食品和在线旅游等几大类数万个品牌百万种优质商品。2013年3月30日19点,京东正式更换了域名,更换成新的logo和吉祥物。"京东商城"被缩减为"京东"。新域名更方便消费者记忆和登录,有利于京东品牌形象的传播和提升,这为其未来在物流、金融业务上的拓展做了铺垫。

京东始终坚持以自营式电子商务模式运营为主,缩减中间环节,为消费者在第一时间提供优质的商品及满意的服务。京东凭借全供应链不断扩大其在中国电子商务市场的优势,建立了华北、华东、华南、西南、华中和东北六大物流中心,在全国超过360座城市建立核心城市配送站。京东作为世界500强企业之一,在发展上秉承"先人后企、以人为本"的理念,进行了从20平方米的柜台到中国最大自营电商巨头的蜕变。

二、京东案例分析与应用

案例1

案例描述

小李是一位京东店铺的卖家,他使用了京东海投付费推广的方式,但是店铺的流量一直提升不上去,海投的调整方法有哪些?

案例分析

海投作为京东的引流工具,具有出价低、可全店投放的优势,很多京东商家因为投资回报率(Return on Investment,ROI)低,投放一段时间后就关闭了,也没有深究海投的调整方法。海投主要可调整的地方有以下6种:日均预算、出价、特殊品类出价、时段折扣、最小存货单位(Stock Keeping Unit,SKU)黑名单和否定词。其中,出价、时段折扣、SKU黑名单、否定词是最常见的调整版块。

海投也分搜索广告位和推荐广告位,论渠道又分为PC端出价和无线端出价,即PC端出价分为搜索广告位出价和推荐广告位出价,无线端出价又分为搜索广告位出价和推荐广告位出价,共4个出价,详情如图3-1所示。

对于初次海投的卖家,建议其价格由低向高涨价,因为需要测试平台流量的阈值,当出价0.2元时没有展现,出价0.3元时有展现了,说明0.3元就是当前流量的阈值,这时就需要观察,先投放一段时间积累一定的数据,如果数据不够,需要再次提高出价来获得更多的数据(如果是新店,前期产品没有权重,需要提高价格才能获得展现)。

1. SKU黑名单

SKU黑名单的意思是不投放某些SKU。找出点击量最好大于100的SKU分析,把ROI不达标的SKU加入黑名单,这里注意要把"隐形加购成交"计入,因为海投带来的加购额外还是可以带来成交的。加入黑名单的SKU将不会继续进行投放。这样可以把资金集中在更合适的SKU上,增加计划的权重。如果某些SKU都集中在某个品类,

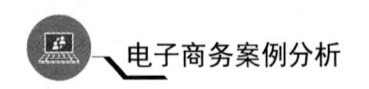

可以再将该品类进行黑名单设置。经典海投的黑名单支持批量加入或移除操作，以及对已下架商品的一键清除。

图 3-1　京东海投设置出价

在京东海投列表页直接展示黑名单状态，商家可在页面内勾选品类或 SKU 选项，进行批量加入或移除黑名单操作，如图 3-2 所示。已添加的黑名单可在右上角"品类黑名单""SKU 黑名单"内查询。

图 3-2　京东海投 SKU 黑名单操作

单击"SKU 黑名单"按钮后，侧滑页展示已添加黑名单的 SKU 及其上下架状态。若想一次性移除已下架商品，只需依次单击"一键清除下架 SKU"和"确定"按钮，即可成功清除当前状态为"已下架"的 SKU。

2. 否定词

海投属于智能投放，无法决定广告展现在哪里，但是可以决定根据哪些关键词进行投放。进入高级版——流量-关键词分析，找出已有一定数据量参考的关键词进行分析，找出访客高、成交转化率极低或者为 0 的关键词加入否定词，否定词的数量上限为 200 个。被加入否定词的关键词不会被推广。

经典海投支持以导入 Excel 的形式批量上传否定词。商家下载模板后，在模板内一次性填写否定词（上限为 200 个），填写完毕后依次单击"Excel 导入"和"确定"按钮，即可完成否定词的批量上传。

3. 时段与折扣设置

不同的时段有不同的流量和转化效果，分时段折扣功能可以针对各时段设置不同的折扣出价。分析出一个高点击时段的高峰值进行投放。一般为 10:00～12:00、14:00～16:00、20:00～24:00。可以在高峰值提高出价进行投放。在流量高峰期，可以选择溢价投放，同样，在流量低谷期，可以设置折扣价推广。商家需要把控好波动的幅度，这样才能增加曝光量，提升推广的效果。

案例 2

案例描述

图 3-3 是京东一家棋具店的关注数，还不到 2 000 人。在京东上像这样的卖家占比不少。面对这种情况，卖家应当从哪些方面着手改善，才能使自己的店铺涨粉呢？

图 3-3 京东一家棋具店的关注数

案例分析

虽然影响店铺商品排名的因素有很多，但是京东店铺的关注数是重要的因素之一。京东店铺涨关注数会大大提高排名和曝光率，提升权重，带来客源和浏览量，同时吸引更多买家关注。因此，不管是大店还是小店，为了能够有一个好的销量，京东商家会通过各种各样的方法进行引流和涨粉。那么有哪些涨粉的方法呢？

（1）如图 3-4 所示，设置进店领京豆。该活动一期流量约为 10 万人，访客约为 4 万人。折合下来，获得一个关注为几角钱，较为划算。这些访客的转化率较低，不过也不是没有转化，具体看商家如何营销，促进转化。

（2）设置店铺礼包，关注有礼。设置路径为："后台营销中心"→"营销工具"→"客户运营"→"店铺礼包"。

（3）设置分享有礼，如图 3-5 所示。活动期间分享有礼，借助场景分享挖掘用户的社交关系进行对店铺的推广，提高商品及店铺的曝光率。可以对分享者、发起者发放优惠券，或优惠券+京豆奖励。为了控制成本，可以对分享者和被分享者的返利次数设置范围。

图 3-4 设置进店领京豆

通过多种形式的奖励刺激，主动引导用户将 App 内单品页、支付完成页或评价完成页等多种场景下的页面通过社交渠道分享给好友，并引导其好友在 App 内打开分享落地页，进而完成后续浏览、下单等操作。

图 3-5 设置分享有礼活动

(4) 设置粉丝专享价。设置路径为:"后台"→"营销中心"→"用户营销"→"创建营销活动"→"粉丝专享"。

(5) 设置粉丝专享券,如图 3-6 所示。这是一种店铺券或店铺商品券,支持京券(直减)、东券(满减、满折)的优惠形式,用户关注店铺成为店铺粉丝后即可领取。这可以有效将粉丝价和粉丝券精准结合,达到粉丝利润最大化,共同促进粉丝在不同场景中的权益升级,深度实现粉丝运营价值提升的闭环。

图 3-6 设置粉丝专享券

(6) 设置店铺会员制度,如图 3-7 所示。用户通过开卡或者消费后成为店铺会员,自此他们的身份不再是普通的消费者,而是与店铺形成了一种紧密的关系,沉淀到品牌中。在之后的运营中,会员是支撑店铺发展的巨大动力,因此维护这些最忠实的客户至关重要。会员体系的开通,可以让不同的客户群体拥有不同的专属特权,如一星会员有 9 折的单品优惠,二星会员则是 8.5 折。完善的会员中心,可以触发客户内心的满足感,通过这些规则的建立,可促使他们参加互动,优化转化率。

图 3-7　设置店铺会员制度

任务评价

请填写京东案例学习任务评价表（见表 3-4）。

表 3-4　京东案例学习任务评价表

班级		学号		姓名	
角色	○ 组长　　○ 组员		完成时间		
任务	完成情况记录				
	学生自评		生生互评		教师评价
评价占比（自设）	%		%		%
理论学习得分					
技能训练得分					
任务完成得分					
任务创新得分					
总评					

拓展练习

1. 提到 B2C 电子商务，人们难免将天猫和京东做比较，请从平台模式、入驻商家两个方面进行对比阐述。

2. 案例 1 提到了京东海投，那么京东海投是什么？海投计划如何设置？请使用互联网查阅相关资料了解上述问题。

任务三

苏宁易购案例

任务描述

苏宁易购是国内著名的 B2C 电子商务交易平台之一,苏宁易购平台上的店铺卖家必须深知运营思路及付费展示广告聚客宝上创意作图操作,才能为店铺带来更多流量和订单。

学习目标

1. 掌握苏宁易购平台上店铺卖家的运营思路;
2. 掌握聚客宝上创意作图的操作方法。

思政目标

从苏宁易购的发展中领略其开拓精神。

任务分配

本任务分 3 组进行,每组由 1 位组长和若干组员构成,组员在组长的带领下,根据【任务准备】模块的引导问题进行任务分工,了解苏宁易购的主要优势;掌握苏宁易购平台上店铺卖家的运营思路及聚客宝上创意作图的操作方法,并填写表 3-5。

表 3-5 苏宁易购案例学习任务分配表

班级		组号		组名	
角色	姓名	学号	任务分工		
组长					
组员					

任务准备

引导问题 1:苏宁易购是如何开拓业务的?
引导问题 2:在苏宁易购平台上运营,需要什么样的思路?
引导问题 3:在聚客宝上创意作图,操作方法是什么?

任务实施

一、认识苏宁易购

苏宁易购是苏宁云商集团股份有限公司(简称"苏宁",原名为苏宁电器股份有限公司)旗下的 B2C 电子商务平台,网站于 2010 年 12 月上线,销售商品范围涵盖家电、消费电子、百货、母婴和图书等品类。2013 年随着"云商模式"的提出,苏宁易购实现了向全品类拓展,逐步延伸至金融服务和虚拟服务等领域。同年 9 月,随着开放平台的上线,苏宁易购通过吸引第三方卖家入驻,平台百货、超市类等非电器产品也不断丰富。

随着自身发展战略的不断调整,苏宁持续对自身集团架构进行优化,积极发展全场景线下网络,拥有苏宁广场、苏宁易购广场、家乐福社区中心、苏宁百货、苏宁小店、苏宁零售云、苏宁极物、苏宁红孩子、苏宁体育、苏宁影城和苏宁汽车超市等"一大两小多专"各类创新互联网门店,稳居国内线下网络前列。苏宁易购线上平台通过自营、开放和跨平台运营,跻身中国 B2C 电子商务行业前列。总之,线上线下融合发展引领了零售发展新趋势。

知识链接:
苏宁易购的转型

二、苏宁易购案例分析与应用

案例 1

案例描述

小李是一位苏宁易购平台上的新手卖家,他对于店铺运营一知半解,想有一个整体的思路,你可以帮帮他吗?

案例分析

卖家决定要开一家苏宁易购店铺,或已经把店铺开起来了,一定希望能够实现高销售额的目标。为实现这个目标,他应当从哪里入手?采取什么样的步骤?使用什么方法?大约要用多长时间?对于这些问题,必须先有一个全盘的考虑和清晰的思路,才能做出明确的回答。下面从整体规划、基础运营、流量导入和过程优化 4 个方面来探讨。

1. 整体规划

需要先思考的是选品和定价。也就是要考虑在现有的条件下,拿出什么样的产品,才能卖得更好、适销对路、符合平台及消费者的需要。

(1) 商家需要明确自己擅长的、有竞争力的产品是什么。竞争力是指同类产品中成本比较低、同样的价格功能比较全、款式更好看、质量更好、快递费比较低,或是可以提供更加有保障的售后服务等。例如,同样是卖燃气热水器,别的卖家 30 天包退、365 天包换,我们两年只换不修、8 年免费维修,这就表明产品质量和售后服务都非常有竞争力。

(2) 商家可以看一看平台缺什么产品,思考能否提供补充。如果能够补充,那么肯定不缺流量。例如,厨卫电器行业中油烟机、燃气灶和热水器这些产品,方太、老板、帅康和华帝这些一线大品牌的主打产品和价位是中小商家一定要回避的。商家如果经过分析发现,整个平台做75cm或者70cm这样的小尺寸油烟机竞品较少,就可以考虑以此作为一个切入点。400元左右的燃气灶,竞品一般都是圆形炉架,如果能上架一款这个价位的方形炉架燃气灶,也是一个切入点。同时,还需要回避大品牌高销售量且价格低的产品。

(3) 通过数据进行竞品分析,让商家在选品方面有数据可依,从而在竞争中游刃有余。

(4) 在选择上架苏宁易购线上平台销售的产品时,产品SKU的数量要适当,不能过多,也不能太过单一。没有必要把线下门店或经销商渠道所有的产品都搬到线上店铺,因为很多产品由于竞争力不足,并不能带来多少实际的销量,反而会增加工作量和投入,包括库存备货和页面设计等。此外,产品也不能太单一,只上架一两款产品,给消费者的选择相对太少,不利于销售的提升和店铺流量的导入。

对于产品的布局,可将店铺上架的产品划分为流量款、利润款和形象款。流量款,就是用来吸引流量的,可以将价格放低,以增加店铺的曝光,从而吸引更多访客进店。通过流量款产品吸引进店的访客,可以通过产品详情页顶部的图片链接等关联销售方式,导流到店铺其他的利润款产品,这样可以带动其他产品的销售。总之,整个店铺的产品划分应形成相互配合、合理搭配的布局。

(5) 对于产品的定价,在产品的原材料成本、直接生产成本、物流发货和售后服务等成本的基础上,需要增加合理的利润空间,还需要参考同行的定价。

2. 基础运营

(1) 基础销售和评价的操作。平台活动的提报,对于产品的销量和评价数量有基础要求。在评价的回复里,可以重申产品的核心卖点,以强化消费者的认同感,提高转化率;对于差评一定要及时处理,处理得当可以最大化地减少差评带来的损失。

(2) 产品主图的优化。产品主图应有产品的核心卖点及利益点。主图决定了点击率,详情页决定了转化率,点击率高就意味着流量高,这是转化的前提。同时,产品主图有向详情页功能转化的趋势,所以要充分利用5~10张主图。不同的类目可以上传的主图数量是不一样的,主图用于展现此前主要在详情页上呈现的内容,现在很多消费者,可能把主图看一遍,就已经决定是立马下单还是去看看别家了。

(3) 产品详情页的优化。产品详情页不同于产品说明书,详情页需要能够激发客户的兴趣,建立客户的信任,并且引导客户立马下单。

(4) 主图视频的拍摄。当今产品同质化程度越来越大,单纯的文字介绍形式较单一,在互联网发达的今天,拍摄制作一个产品视频,能够更快地把新产品的卖点展现给客户,锁住客户的眼球,促成与客户的交易。

(5) 产品卖点、促销卖点的优化安排。除了维护产品卖点,不要忽略了促销卖点。

(6) 店铺首页、轮播图和店招的设计优化。这些是一家店铺的门面,需要不定期维护和更新,也要跟随平台的大促节奏。应避免出现已经到了三月份,首页轮播图还是"双十一"元素的情况。这一方面不符合平台规定,如果长时间不装修店铺,首页会被系统屏蔽;另一方面,也会使访客产生不信任感,一家没人打理的店铺,大概也不能提供好的产品和服务。

(7) 店铺问答的安排。现在很多买家都不再关注文字好评了,而更多关注晒图好评、差评及问答,这是影响消费者购买决策的一个重要方面。

(8) 对客服在产品知识和销售技巧方面的培训。这也是很重要的一方面。客服不仅仅要解答客户的咨询，更重要的是在回复客户咨询之后，能够促成客户下单，这也是需要着重提升的方面。

3. 流量导入

在完善以上店铺基础工作后，可以把工作重心转移到流量导入工作上。流量来源主要分为以下 5 个部分。

(1) 营销活动流量。这包括天天低价、苏宁秒杀、领券中心、会场位置和类目位置等。这些需要商家关注后台活动提报入口，熟悉活动提报门槛，并且要想办法让自己的产品满足门槛，然后对接提报相应活动。

(2) 自然搜索流量。这属于免费流量，是最应争取的流量。在标题优化方面，很多商家标题做得很随意，复制同行标题再改个品牌名称，放到自己产品的标题上，这是不可取的。商家应专门学习标题优化的方法，然后把店铺上架产品的标题进行详细的梳理。在店铺动态评分方面，在店铺后台有平台星盘，从多个维度对店铺打分，包括客服、物流、售后和评价等，可以查看哪些地方评分较低，然后对应改进相关工作。在店铺等级方面，目前，苏宁平台将店铺分为铜牌、银牌、金牌和钻石 4 个等级，等级越高，搜索推荐的权重越高，也就越能得到更多的流量。

(3) 付费推广流量。这主要有生意通和聚客宝两种。生意通与淘宝的直通车类似，聚客宝与淘宝的钻展类似。这是新商家必须研究的流量，一方面是其成本低，大多数类目的点击费用都不高，可能就几角钱；另一方面是其可控，不像活动流量需要商家去争取才能获得，付费推广随时可以开展。至于易直投、易准搜，它们主要通过站外引流到站内，新商家仅做了解即可，当店铺业绩到了一定规模之后，可以尝试投放。

(4) 内容营销流量。苏宁易购的内容营销流量入口，主要是苏宁头条、榴莲社区和店铺直播。尤其建议商家开通店铺直播，这是平台大力支持的。目前，苏宁易购对于通过直播带来的成交，平台只收取 1% 的佣金，可以节省不少成本。

(5) 社群营销流量。社群营销是苏宁易购的战略重点，苏宁拼购、苏宁推客、苏小团等运营产品构成了苏宁易购的社群营销矩阵：线上利用苏宁拼购、推客裂变玩法形成私域流量，线下则通过社区联动线下苏宁小店、苏小团和零售云，将线下流量带到线上，为苏宁提供线上线下融合的下沉市场销售通路。

为了在苏宁易购有好的销售业绩，商家需要潜心研究平台。商家应熟悉客户端及 PC 端的各个流量入口。在页面上所有出现产品的地方，商家都可以考虑自己的产品能不能也在这个地方展示、需要什么样的条件。如果展示门槛不是很高，那么就努力争取。另外一些如首页顶部通栏广告位的展示，可能成本过高，那么就暂时先忽略这些位置，等到店铺销售到了一定的规模再考虑。

还有一些流量入口是商家比较容易忽略的，例如，下拉页面会有推荐榜、热搜榜和猜你喜欢。在猜你喜欢旁有"好店"和"买家秀"等标签，商家也有必要研究自己店铺的产品如何能够在以上入口得到展示。

总之，在前台看到的流量入口如何利用，需要到店铺的后台找答案。店铺后台的每一个类目，商家都要点开看，尤其是营销管理，店铺引流的主要的工作都在这里完成。

4. 过程优化

在店铺的运营工作正常开展了一段时间后，即以上店铺规划、基础运营和流量导入工作都安排到位后，可以是一个月后，也可以是两周甚至是一周后，或者是一场活动后，都要进行复盘。不断根据各项工作的数据反馈进行实时调整，例如，活动参与度和生意通推广的投入产出比，跟进店铺销售转化率的变化；通过对店铺曝光量、点击率、访客数和转化率等数据的监控，随时调整产品标题、卖点、主图、详情页和促销等。

店铺工作复盘需要借助一些工具，在苏宁易购店铺后台，有平台星盘和数据易道。平台星盘从多个维度，包括客服、评价、物流、售后和转化等，分别对一个店铺的运营情况进行打分。通过平台星盘，商家可以清楚知道哪些工作不够完善，然后进行对应提升。

数据易道可以让商家对自己店铺的各项数据有一个直观的了解。当然，还需要了解整个行业大盘，这就需要借助数据易道模块中的行业纵览。通过行业纵览，可以看到行业的概况，以及热销的品牌、店铺及单品，方便进行竞品分析和竞对分析，用以指导店铺运营工作的调整和提升。

另外，作为商家，如果对于自己的判断不够有把握，可以考虑借助外力，在苏宁易购的服务市场有专门的店铺诊断服务，一般都是免费的，是苏宁易购联合运营服务商为商家提供的福利。商家可以让更专业的人为店铺运营工作进行分析，让其给予一些具体的改进意见。

案例 2

案例描述

小高是苏宁易购店铺的卖家，他购买了平台下的聚客宝广告展示位，现在想通过创意图在搜索横通位宣传店铺商品或促销活动，该怎么操作呢？

案例分析

聚客宝是苏宁易购平台下的一种固定广告位展示类广告，通过商家的广告创意可对品牌宣传、活动宣传带来巨大流量。移动端搜索横通位如图 3-8 所示。

图 3-8　移动端搜索横通位

可以通过创意工具制图和智能制图两种方式制作图片。

1. 创意工具制图的步骤

（1）进入聚客宝的操作界面，选择广告位"搜索横通"，进入计划设置，如图 3-9 所示。

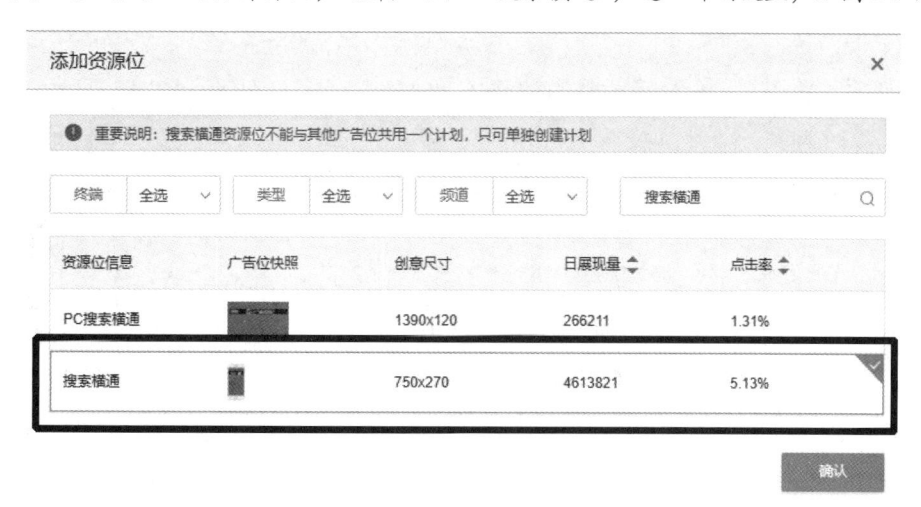

图 3-9 聚客宝的操作界面（步骤一）

（2）选择移动端广告位必须填写移动端链接，可使用网址搜索匹配。例如，设置董酒品牌店铺 App 链接，搜索"董酒"进入网页后，复制框内链接即可，如图 3-10 所示。

图 3-10 聚客宝的操作界面（步骤二）

图3-10 聚客宝的操作界面（步骤二）（续）

（3）单击"创意工具制图"按钮，进入"创意中心→图片物料"面页，按照要求制图上传，如图3-11所示。如果上传不成功，首先检查尺寸是否符合要求，其次确认存储空间是否充足，可至"创意中心→物料库"页面删除多余图片（支持多个图片同时删除）。

图3-11 聚客宝的操作界面（步骤三）

（4）智能制图——跳转创意中心。

① 如图3-12所示，广告位选择"移动搜索横通模板"。

图3-12 聚客宝的操作界面（步骤四-1）

② 选择合适的模板，输入 PC 端商品链接（优化后直接填入商品编码即可），图片文案选择对应尺寸提交，也可以选择"本地上传"选项，从本地上传图片，如图 3-13 所示。

图 3-13 聚客宝的操作界面（步骤四-2）

③ 提交后，页面出现微编辑教程，可进入图片编辑美化。微编辑支持修改文案、主图和调整位置等操作，如图 3-14 所示。

图 3-14 聚客宝的操作界面（步骤四-3）

2. 智能制图的步骤

目前，移动搜索横通和首页卡片等核心点位陆续接入了智能制图，单击进入，输入商品编码即可自动生成横通图片，勾选即可提交审核。

（1）单击"智能制图"按钮，如图 3-15 所示。

图 3-15　聚客宝智能制图入口

（2）输入商品编码，如图 3-16 所示。

图 3-16　聚客宝智能制图商品编码

（3）生成图片提交审核。

任务评价

请填写苏宁易购案例学习任务评价表（见表 3-6）。

表 3-6　苏宁易购案例学习任务评价表

班级			学号		姓名	
角色		○ 组长	○ 组员	完成时间		
任务		完成情况记录				
		学生自评		生生互评		教师评价
评价占比（自设）		％		％		％
理论学习得分						
技能训练得分						
任务完成得分						
任务创新得分						
总评						

拓展练习

1. 结合所学的苏宁易购平台店铺的运营思路，说明店铺运营思路中最重要是什么。

2. 假设你是苏宁易购平台的卖家，专卖华为手机，"双十一"即将来临，店铺准备做一次活动，请利用聚客宝，在搜索横通广告位为此活动促销宣传。

项目四
C2C 电子商务案例

　　C2C（Consumer to Consumer）是指个人与个人之间在线上进行实物和服务交易的电子商务。这种服务模式是最富有特色和生命力的电子商务模式之一。在这种模式中，卖家和买家以个人为主，通过公共的服务交易平台进行各类商务活动。淘宝网是我们熟知的 C2C 平台，其商业生态区正在逐渐成熟；eBay 也是 C2C 的常见平台，其早期的成功经验值得学习借鉴。本项目以淘宝网和 eBay 两个平台为例，对平台的特点和优势进行分析，并针对平台中使用的典型案例进行解析。

任务一

认识 C2C 电子商务模式

任务描述

使用 C2C 电子商务平台的用户需要对 C2C 电子商务模式的定义和特点有基本的认知，并能从买卖双方的角度出发，进行市场分析的同时了解 C2C 电子商务模式的交易流程。

学习目标

1. 了解 C2C 电子商务模式的定义及主要平台；
2. 了解 C2C 电子商务模式的主要特点；
3. 能够对 C2C 电子商务模式进行市场分析。

思政目标

从 C2C 电子商务的发展历程，了解其发展的过程和变化，培养学生要用发展的眼光看问题。

任务分配

本任务分 3 组进行，每组由 1 位组长和若干组员构成，组员在组长的带领下，根据【任务准备】模块的引导问题进行任务分工，理解 C2C 电子商务模式的定义及主要特点，能够对 C2C 电子商务模式进行市场分析，并填写表 4-1。

表 4-1 认识 C2C 电子商务模式学习任务分配表

班级		组号		组名	
角色	姓名	学号		任务分工	
组长					
组员					

任务准备

引导问题 1：C2C 电子商务模式的定义是什么？你知道主要 C2C 电子商务的平台有哪些吗？

引导问题 2：C2C 电子商务模式的主要特点是什么？

引导问题 3：在 C2C 电子商务模式下怎样分析买方市场和定位卖方市场？

任务实施

一、C2C 电子商务模式概述

1. C2C 电子商务模式认知

C2C 电子商务模式是指消费者与消费者之间通过互联网开展的一切商务活动,这些商务活动主要是个人交易,也包括其他网络活动,如信息搜索、社区交流等。C2C 与 B2B、B2C 一样,都是电子商务的模式之一。不同的是,C2C 是个人对个人的电子商务模式,最早由个人通过第三方交易平台(如 eBay、淘宝网和拍拍网等)进行在线交易。最早的个人卖家仅出售一些二手商品,以竞价为主要手段。后来逐渐演变成经营性交易,个人卖家也逐步成长为商家,以团队和公司进行运营。因此,现在将以前的 C2C 商家称为"平台电商"可能更为合适。

需要注意的是,早期的很多平台 C 店卖家已逐步成长为规模较大的卖家。个人只是暂时的状态,随着经营情况的发展,C 店的身份也会转化为企业组织。十多年来,经过大浪淘沙,国内市场上比较著名的 C2C 电子商务平台有淘宝网。除此之外,早期国内的 C2C 电子商务平台还有易趣、百度有啊和拍拍网等。

淘宝网由阿里巴巴在 2003 年 5 月创立,目前它的业务跨越 C2C、B2C 两大部分。占中国网购市场份额较大。

易趣于 1999 年在上海成立,这是中国第一个 C2C 的电子商务平台,2002 年 eBay 进行出资,2003 年 eBay 则对其全资控股,2012 年易趣所有的业务由 eBay 剥离,独立运营。

百度有啊是百度于 2008 年上线的 C2C 平台,2011 年 3 月宣布关闭。2011 年 4 月,百度宣布将新有啊打造为本地生活信息服务平台。

拍拍网原是腾讯旗下的电子商务平台,于 2005 年 9 月 12 日上线发布,2014 年 3 月,京东与腾讯宣布建立战略合作伙伴,拍拍网被京东收购。

由于网购市场的蓬勃发展,越来越多的个人和商家投身于电子商务平台。为了在新的市场环境中从事网店经营,需要掌握 C2C 电子商务平台和网络市场等相关知识。

2. C2C 电子商务模式的主要特点

目前,C2C 电子商务模式的主要特点体现在以下 5 个方面。

(1) 为买卖双方进行网上交易提供信息交流平台。电子商务将传统交易搬到了网上,C2C 电子商务更是将传统的商业模式从 B2B 和 B2C 扩展到了 C2C,而 C2C 电子商务给网上进行物品买卖的消费者提供了一个发布和获取信息的平台。提供信息交流平台,改变信息交流方式,扩大信息交流范围,正是 C2C 电子商务平台提供的最根本也是最基础的服务。可以说,其扮演的角色类似于传统商务中交易的中介者。

(2) 为买卖双方进行网上交易提供一系列配套服务。众所周知,电子商务中最基本的 3 个要素是信息流、资金流和物流。C2C 电子商务平台除了向买卖双方提供信息交流的渠道,还可以满足买卖双方资金和商品的交易。由此,C2C 电子商务平台需要为买卖双方提供相应的支付方式和物流系统。而且除了提供相应的工具,C2C 电子商务平台还需要在买卖双方出现交易纠纷时提供相应的客户服务,同时还要为买卖双方的交易行为在互联网上做信用记录等。

(3) 用户数量多,且身份复杂。由于 C2C 电子商务平台对所有人都是开放的,并且免费。无论将来是否收费,但至少短时间内会保持目前状态。因此,几乎任何人都可以注册成为网站的用户。除了数量众多,用户的身份也较为复杂。首先,很多卖家同时也是买家,即不少用户都同时具有买家和卖家的双重身份。其次,在C2C电子商务网站上开店的部分用户并不以赚钱为目的,只是为了出售一些自己已经不需要的物品,甚至有些只是将其作为一种娱乐。

(4)商品繁多,质量参差不齐。由于C2C平台上卖家众多,所以出售物品的信息也十分庞杂。C2C电子商务平台就像把我们传统的大商场、特色小店、地摊和跳蚤市场统统融合在一起。C2C电子商务平台上不仅有衣服、鞋帽、化妆品、家电和书籍等常用物品,也有各种各样的特殊产品,如游戏点卡、个人收藏和顶级奢侈品,等等。此外,商品的质量也参差不齐:既有全新的,也有二手的;既有正品的,也有仿冒的;既有大工厂统一生产的,也有小作坊或个人制作的。

(5)交易次数多,但单次成交额小。由于C2C模式是针对消费者个人买卖的交易平台,参与交易的双方往往都是个人,尤其是买家,他们购买的物品通常都是单件的,数量很少。与B2B模式完全相反,C2C模式交易的先天性特点是"本小利薄"。数量小,批次多是目前绝大部分中国C2C卖家所面临的现实。

二、C2C电子商务模式分析

1. C2C电子商务模式的市场分析

(1)买方市场分析。买方市场分析主要是基于网络消费者购物动机的分析,可以进行市场调查。方法有多种,可以依靠免费调查网站,也可以委托知名网站进行调查,还可以利用淘宝网提供的一些数据工具进行分析。

一般来说,C2C电子商务平台消费者的购物动机有如下4种。

① 追求低廉价格。网上同种产品有多种价格,可以搜寻到比实体店更低的价格。

② 追求便利快捷。网上商店基本上是365×24小时营业,而且没有地域的限制,让消费者足不出户就可以购物。

③ 追求不被打扰、保护自身隐私的动机。有的消费者不希望购物过程被推销人员干扰,也不希望周围的人群知道自己购买何种商品。

④ 追求新鲜事物的动机。周围有人在网上购物,也想尝试一下这种新的购物方式。

(2)卖方市场的定位。卖方市场定位主要基于卖方个人网店的定位。卖方个人网店的定位很重要,定位的好坏决定了今后的发展前景。定位的方式有多种,可以根据不同情况进行分析。

① 商品的定位:选择合适的商品很重要,策略有多种:如身处商品产地,有货源优势,可以挑选品质较好而进货价格相对低的商品;也可以挑选知名的品牌商品;还可以挑选包装精美的商品。

② 消费人群的定位:网店的目标消费群有哪些?他们的消费行为特征是什么?是定位于高端客户还是中低端客户?一般来讲,只能选定某一类客户,想各类客户大小通吃很有难度。

③ 价格的定位:现在普遍的观念是网店的物品都很便宜,许多人在网上购物也是考虑价格便宜这一因素。但是网店上的商品总是没有最低价,只有更低价。一味地与同类卖家拼价格意义不大,所以定位商品价格需要仔细斟酌。

④ 市场竞争中的定位:找出与自己的网店经营项目相同或类似的卖家,利用SWOT分析法分析双方的优势、劣势、机会和威胁,制定合适的营销策略。

2. C2C电子商务模式的交易流程分析

C2C电子商务模式的交易流程按照卖家发布商品的方式不同,可分为以下2种类型。

（1）一口价交易模式。

① 卖家用一口价的方式发布多个商品，然后上架。

② 买家进入 C2C 交易系统后，搜索自己所需的产品，并浏览该商品，选择一口价的商品后，立刻购买。然后通过支付平台付款，但在付款时需注意该支付平台账户必须有足够的钱。

③ 卖家在买家下订单后发货，找到买家购买商品的订单，选择合适的物流公司进行发货，选择物流公司可以选择网站推荐的物流公司，也可以自己联系物流公司，或者不需要物流公司 3 种方式进行发货。

④ 买家确认收货。买家输入支付平台支付密码，确认收货。这样一口价的交易就完成了。

⑤ 交易完成后，买卖双方可以互相评分。

（2）拍卖交易模式。

① 卖家以拍卖方式发布多个商品，并上架。

② 买家查看拍卖的商品。拍卖分为单拍和多拍。单拍即多人竞拍一个商品，最后谁的价格高，谁将获得商品。多拍也称荷兰式拍卖，是指拍卖标的的竞价由高到低依次递减，直到第一个竞买人应价（达到或超过底价）时击槌成交的一种拍卖。

③ 买家出价并付款，卖家选择合适的物流公司或者不需要物流公司进行发货，买家确认收货。

④ 交易完成后，买卖双方可以互相评分。

任务评价

请填写认识 C2C 电子商务模式学习任务评价表（见表 4-2）。

表 4-2　认识 C2C 电子商务模式学习任务评价表

班级		学号		姓名	
角色	○ 组长　○ 组员		完成时间		
任务	完成情况记录				
	学生自评		生生互评		教师评价
评价占比（自设）	%		%		%
理论学习得分					
技能训练得分					
任务完成得分					
任务创新得分					
总评					

拓展练习

1. 各小组分配任务，浏览表 4-3 中的两类 C2C 网站。

表 4-3　两类 C2C 网站

第一类：综合类 C2C 网站	淘宝网、拍拍网和易趣网
第二类：研究类 C2C 网站	艾瑞网、豆丁网

2. 各小组选择两个或两个以上 C2C 电子商务平台，选择 1 件或多件商品进行购物体验（写出详细的购物步骤），然后分析哪个平台的流程设计得更好？为什么？

任务二

淘宝网案例

任务描述

淘宝网是国内 C2C 电子商务平台之一，淘宝店铺的卖家想要获得更多店铺流量和促成更多订单，必须要先了解淘宝网的优势及平台使用的方法和技巧。

学习目标

1. 了解淘宝网的优势及平台的使用方法和技巧；
2. 了解淘宝店铺用户标签和产品标签的形成原理，并掌握如何用直通车优化产品标签；
3. 理解并掌握店铺 DSR 动态评分计算方法及提升店铺 DSR 动态评分的方法。

思政目标

1. 从淘宝网的成功之路感受中国在全球经济发展中的地位，增强国家自豪感；
2. 加强诚信教育，了解诚信在电子商务交易中的重要性。

任务分配

本任务分 3 组进行，每组由 1 位组长和若干组员构成，组员在组长的带领下，根据【任务准备】模块的引导问题进行任务分工，理解淘宝网的特点及优势，并掌握用直通车优化产品标签及提升店铺 DSR 动态评分的方法，并填写表 4-4。

表 4-4 淘宝网案例学习任务分配表

班级		组号		组名	
角色	姓名	学号		任务分工	
组长					
组员					

任务准备

引导问题 1：淘宝网的优势有哪些？

引导问题 2：淘宝店铺用户和产品标签的形成原理是什么？如何用直通车优化产品标签？

引导问题 3：店铺 DSR 动态评分计算方法有哪些？如何提升店铺 DSR 的动态评分？

任务实施

一、认识淘宝网

淘宝网可以说是国内电子商务的教科书和播种机,受 C2C 模式的影响,它在广大国人中普及了电子商务,在很长一段时间里几乎成了"电子商务"的代名词。

淘宝网是亚太地区较大的网络零售商圈,由阿里巴巴投资集团于 2003 年 5 月创立,目前拥有近 5 亿的注册用户数,每天有超过 6 000 万的固定访客,同时每天的在线商品数已经超过 8 亿件,平均每分钟售出 4.8 万件商品。随着淘宝网规模的扩大和用户数量的增加,淘宝网也从单一的 C2C 网络集市变成了包括 C2C、团购、分销和拍卖等多种电子商务模式在内的综合性零售商圈。目前已经成为世界范围的电子商务交易平台之一。

淘宝网致力于推动"货真价实、物美价廉和按需定制"网货的普及,帮助更多的消费者享用海量且丰富的网货,获得更高的生活品质;通过提供网络销售平台等基础性服务,帮助更多的企业开拓市场、建立品牌,实现产业升级;已实现创造百万就业岗位的淘宝网,不断帮助胸怀梦想的人通过网络实现创业就业,在新商业文明下,正向创造千万就业岗位这一目标迈进。淘宝网不仅是中国深受欢迎的网络零售平台,也是中国消费者的交流社区和全球创意商品的集中地,不仅在很大程度上改变了传统的生产方式,也改变了人们的生活消费方式。不做冤大头、崇尚时尚和个性、开放交流的心态及理性的思维,成为在淘宝网崛起的"淘一代"的重要特征,而淘宝网"团设计、玩定制、赶时髦和爱传统"的这些多样化消费体验,更是让淘一代们乐在其中。

知识链接:
淘宝网成功的因素

二、淘宝网案例分析与应用

案例 1

案例描述

小王是一位淘宝网店铺的卖家,他发现近几年店铺的生意越来越差,依靠之前的刷单方式或者运营手段来经营,已经不能有好的效果了。他了解到现在淘宝网规则在不断地变化,之前广撒网的方式已经不能适应平台的发展,现在都是更加精细化的操作,卖家店铺也被标签化。他想知道人群标签对店铺的影响是什么,卖家该如何优化呢?

案例分析

随着淘宝网对千人千面的展现逻辑逐渐优化,搜索个性化越来越明显,它根据消费者的人群属性进一步匹配卖家店铺的相关产品,当卖家的产品标签越精准,淘宝网为卖家匹配的客户群体就会越精准,这就会使产品的点击率高、转化率高和产出率高。这是一个良性循环,产品标签越精准,卖家的店铺数据就会越好。

1. 标签的形成

(1)什么是千人千面?千人千面,是淘宝网展现逻辑的一种算法,是利用淘宝网大数据及云计算能力,对买家和产品分别做标签,买家在搜索产品时,淘宝网会根据买家标签匹配不同的产品,帮助卖家锁定真正的潜在买家,实现精准营销,提高产品的转化率。

以前淘宝网和现在淘宝网的搜索逻辑思维图如图 4-1 所示，从图中可以看出，从以前的千人一面到现在千人千面的变化，千人千面算法使买家在搜索产品时展现出不同产品的风格、款式、价格和地域等，正是因为标签的差异化，最终呈现了展现的个性化。

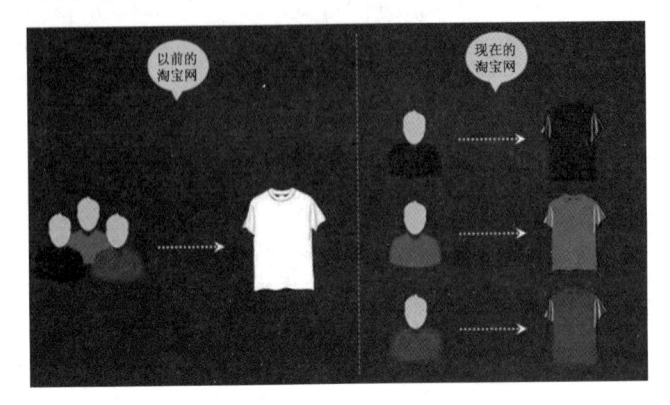

图 4-1　淘宝网的搜索逻辑思维图前后对比

（2）用户标签。用户标签的形成一方面来源于用户注册信息，另一方面来源于用户的浏览和购买足迹，如图 4-2 所示。

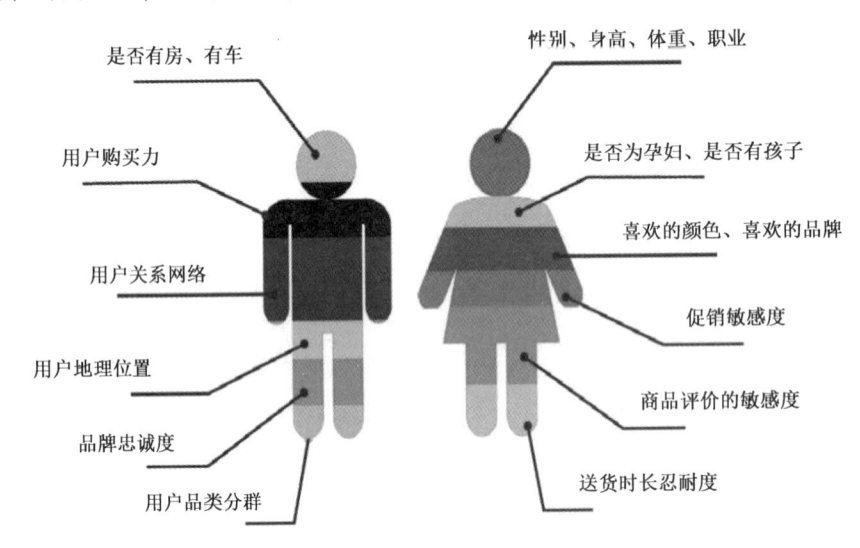

图 4-2　用户标签

例如，小明注册了一个淘宝网账号，淘宝网大数据会根据他的注册信息给他打上性别、年龄和城市等标签，后期会根据小明的搜索浏览和购买产品足迹，给他打上消费能力、产品风格和颜色喜好标签。同时，阿里云数据也会根据他最近一周或一个月购买的产品做分析，给他打标签。例如，小明最近在购买婴儿床、奶粉和尿不湿，阿里云分析这些信息后会给小明打上奶爸的标签，平时就会给他推荐一些母婴用品和玩具。

（3）产品标签。产品标签的形成一方面源于产品的基础信息，即产品上架时编辑的基本信息。所以卖家在上传产品时不要随意填写，尽量把可以完善的产品基础信息进一步完善。另一方面来自用户标签，当然不是购买之后就会为产品打上某种标签，只有已购买用户达到一定的数量级之后，产品才会被打上某种标签。而且，这种用户传递给产品的标签往往不止一个。例如，有 200 个用户买了相同的产品，这其中有 50 个用户具备某种共同的标签，则淘宝网就会为这 50 个用户给产品打上某种标签，同时还有另外 80 个用户具备另外的某种标签，则产品还会同时被打上另外的标签，以此类推，如图 4-3 所示。

图 4-3　产品标签形成图

2. 产品标签的优化

直通车如何实现人群精准化？

直通车的人群标签有很多，系统推荐人群、淘宝网首页潜力人群、自定义人群和店铺定制人群等，但是卖家可以操作优化的只有自定义人群，这也是卖家应主要做优化的地方，如图 4-4 所示。

图 4-4　直通车自定义人群界面

打开自定义人群会看到很多标签，包括性别、年龄和类目笔单价等，如果是母婴类目还会出现宝宝性别、年龄标签。然而，很多新手商家对这些标签都是随意勾选，甚至尽可能全部勾选，这样会导致店铺和产品引流的方向不准确。在了解自定义人群优化之前，需要先了解自定义人群的级别及他们之间的溢价技巧。

(1) 一级人群。一级人群是指包含单个标签类目中的一个或多个子标签人群，如图 4-5 所示。例如，

性别：女。

类目笔单价：0～20 元；20～50 元；50～100 元。

月均消费额度：300 元以下；300～399 元；400～549 元。

图 4-5　一级人群举例

(2) 二级人群。二级人群是指包含两个标签类目中的一个或多个子标签人群，如图 4-6 所示。例如，

性别：女+类目笔单价 50～100 元。

性别：女+类目笔单价 0～20 元；20～50 元；50～100 元。

年龄：18～24 岁+月均消费额度 300 元以下；300～399 元；400～549 元。

图 4-6　二级人群举例

(3) 三级人群。三级人群是指包含三个标签类目中的一个或多个子标签人群，如图 4-7 所示。例如，

性别：女+年龄 18～24 岁+类目笔单价 50～100 元。

性别：女+年龄 18～24 岁+类目笔单价 0～20 元；20～50 元；50～100 元。

性别：男+年龄 18～24 岁+月均消费额度：300 元以下；300～399 元；400～549 元。

图 4-7　三级人群举例

随着标签的精准化组合，系统覆盖人群数是逐渐减少的。当一、二、三级人群溢价比例一致，一级人群会优先获取展现和点击。如果卖家想精准人群标签获取更多展现和点击，在人群溢价方面就必须提高。以一款网红风羽绒服为例，产品的客单价为 298 元，卖家可以通过专业版市场行情查询核心关键词的搜索人群，如图 4-8 所示。

图 4-8　专业版市场行情查询"网红风羽绒服"的搜索结果

产品搜索人群比较明显，卖家在组合标签时，可以直接用"女+18～24 岁"去结合类目单笔价和月均消费能力组合三级标签，如图 4-9 所示。

当单个人群标签点击量在 100 以上时，可以结合三率数据（点击率、加购率和转化率）优化标签，从而提高产品的点击率、转化率及计划的产出率。

图 4-9　根据搜索结果组合人群标签举例

案例 2

案例描述

图 4-10 是淘宝网上一个业余小卖家玩具店的半年内动态评分,其宝贝与描述相符分低至 4.5 分,已经飘绿(淘宝店铺动态评分最高分是 5 分。一般店铺的动态评分如果高于 4.7 分,颜色会显示为红色。如果店铺动态评分低于 4.7,颜色会变成绿色),并且最近半年评分的只有 25 人,订单量非常小。在淘宝网上像这样的业余卖家人群还是占不少比例的。面对 4.5 的动态评分,卖家应当从哪些方面着手改善才能使自己的店铺恢复元气?

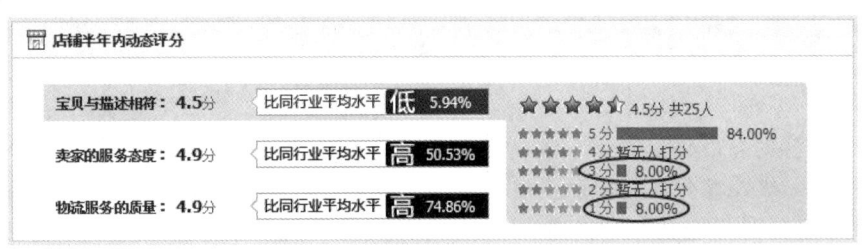

图 4-10　玩具店半年内动态评分

案例分析

1. 了解 DSR 动态评分详情

卖家服务评价体系(Detail Seller Rating, DSR)动态评分是卖家越来越关心的问题,它比中差评对店铺带来的影响更大。除了直观上会降低客户购买欲望,DSR 一旦飘绿更是导致流量下跌的要素之一。出现低分卖家的第一反应是买家给了中评还是差评?是哪单产生的?具体给了几分?实际上动态评分与是否出现中差评没有直接关系。有可能买家给了好评,但动态评分并没有给 5 星,给了 4 分或以下。要看具体给了几分,则可将光标移至低分项,就会出现对应的 1~5 分的打分数据,如图 4-10 所示,有的订单给 1 分,有的给 3 分。至于是哪单产生的后台没有数据,也不好判断,因为有以下 2 种情况。

(1) 前一天的打分刚生效——当天没任何评价的话,有可能是前一天打的动态评分。双方互评后动态评分会即时生效,但更新显示可能会有 48 小时的延时。

(2) 半年均值循环计算——系统会每天计算最近 180 天所有买家给出评分的平均数。比如 1~5 月的动态分都是满分,6 月份有多个低分,到了 7 月份起,在没有新的评分的情况下,1~5 月份的高分优势一天天逐渐减弱,整体的动态分也会逐渐下降。对于是哪单产生低分的疑问,卖家可以通过旺旺的聊天记录、售前售后过程和买家评价内容去推测哪位买家有不满意的地方,从而有针对性地改善不足。

2. 了解DSR动态评分计算方法

(1) 店铺需要多少单才能恢复元气?我们先来了解是几个订单打了低分。

先看图4-10中4.9分的物流服务的质量分,打4分的占总人数(25人)的4%,计算得出1人打了4分,另外24人(占96%)是给了5分的。再看图4-10中4.5分的宝贝与描述相符分,打3分及1分的都占8%。也就是2人打了3分,2人打了1分,导致描述分随之大跌至4.5分。

(2) 接下来看宝贝与描述相符4.5分是怎么算出来的?

(当前)DSR动态评分=总分数/总人数=(5分×21人+3分×2人+1分×2人)/25人=4.52(分)

因为展示给买家看的分数只保留1位小数,系统也没有采取四舍五入,只有得分超过4.6以上,才会展示为4.6。

(3) 然后是卖家最关心的问题:在多少位买家给满分5分之后就会达到4.9分(因为系统不会四舍五入至5.0)?

未来需要的评分人数
=(目标DSR分值-当前DSR分值)×当前评价总人数/(5分-目标DSR分值)
=(4.9分-4.52分)×25人/(5分-4.9分)
=95人

因此,在4.5低分的情况下,需要95单5分满分才能达到4.9分的目标,是不是感觉遥不可及?在刚开始定4.7分或4.8分循序渐进即可,试将4.8代入公式,G=(4.8-4.52)×25/(5-4.8)=35(人)。假如得数带有小数,则应进一位取整。

清楚了DSR分值是怎么计算的,卖家就可以针对哪一项低分来制订方案,积极解决顾客在购物过程中的高发问题。

3. 了解提升DSR动态评分的方法

不能分数跌了才去提升服务,而是要始终保持DSR的高分对应服务状态。DSR是反馈顾客满意度的匿名调查问卷,卖家在补救DSR下降的分数时,也要总结自身的问题,并通过完善每一项服务来保持DSR的高分,针对不同的问题逐个击破。

(1) 产品与描述相符。

① 产品本身质量要过关,描述详情要坚持诚信原则,不隐瞒,不夸张。

② 发货前严格走一遍质检,不要出现次品,不出售假货、水货。

③ 对于产品的款式、尺寸、颜色和功能等相关内容,要实事求是,并及时跟进厂家是否有产生变化。

④ 在尺寸大小问题上,可以借助日常生活中的参照物进行描述,比如证件袋可以借助具体面额的钱币作鲜明的对比,让消费者更直观地了解袋子的容纳程度。

(2) 卖家的服务态度及物流服务的质量。

① 售前。在回答顾客的售前咨询时,不要复制粘贴固定句式,不能让顾客觉得是在和一个机器人在聊天,多用心地介绍产品的尺寸、功能等。

② 售中。从拍下付款,到货物签收,全程短信实时播报订单进度,让顾客对订单定位心中有数。淘宝卖家可订购客户关怀软件,利用软件设置关怀短信(见图4-11)。以下是针对各个交易环节的短信模板范例。

拍下付款——亲爱的（对买家昵称），已经收到您的付款，我们立即安排发货，祝您生活愉快！

货物发出——亲，您订购的产品已乘坐××快递(快递单号:××××××××××)迫不及待地奔向您啦，请注意查收，感谢您的支持！

图 4-11　短信关怀设置界面

到达买家城市——亲，您的产品已经到达××，注意查收哦。有问题请随时联系我们，如果满意请为我们点亮 5 颗星星，祝您生活愉快！

签收提醒——×××（买家昵称），您好！您的产品已到达，注意签收哦。有任何疑问可随时联系我们，我们会服务到您满意为止！亲若满意，有劳动动小手指帮我们点亮 5 颗星哦，非常感谢！

卖家不仅可以通过短信编写幽默的文案让顾客在收货前愉悦地接收通知，还可以在最后两个时间点（到达城市和签收前）强调提醒顾客：如满意请给三项 5 分。

③ 售后。卖家应注重物流服务的质量，首先要做到货源稳定及时发货，其次要在包裹细节上取胜。例如，在打印或手写快递单时，多加一句感谢快递小哥的话。比如，快递小哥，您辛苦了，这个包裹是我们的 VIP 客户，请您优先派送。不仅快递员看了会认真对待，买家看了也会感觉自己是 VIP 的待遇。这样就算物流途中确实导致商品配送延迟，买家也会退一步理解快递员及卖家的难处，给低分的概率会大大减小。

另外，遇到售后问题要主动承担责任。当顾客提出商品质量瑕疵、包裹破损等问题时，卖家要冷静对待。即使顾客对一些小问题吹毛求疵，也不能同顾客产生争执，要敢于认错，并及时解决争议。

综合以上分析，卖家在落到实处解决 DSR 动态评分体现出来的问题的同时，其实也在了解消费者的需求。所以了解动态评分变化规律很重要，做好服务更重要，尤其要把诚信放在首位。

任务评价

请填写淘宝网案例学习任务评价表（见表 4-5）。

表 4-5　淘宝网案例学习任务评价表

班级		学号		姓名	
角色	○ 组长　○ 组员		完成时间		
任务		完成情况记录			
		学生自评		生生互评	教师评价
评价占比（自设）		%		%	%
理论学习得分					

（续表）

任务	完成情况记录		
	学生自评	生生互评	教师评价
技能训练得分			
任务完成得分			
任务创新得分			
总评			

拓展练习

1. 小刘是淘宝新手，他在用淘宝直通车做人群标签时，看到琳琅满目的标签觉得眼花缭乱，不知道到底该如何选择和组合人群标签，你能给他支支招吗？

2. 一家淘宝店铺的卖家小王近期由于订单量增多，店铺整体层级上升，发货量增加，店铺 DSR 却因为各方面原因飘绿影响了转化率，这令小王很头疼。他想知道 DSR 评分飘绿后该如何快速地处理。

任务三

eBay 案例

任务描述

eBay 是国际上 C2C 交易平台之一，eBay 平台上的店铺卖家必须熟练掌握刊登产品 Listing 的标题及图片优化技巧，以及灵活使用平台上的各种促销工具，才能为店铺带来更多流量和订单。

学习目标

1. 了解 eBay 平台的优势；
2. 掌握刊登产品 Listing 的标题及图片的优化技巧；
3. 掌握 eBay 平台 4 种不同促销方式的使用方法。

思政目标

1. 树立科学发展观，培养科学思维，用科学思维来指导电子商务运营；
2. 培养工匠精神，能熟练操作平台上的各种工具，培养学生成为电子商务运营行业的专业人才。

任务分配

本任务分 3 组进行，每组由 1 位组长和若干组员构成，组员在组长的带领下，根据【任务准备】模块的引导问题进行任务分工，了解 eBay 平台的主要优势；掌握刊登产品 Listing 标题及图片的优化技巧及 eBay 平台 4 种不同促销工具的使用方法，并填写表 4-6。

表 4-6 eBay 案例学习任务分配表

班级		组号		组名	
角色	姓名	学号	任务分工		
组长					
组员					

任务准备

引导问题 1：eBay 平台有哪些优势？

引导问题 2：在 eBay 平台上刊登产品 Listing 时，如何优化产品标题和图片？

引导问题 3：eBay 平台有哪 4 种促销方式？它们的使用方法有哪些？

任务实施

一、认识 eBay

eBay 起源于网络拍卖，通过开放性的合作，经过多年的发展，已经成为著名 C2C 交易平台之一。

eBay 集团于 1995 年 9 月成立于美国加利福尼亚州圣荷西，是全球商务与支付行业的领先者，为不同规模的商家提供了公平竞争与发展的机会。eBay 集团旗下的主要业务包含全球领先的在线交易平台 eBay、在线支付工具 PayPal，以及为全球企业提供零售渠道及数字营销便利的 eBay Entepises。同时，eBay 集团还有其他专门的交易平台来服务数百万的用户，其中包括全球最大的票务市场 SubHub 和 eBay Classifieds 社区分类广告网站。

eBay 在线交易平台在全球范围内拥有 1.2 亿个活跃用户，以及 4 亿多件由个人或商家发布的商品，其中以全新的"一口价"商品为主。eBay 提供个性化购物体验，并通过移动应用程序实现消费者与全球商品的无缝链接。PayPal 在全球范围内拥有超过 1.32 亿个活跃用户，服务遍及全球 193 个国家及地区，共支持 26 种货币付款交易。通过 PayPal 提供的跨地区、跨币种和跨语言的支付服务，用户可以在全球范围内开展电子商务，日处理交易量达 760 万笔。

eBay 在全球拥有 37 个独立的站点及门户网站，支持全球 23 种语言。eBay 集团在中国致力于推动中国跨境电子商务的发展，为中国卖家开辟直接面向海外的销售渠道。通过 eBay 在线交易平台和 PayPal 支付解决方案，有几十万的中国企业和个人用户在将年销售规模达两百多亿美元的产品和服务销售给世界各地的消费者。为了更好地帮助中国卖家在 eBay 平台上进行销售，eBay 中国成立了专业的跨境交易服务团队，提供跨境交易认证、业务咨询、疑难解答、外贸专场培训及电话培训、外贸论坛热线和洽谈物流优惠等一系列服务，帮助中国卖家顺利开展全球业务。PayPal 则利用广阔的海外渠道和合作网络帮助中国企业迅速开拓全球市场，并更好地建立品牌认知和信任度。PayPal 针对中国市场，着力于为中小商户提供"一站式"在线外贸解决方案，帮助解决从网店搭建、网络推广、在线支付到跨境物流等系列难题。

二、eBay 案例分析与应用

案例 1

案例描述

小李是一位 eBay 平台上的新手卖家，他发现虽然发布的产品价格比同行产品的价格低，不但没有曝光率而且也没有更高的点击量。投放广告之后终于有了曝光率，但是点击量依然很少，也没有订单，这令他百思不得其解。他请教了有经验的同事，同事看了他发布的 Listing，发现产品标题凌乱，产品图片也毫无吸引力。后来在这位同事的指导下，小李优化了 Listing，果然曝光率明显增加。

案例分析

卖家要想让自己的产品吸引住消费者的眼球，打造出精美的产品 Listing 是第一步要做的工作，优化 Listing 是在 eBay 上获得大量销售额的关键。如果卖家的 Listing 优化得好，那么就会有更多的买家在搜索结果中看到卖家的产品，从而提升产品的销售量。Listing 优化中，标题和图片优化尤其重要。在做标题和图片优化时切忌依靠自我感觉，而要运用科学思维，借助科学数据指导优化过程。

1. 标题优化

（1）选词。首先，针对不同情况的 Listing 有不同的选词策略，对于流量低、销量低的 Listing，要选择平台上 Listing 使用较少的关键词，错开与同行的竞争，有助于提升曝光率和转化率；对于基础流量和销量的 Listing，要选择搜索量不是最高，但是转化率高的词，可以增加曝光率和提升销量；对于高销量的 Listing，找搜索量最高的相关词，以最大可能提升曝光率和销量。

接下来就是在垂直领域收集关键词，建立词库。建立词库时要区分主关键词和长尾关键词（主关键词也叫核心关键词，即与产品相关度最高、最简单的词语，同时也是搜索量最高的词语。长尾关键词是通过核心关键词延伸出来的词，由 2~3 个词语或短语组成）。当丰富的关键词词库建立以后，就为后续的组词做好了充分的准备。

以下介绍两种比较常见的收集词库的工具。

① Google AdWords 提供的关键字规划师工具。

买家搜索的需求是相近的，所以卖家可以在 Google AdWords 里寻找相关词，找到后通过下载获取，关键字规划师入口界面如图 4-12 所示。

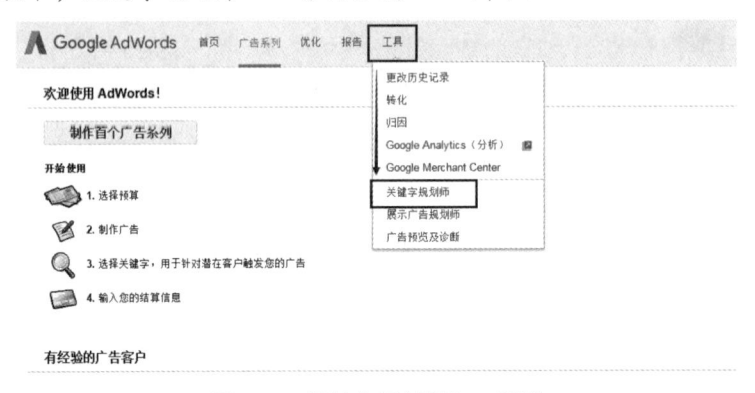

图 4-12 关键字规划师入口界面

② 数字酋长的搜索关键字。

数字酋长搜集到的关键字是真实用户通过在 eBay 搜索进入 Listing 后获得的采样数据，可以了解用户是通过哪些关键字进入具体的 Listing 页面。饼状图中的"其他"，代表更多的长尾词，在下拉详细列表中可以查看到，如图 4-13 所示。

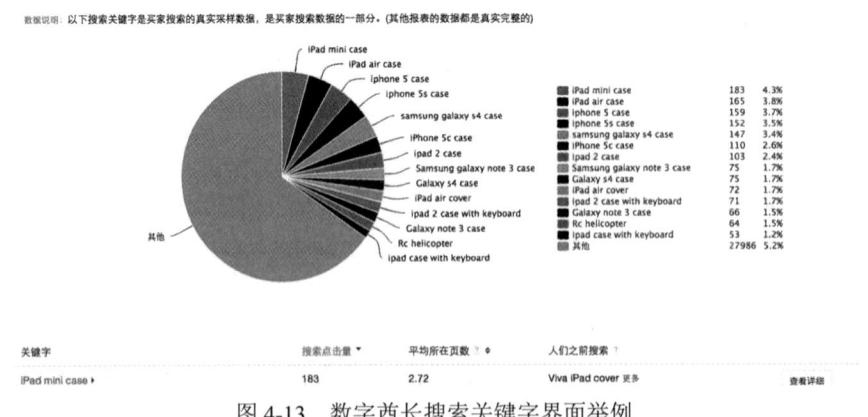

图 4-13 数字酋长搜索关键字界面举例

单击查看详情，还可以了解具体某个关键字点击的 Listing 页面及搜索趋势，甚至还可以知道上一次用户搜索的关键字是什么，以关键字"iPad mini case"为例，如图 4-14 所示。

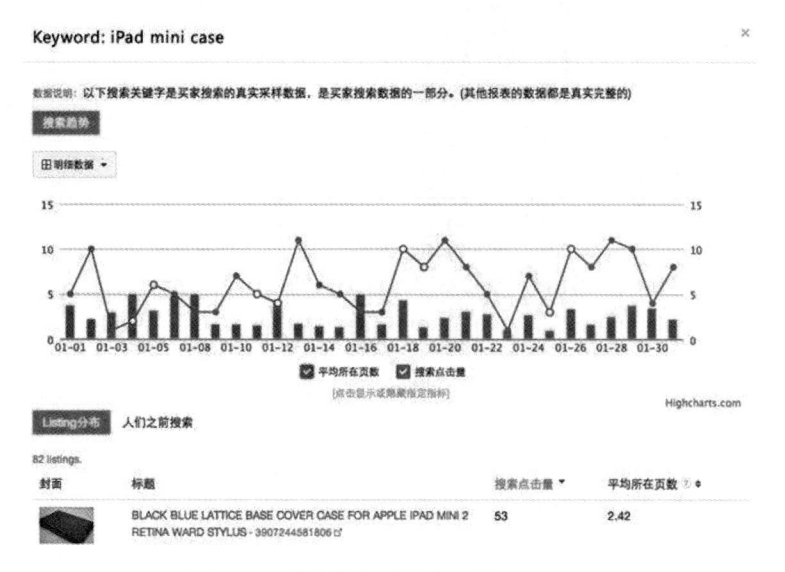

图 4-14　数字酋长关键字详情界面举例

可以在数字酋长中下载这些数据，在 Excel 中查看，从中获得长尾或者相关关键字来扩展自己的关键词词库，如图 4-15 所示。

图 4-15　数字酋长关键字报表下载

（2）组词。在组词之前，需要先了解 eBay 上标题的特点：eBay 标题最多为 80 个字符，字符是从左向右展现的，在不同设备和浏览模式下展现的标题的字数也有所不同。

在 PC 端展现搜索结果时：

① 如果以 List 模式展现，则可以将标题全部展现，如图 4-16 所示。

图 4-16　PC 端 List 模式下标题展现页面

② Gallery 模式下，只能展现 35 个字符，运费和卖家表现均无法看到，如图 4-17 所示。

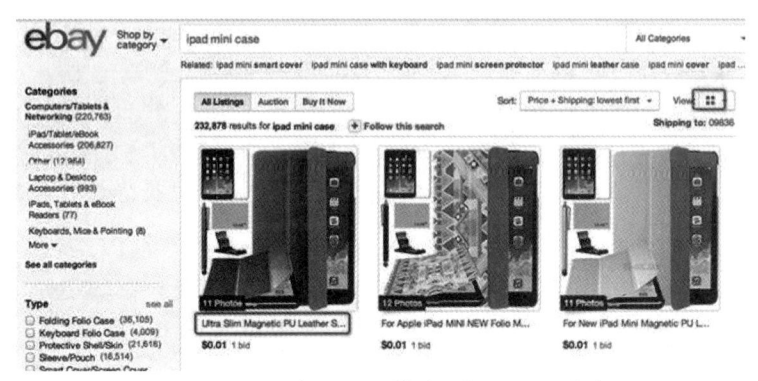

图 4-17　PC 端 Gallery 模式下标题展现页面

在手机端展现搜索结果时，手机端的 3 种浏览模式，1 种不显示标题，另外 2 种会完全显示标题，如图 4-18 所示。

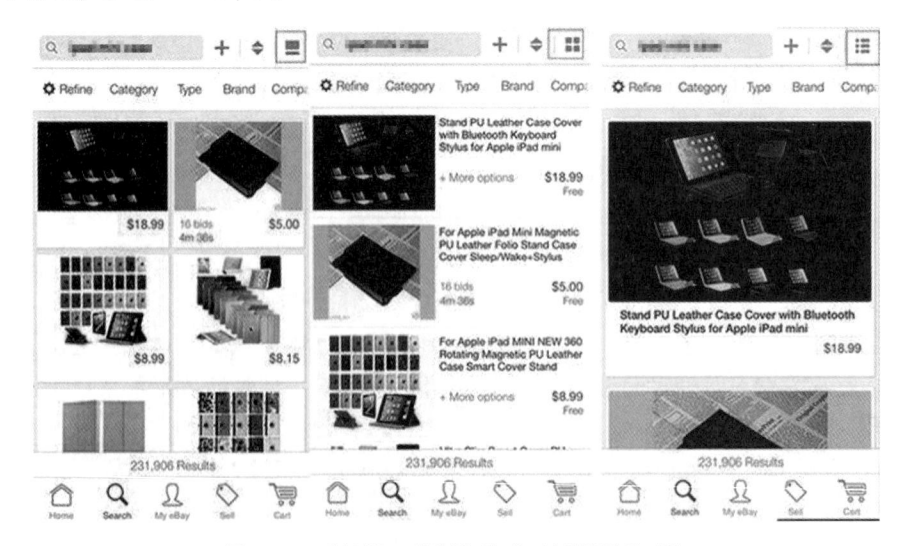

图 4-18　手机端 3 种浏览模式下标题展现对比

综合以上模式分析,最极端的情况是不显示标题,这时只能比较产品图片,接下来是显示35个字符标题,然后是全部标题显示。由此得出的结论是:产品标题的关键词要尽量展现在左边,以兼容更多设备。

在eBay中产品名就是标题的主关键字,如果有品牌,可以优先放品牌的关键词。长尾就是基于产品的参数、型号、颜色和使用等一些信息。一个产品不要使用超过2个主关键字,越是长尾词,用户的需求定位就越精准。

eBay标题的优化需要做到以下4点。

① 尽量写满80个字符,重点放在前55个字符。

② 标题格式按"用户硬性需求+产品核心词+产品特性词+用户软性需求"的步骤来写,前面两项作为重点,后面两项看字符而定。

③ 副标题不是必需的,因为eBay提高了副标题的收费,但是副标题对点击率有较大的影响,类似PPC的描述,适用于一些非产品卖点宣传。

④ 用户搜索词在标题中出现会有很大的影响因素,但是对于搜索频度没有明显效果,应避免不必要的堆砌。

2. 图片优化

在资讯膨胀的时代,比起阅读文字,图片更具有十足的视觉吸引力。图片是否吸引消费者的睛球也是能够为Listing带来更高转化率的一个重要因素。Listing的产品图片应符合以下几点要求。

(1) 拍摄背景简介为宜。所有技巧中最重要的,首先是拍摄背景——最好是无多余装饰的白色背景。在干净、简洁的环境中可以全方位地展示商品,这也是确保产品看起来更具有专业性的最佳方式。

(2) 遵守eBay的图片要求。eBay平台发布图片的最长边至少要达到500像素。有许多方法可以查看图片大小,例如,使用Photoshop打开图片,进入"图片"→"画布尺寸",然后从下拉菜单中选择"像素"命令。如果发现图片最长边小于500像素,不要放大。因为拉伸只会造成图片像素化且模糊,应该再拍一张像素更高的图片来替代它。

(3) 为移动端和缩放功能进行图片优化。设定好图片大小后,还需要为移动端和缩放功能进行图片优化。手机图片的最长边至少要达到1 600像素,这是所有数码单反相机(DSLR)和智能手机的默认设置,因此,只要没有进行裁剪,像素基本是达标的。最长边1 600像素的图片同样是对优化缩放功能做出了优化,在网站上放大产品图片,实际上看到的是原始大小的图片。

(4) 多角度拍照。虽然网上购物有很多优惠,但还是没有比亲眼所见和亲手触摸的商品来得放心。对于要出售的产品,照片需要完整地体现出卖家对商品的信心,这样买家才会放心购买。鉴于此,eBay每个网页允许上传12张照片,包括商品的前、后、侧面等,以便让买家可以从各个角度看到产品的外观。请注意,如果产品的侧面或前部和背面是一样的,则不需要重复上传,如图4-19所示。

图 4-19　产品多角度拍照示范

（5）采用特写。产品图片还需要特写，以便更好地展示产品的特殊功能或质地。虽然买家可以放大产品图片（假设你已启用缩放功能，照片为高分辨率），但买家可能不完全知道怎么进行图片放大。可以通过以下几种特写类型引导他们：带有价值信息的价格标签、不寻常的特征、可爱的按钮细节、许多刺绣或一个很酷的设计。这些展示都会使产品显得不同。

以下几个小贴士是拍摄图片时需要特别留意的要点。

① 提供不同方式拍摄的照片。拍摄产品的方式可以多样。如果卖家的产品是服装，可以让模特试穿或把它们放平，两种方式都不错。消费者也乐于从多个角度观察他们想要购买的产品。如果卖家的产品属于家居用品或厨房用具类，请尽量在系列关联照片中突出产品，花一些时间来考虑最佳搭配，使客户想要购买照片中的一切。

② 选择合适的核心图片。核心图片或主图片，是指拍摄的照片中最能表现产品的那一张。这也是潜在买家通过单击列表页面看到放大版时的第一张图片。这张图片需要以最佳方式展示产品。尽管大多数核心图片都是正面镜头，但也有一些例外，如鞋子应从侧面拍摄、盘子从上面拍摄，诸如此类，如图 4-20 所示。

图 4-20　产品核心图片示范

③ 不要过度编辑。不要像在 Instagram 上那样进行时髦的色彩和效果处理，在编辑上不要走极端。产品图片需要看起来很真实，尽量少做改变，以确保图片可以准确代表产品本身。有些产品的买家反馈之所以会越来越糟糕，原因就是产品看上去和照片一点也不像，这会造成不必要的销后问题。

④ 不要在产品图片上加文字。在照片上加文字是违反 eBay 的照片规定的。此外，图片上的文字不仅会让图片显得杂乱和不专业，而且，它还会分散购买者对产品精髓的注意力，应该让客户把注意力保持在产品本身。

⑤ 避免水印。当多个 eBay 卖家都在售卖相同的产品时，产品图片上可能有水印标记，这是减少对其他卖家盗用图片的一种技巧。然而，和文字一样，水印同样会使产品图片变得模糊。如果卖家使用了带水印的图片，那么就需要确保遵守 eBay 的相关要求。

项目四 C2C 电子商务案例

案例 2

案例描述

小高和小王都是 eBay 店铺的卖家，小高的店铺经常在节假日设置一些促销活动吸引买家，店铺的销量节节攀升，流量也越来越多；而小王的店铺几乎没有设置过促销活动，销量和流量一直不如意。小王也希望自己的店铺销量像夏天的温度一样不断飙升，于是他虚心向小高请教怎样使用 eBay 平台上的促销工具来做促销活动。

案例分析

当各位卖家摩拳擦掌准备开始做促销时，先别急！工欲善其事，必先利其器。先要选个合适自己发布量的旺铺使促销事半功倍。eBay 店铺的免费额度不仅和卖家可免费发布的数量有关，也对应着可设置促销的数量。从初级店铺、高级店铺，到超级店铺分别对应着 250 条、2 500 条和 5 000 条促销数量。大部分促销活动的主要目的是让消费者多买，所以卖家们不仅要有更大的折扣力度，更要在数量上达到一定规模。拥有更高额度的店铺就可以一次设置更多的促销发布，如图 4-21 所示。

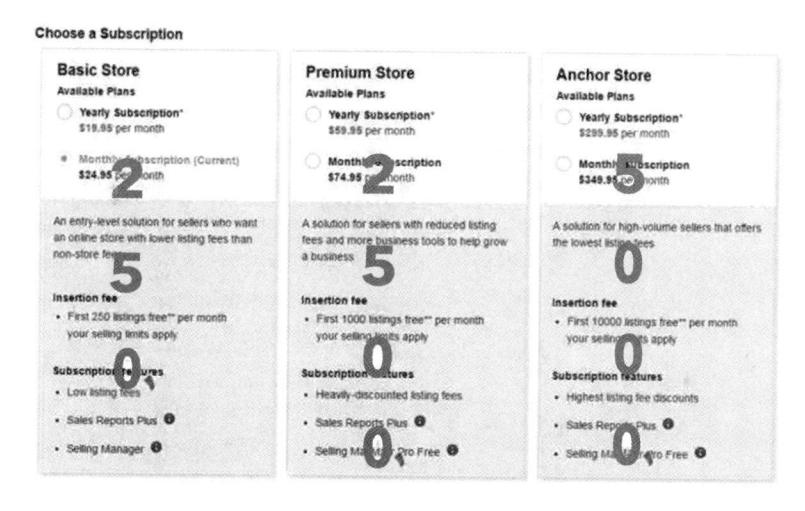

图 4-21 不同级别店铺对应的可促销数量

卖家可通过"My eBay（我的易贝）→Marketing（促销）→Manage Promotions（管理促销）→Create a promotion（创建促销）"路径开启促销之旅，如图 4-22 所示。

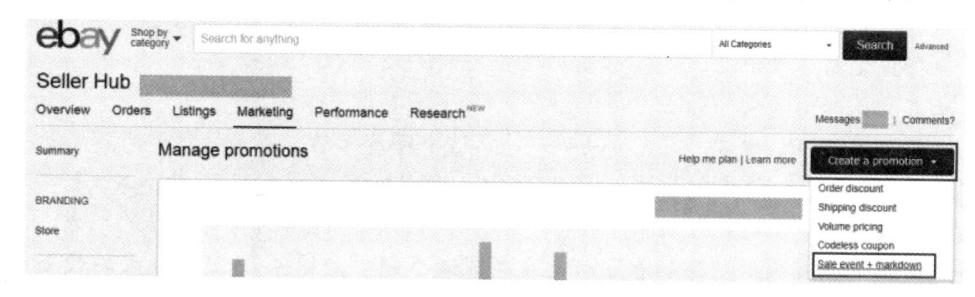

图 4-22 Create a promotion 入口界面

第一招：订单促销（Order discount）。

订单促销作为认可度最高的一种促销方式，设置模式非常丰富。卖家可以根据自己产品的利润、客单价和促销目的来设置促销规则。可参照如图4-23所示的设置界面来设置促销内容，图中标号1、2、3分别表示满多少金额减多少金额；满多少金额后享受多少百分比的折扣；每满多少金额减多少金额。标号4、5、6分别表示买满多少件减多少金额；买满多少件享受多少百分比的折扣；每买满多少件减多少金额。标号7、8、9、10分别表示买一送一；买一件另外一件享受多少百分比的折扣；买一送一（每一单仅使用一次）；买一件另外一件享受多少百分比的折扣（每一单仅使用一次）。标号11、12、13分别表示买1个或更多时省多少；享受多少百分比的折扣；单件产品减多少金额的折扣。卖家可根据自己的需求进行活动方式及金额的选择。

图 4-23　Order Discount 设置界面举例

选择要做促销的物品时可设置规则：店铺全部物品、eBay 分类或店铺分类，当然也可以自行设定筛选条件。

第二招：降价活动（Sales Event）。

在设置 Sales Event 前，首先要明确一点，这个降价活动并不是针对产品具体的折扣设置，而是设定折扣的集合来扩大打折的效果。每件物品都需要用 MarkDown 先单独做好打折，然后放在一起做一个降价活动。卖家可以形象地理解为商场外挂的广告，如最低3折起，而商场内的产品折扣可以是4折或者5折。如图4-24所示设置的效果就是全店铺最低5折起。降价活动的标题是买家可见的，所以一定要取一个具有吸引力的标题。长期的促销活动，最好是店铺里不同品类轮换。

图 4-24　Sales Event 标题设置界面举例

MarkDown 直接对刊登设置折扣，进入路径为："My eBay→Marketing→Promotions→Markdown Manager→Create a Sale"。

第三招：优惠通道（Codeless Coupon）。

优惠通道的促销方式同样可以设置以金额或者数量为规则，但是不同于其他促销方式的是，优惠通道是卖家自己设置一条链接给到特定的买家来享受这个折扣。只有通过点击这条链接才能看到促销产品，常规搜索浏览是无法看到这个折扣设置的。因此常被用于给一些复购率高的买家或者店铺 VIP 定期发送专属的优惠及邮件营销的时候。

如图 4-25 所示：用以设置最低消费金额（Select minimum purchase amount）；用以设置优惠金额（Purchase discount）；用以设置单笔交易的优惠次数（The discount can be applied only once per transaction）；也可选择设置折扣百分比（Percentage discount）。

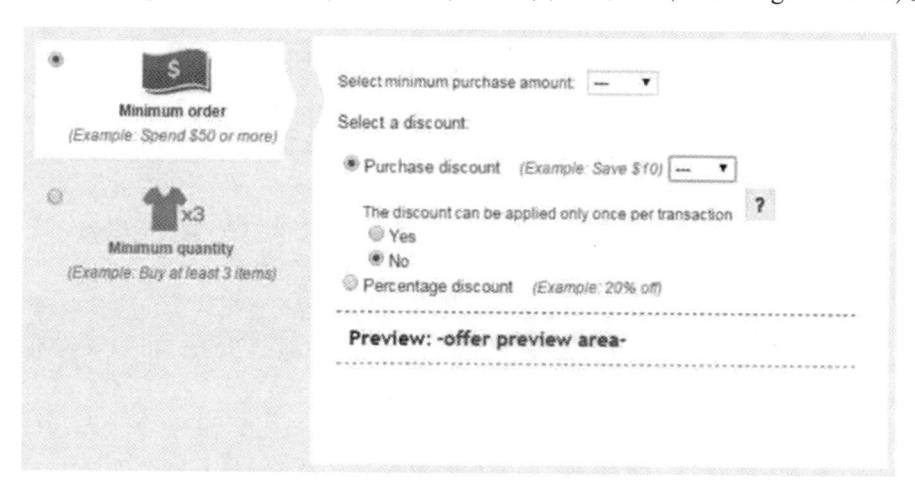

图 4-25　Codeless Coupon 设置界面

第四招：运费折扣（Shipping Discount）。

为什么用合并订单免运费的促销形式而不是免运费？合并订单免运费是通过买家购买达到一定的金额或者数量时获得物流服务的升级。当买家对于得到产品有迫切需求的时候，而卖家又提供了更快速的物流选项，二者相契合可以让消费者增加单次购买量来获得更快速的物流方式。这个促销的设置如图 4-26 所示，可通过满足金额条件，满足数量条件或者无条件来做筛选设置。

什么类型的物品适合做合并订单免运费？答案是重量差不多的物品。因为如果物品重量差异大，运费成本是很难控制的。

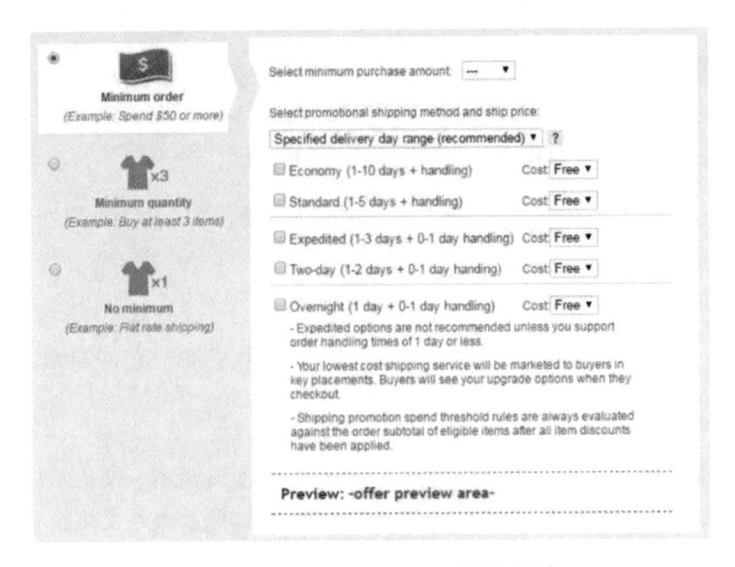

图 4-26 Shipping Discount 设置界面

了解了以上 4 种促销工具的使用方法，还需掌握以下 4 点促销策略。

(1) 促销战略：明确目的。促销的本质就是为了使消费者产生购买冲动。为了销售最大化，这是大部分促销活动的主要目的。其实大部分消费者的消费抗性最后一道防线都是价格。任何品类都有一个适用于高、中、低三类人群的"适销价格点"。尽量控制成本使产品定价处在一种适销价格点上，从而增加产品的售出概率。新货带动旧货，库存迅速清完，也为下季的上新做好准备。

(2) 促销战术：精准促销。想要使自己的促销设置取得预期的效果，那么卖家从一开始就要用对方法。首先进行资料收集和市场研究，制定一个针对自己销售情况的消费者"购买点"。统计客单价覆盖最广人群，这样可以激发更多的潜在买家购买。这个点如果定不准，促销效果就会有云泥之别：若定价偏高，则促销没有效果，因为买家如果"够"不到，就不会去"购"了；若定价偏低，销售效果就不能最大化。其次当促销活动进行了一段时间之后，必须对效果做出评估并改进，卖家可以通过 Seller Hub 中的 Marketing 下级菜单 Promotions 来查看促销的详细数据。

(3) 促销战果：动态调整。当促销活动进行了一段时间后，卖家可以在 eBay 管理促销界面中查看数据详情。不仅为了让卖家了解促销成果，同时也可以根据实际效果对促销进行调整。如图 4-27 所示，将销售分为非促销的基础销售额和进行促销活动后获得的销售额，卖家可清楚地了解通过促销活动获得了多少销售额，以便进行动态调整。例如当促销效果明显时，可选择扩大参与促销活动的产品范围或者力度，当效果不佳时，则查看促销设置是否具有吸引力。通过不断地调整来达到理想的效果。

(4) 促销获益："附加值"。促销不仅可以用让利的方式来增加销量，还可以解决各种运营问题。例如，当账户处于低于标准状态时，可以通过促销来降低不良比例，当转化率下滑时善用促销方式也可以提升售出概率。同时，促销更容易让产品累计销售量增加，进而形成爆款。这是 eBay 大卖家们经常采用的手段和技巧。

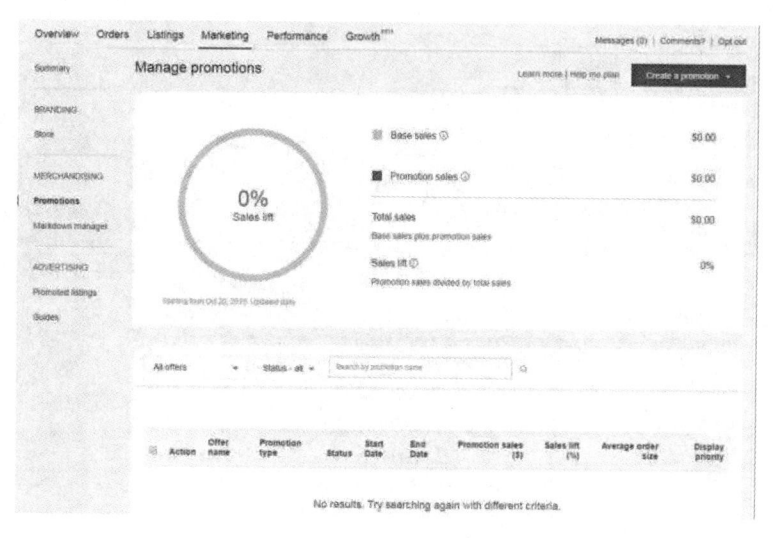

图 4-27　查看促销数据详情界面举例

> **任务评价** >>

请填写 eBay 案例学习任务评价表（见表 4-7）。

表 4-7　eBay 案例学习任务评价表

班级		学号		姓名	
角色	○ 组长　○ 组员			完成时间	
任务	完成情况记录				
	学生自评		生生互评		教师评价
评价占比（自设）	％		％		％
理论学习得分					
技能训练得分					
任务完成得分					
任务创新得分					
总评					

> **拓展练习** >>

1. eBay 平台的 Listing 优化和亚马逊平台的 Listing 优化有很多相似之处。小吴是亚马逊平台的新手卖家，为了提升店铺及产品排名，他想为自己的产品打造高质量的 Listing，你能给他一些操作建议吗？

2. 2019 年 7 月，Amanda 在 eBay 英国站开通了店铺，刚好在同年 7 月份，eBay 英国为符合条件的卖家推出了新的促销活动。如果卖家使用 eBay 的促销工具 Order Discount（订单折扣）创建新的活动，就可以享受成交费（Final Value Fees）50％的折扣。Amanda 想学习如何创建 Order Discount 的促销活动。

项目五
O2O 电子商务案例

O2O（Online to Offline）是指将线下的商业机会与互联网结合，让互联网成为线下交易的前台，这个概念最早来源于美国。O2O 的概念非常广泛，只要产业链中既可涉及线上，又可涉及线下，就可通称 O2O。本项目以携程网和美团两个平台为例，对平台的特点和优势进行分析，并针对平台使用中的典型案例进行解析。

任务一

认识 O2O 电子商务模式

▶ 任务描述 ▶▶▶

使用 O2O 电子商务平台的用户需要对 O2O 的定义和特点有基本的认知,并能从买卖双方的角度出发进行市场分析。同时也要对 O2O 电子商务模式的交易流程有所了解。

▶ 学习目标 ▶▶▶

1. 了解 O2O 电子商务模式的定义及 O2O 主要平台;
2. 掌握 O2O 电子商务模式的特点和电子商务模式的交易流程。

▶ 思政目标 ▶▶▶

1. 提高学生爱国敬业的意识和诚信友善的修养,将社会主义核心价值观内化为精神需求,外化为自觉行动;
2. 通过对 O2O 主要电子商务平台的认识,能批判地思考其必然性和影响因素,培养学生独立思考的能力。

▶ 任务分配 ▶▶▶

本任务分 3 组进行,每组由 1 位组长和若干组员构成,组员在组长的带领下,根据【任务准备】模块的引导问题进行任务分工,理解 O2O 电子商务的定义及特点,学习对 O2O 电子商务模式进行市场分析,并填写表 5-1。

表 5-1 认识 O2O 电子商务模式学习任务分配表

班级		组号		组名	
角色	姓名	学号		任务分工	
组长					
组员					

▶ 任务准备 ▶▶▶

引导问题 1:O2O 电子商务模式的定义是什么?

引导问题 2:O2O 电子商务模式的主要特点有哪些?

任务实施

一、O2O 电子商务模式概述

1. O2O 电子商务模式认知

O2O 是 Online to Offline 的缩写，即在线离线/线上到线下，是指将线下的商业机会与互联网结合，让互联网成为线下交易的平台，这个概念最早来源于美国。如果一家企业能兼备网上商城及线下实体店两者，并且网上商城与线下实体店全品类价格相同，即可被称为 O2O；也有观点认为，O2O 是 B2C（Business to Customers，企业对消费者）的一种特殊形式。2013 年以后，O2O 进入高速发展阶段，开始了本地化及移动设备的整合和完善，于是，O2O 商业模式横空出世，成为 O2O 模式的本地化分支。

O2O 电子商务模式具备五大要素：独立网上商城、国家级权威行业可信网站认证、在线网络广告营销推广、全面社交媒体与客户在线互动、线上线下一体化的会员营销系统。

在 O2O 发展的第一阶段（2008—2012 年），O2O 线上线下初步对接，主要是利用线上推广的便捷性把相关的用户集中起来，然后把线上的流量导入线下，主要集中在以美团为代表的线上团购和促销等领域。在这个过程中，存在单向性、黏性较低等特点。平台和用户的互动较少，基本上以交易的完成为终结点。用户更多是受价格等因素驱动，购买和消费频率等也相对较低。

在 O2O 发展的第二阶段（2013—2014 年），O2O 基本上已经具备了人家所理解的要素。这个阶段最主要的特色就是升级成了服务性电商模式：包括商品（服务）、下单、支付等流程，把之前简单的电商模块，转移到更加高频和生活化场景中。由于传统的服务行业一直处于一个低效且劳动力消化不足的状态，在新模式的推动和资本的催化下，出现了 O2O 的狂欢热潮，于是上门送餐、上门生鲜、上门化妆、滴滴打车等各种 O2O 模式开始层出不穷。在这个阶段，由于移动终端、微信支付、数据算法等环节的成熟，加上资本的催化，用户数量快速增长，使用频率和忠诚度开始上升，O2O 和用户的日常生活开始融合，成为生活中密不可分的一部分。

在 O2O 发展的第三阶段（2015 年及以后），O2O 开始了明显的分化，一方面是真正的垂直细分领域的一些公司开始凸现。例如，专注于快递物流的速递易、高端餐厅排位的美味不用、白领快速取餐的速位等。另外一方面是垂直细分领域的平台化模式发展。由原来细分领域的解决某个痛点的模式开始横向扩张，覆盖到整个行业。例如，饿了么从早期的外卖到后来开放的蜂鸟系统，开始正式对接第三方团队和众包物流。以加盟商为主体，以自营配送为模板和运营中心，通过众包合作解决长尾订单的方式运行。配送品类包括生鲜、商超产品，实现平台化的经营。2013 年，苏宁开启了线上线下同价，揭开了其 O2O 电子商务模式的序幕。

2. O2O 电子商务模式的特点

（1）必须由线上和线下两部分组成。

O2O 从概念上讲是线上和线下，其中线上不一定是互联网，万物联网。例如，一家客户的饮水机没有水了，这台线下饮水机通过联网对接经营 O2O 智能饮水机饮用水配送公司数据库，自动为客户完成订水操作。虽然客户没有操作手机或者电脑，但仍然形成了线上线下的互动。O2O 的互动可能是线下触动线上，也可能是线上触动线下，二者合力则能更有利于形成 O2O 的价值。

（2）服务标准 C 端。

O2O 电子商务模式相对于 C2B 而言，两者的差异在于 O2O 的标准在 C 端，C2B 的标准在 B 端。C2B 与顾客的关系是一种教化与被教化的关系，如华为生产手机，只需要打印好统一的说明书，教导顾客使用与保养即可，是典型的工业化生产模式。O2O 虽然生产商品或者提供服务，但更多是按顾客需求定制，满足顾客的个性需求，这就是落后生产力与超前服务思维的矛盾。

（3）B 端、C 端参与链交互延长。

一般情况下，商家通过线下的服务来延长交易参与链，尽量通过自身的优势获取更多潜在客户，消费者则通过线上的信息获取来延长交易参与链，通过货比三家选择最优商家。但不管是商家还是消费者，这种参与链都是彼此交互延长，尽量减少第三方参与来使得自身利益最大化，如 O2O 外卖，商家就是延长物流配送服务，消费者线上选择，延长信息获取。

二、O2O 电子商务模式分析

与传统的消费者在商家直接消费的模式不同，在 O2O 平台商业模式中，整个消费过程由线上和线下两部分构成。线上平台为消费者提供消费指南、优惠信息、便利服务（如预订、在线支付和地图等）和分享平台，而线下商户则专注于提供服务。

O2O 电子商务模式中，消费者的消费流程可以分解为五个阶段。

第一阶段为引流阶段。线上平台作为线下消费决策的入口，可以汇聚大量有消费需求的消费者，或引发消费者的线下消费需求。常见的 O2O 平台引流入口包括：消费点评类网站，如美团大众点评等；电子地图，如百度地图、高德地图等；社交类网站或应用，如微信等。

第二阶段为转化阶段。线上平台向消费者提供商铺的详细信息、优惠（如团购、优惠券）、便利服务，方便消费者搜索、对比商铺，并最终帮助消费者选择线下商户、完成消费决策。

第三阶段为消费阶段。消费者利用线上获得的信息到线下商铺接受服务、完成消费。

第四阶段为反馈阶段。消费者将自己的消费体验反馈到线上平台，有助于其他消费者做出消费决策。线上平台通过梳理和分析消费者的反馈，形成更加完整的本地商铺信息库，可以吸引更多的消费者使用在线平台。

第五阶段为存留阶段。线上平台为消费者和本地商户建立沟通渠道，可以帮助本地商户维护消费者关系，使消费者重复消费，成为商家的回头客。

知识链接：
O2O 的盈利模式

任务评价

请填写认识 O2O 电子商务模式学习任务评价表（见表 5-2）。

表 5-2　认识 O2O 电子商务模式学习任务评价表

班级		学号		姓名	
角色	○ 组长　○ 组员		完成时间		
任务		完成情况记录			
		学生自评		生生互评	教师评价
评价占比（自设）		%		%	%

（续表）

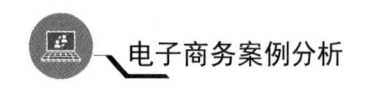

任务	完成情况记录		
	学生自评	生生互评	教师评价
理论学习得分			
技能训练得分			
任务完成得分			
任务创新得分			
总评			

拓展练习

1. 各小组分配任务，浏览下列 O2O 网站：美团网、赶集网、携程网、搜房网和 58 同城网，然后指出每个网站的特点，以组为单位做成 PPT，进行汇报。

2. 各小组选择两个或两个以上 O2O 电子商务平台，选择 1 件或多件商品进行购买体验，写出购买体验步骤。

任务二

携程网案例

任务描述

携程网是国内 O2O 电子商务平台之一，其核心优势及平台提供的特色产品或服务等是使用者十分有必要了解的。

学习目标

1. 了解携程网的发展历程与文化；
2. 掌握携程网的核心优势；
3. 掌握携程网的特色产品或服务。

思政目标

从携程网的成功之路感受中国旅游业的大好发展形势，增强民族自豪感，树立大国自信。

任务分配

本任务分3组进行，每组由1位组长和若干组员构成，组员在组长的带领下，根据【任务准备】模块的引导问题进行任务分工，理解携程网的发展历程及文化，核心优势及特色产品或服务，并填写表5-3。

表5-3 携程网案例学习任务分配表

班级		组号		组名	
角色	姓名	学号		任务分工	
组长					
组员					

任务准备

引导问题1：携程网的文化是什么？
引导问题2：携程网的核心优势有哪些？
引导问题3：携程网提供哪些特色产品或服务？

任务实施

一、认识携程网

携程网是一个在线票务服务公司,创立于 1999 年,总部设在中国上海。携程网拥有国内外 60 万余家会员酒店可供预订,是中国领先的酒店预订服务中心。携程网已在北京、广州、深圳、成都、杭州、厦门、青岛、沈阳、南京、武汉、南通和三亚等 17 个城市设立分公司,员工超过 25 000 人。

携程网成功整合了高科技产业与传统旅游行业,向超过 9 000 万会员提供集酒店预订、机票预订、度假预订、商旅管理、特惠商户及旅游资讯在内的全方位旅行服务。

2003 年 12 月,携程网在美国纳斯达克成功上市。2015 年 10 月 26 日,携程网和去哪儿网宣布合并。2018 年 7 月 13 日,携程网发布消息称,包括海外一日游产品等在内的出境游,已经实现平台上的国内供应商 100%具备旅行社、出境游"双资质"。2019 年 10 月 28 日,携程网宣布更名,从 Ctrip 正式更名为 Trip.com Group(携程集团)。2021 年 4 月 19 日,携程集团在港交所上市。

1. 携程网的运营原则

携程网秉持"以客户为中心"的原则,以团队间紧密无缝的合作机制,以一丝不苟的敬业精神、真实诚信的合作理念,创造"多赢"伙伴式合作体系,从而共同创造最大价值。

携程网的网站 Logo 为一头象征便捷、灵活的海豚,如图 5-1 所示。该 Logo 于 2012 年 6 月发布,以海豚图案为主,由海豚轮廓改为蓝色实心,加上眼睛和嘴巴的海豚图案整体尺寸上有所缩小,主色调则保持原来的蓝橙两色(可登录携程网的网站查看颜色)。携程方面解释新 Logo 体现了携程在移动互联网上的便捷、灵活、智能和创新。其网站理念为"取之于社会,用之于社会"。

图 5-1 携程网 Logo

2. 携程网的优势

携程网的优势首先在于其规模经营与管理。服务和资源规模化是携程网的核心优势之一。携程网拥有亚洲旅行业首屈一指的呼叫中心,其坐席数约 12 000 万个。携程网同全球 138 个国家和地区的 32 000 余家酒店建立了长期稳定的合作关系,其机票预订网络已覆盖国际国内绝大多数航线,送票网络覆盖国内 60 个主要城市。规模化的运营不仅可以为会员提供更多优质的旅行选择,还保障了服务的标准化,进而确保服务质量,并降低了运营成本。

其次,携程网的技术领先。携程网一直将技术视为企业的活力源泉,在提升研发能力方面不遗余力。携程网建立了一整套现代化服务系统,包括客户管理系统、房量管理系统、呼叫排队系统、订单处理系统、E-Booking 机票预订系统和服务质量监控系统等。依靠这些先进的服务和管理系统,携程为会员提供了更加便捷和高效的服务。

最后,携程网的体系规范。先进的管理和控制体系是携程网的又一核心优势。携程网将服务过程分割成多个环节,以细化的指标控制不同环节,并建立起一套测评体系。同时,携程网还将制造业的质量管理方法——六西格玛体系成功运用于旅行业。目前,携程网各项服务指标均已接近国际领先水平,服务质量和客户满意度也随之大幅提升。

二、携程网案例分析与应用

案例1

案例描述

小王因为工作需要,每个月都要出差。为了节省时间,网上订票、在线预订酒店成了出差前的必备环节。最初,小王会同时在多个平台比较价格,发现有的平台会收取一定数额的"服务费",而通过携程网订票则没有额外的服务费。"那携程网是靠什么盈利呢?",小王忍不住发出这样的疑问。

案例分析

通常来说,网站的盈利模式分为两种,一种是流量模式,另一种是会员模式。在流量模式下,不区分用户群,依托庞大的点击率,可以获得广告收入,这是很多传统的门户网站的重要收入来源,这种模式的盈利基础在于具有庞大的流量;在会员模式下,必须区分出用户群,然后依靠足够数量的使用会员,获取会员服务费,或者成为会员与商户的中介,赚取商户的中介费,这种模式盈利的基础在于会员使用服务的频率。携程网其实就是会员模式,它不计成本地发行会员卡就是为了获得足够的使用会员,然后赚取旅游中介的费用。这种模式对于它有4种显而易见的益处。

(1)携程网面对的主要都是中高端商务会员,这些会员不仅有较强的消费能力和使用其业务的需求,且使用频率非常高。对于携程网来说,会员的使用频率对它的利润贡献十分重要。一般情况下,以携程网为代表的这类网站靠会员数量从商家那里得到更低的折扣,再从会员消费金额中获得一定比例的盈利。携程网的中高端商务会员的使用频率、使用金额均可实现数倍高于同类网站会员。拥有了这样的客户群体,网站盈利有了充分的保障。

(2)携程会员卡的积分制保证了会员卡的重复使用率,虽然积分有一定的成本,但是重复使用会带来更高的利润,也同时降低了单卡的发行成本。

(3)携程网在发展了数量巨大的会员后,对于相同模式的市场,后进者就是一个强硬的壁垒。除非竞争对手可以提供更低的折扣优惠,更便捷可信的服务,否则无法轻易转移会员。这也使市场先入优势最终转化为核心竞争力。

(4)当携程网的会员发展到一定规模的时候,会员卡将不再毫无价值,相反,因为能够为会员带来额外的实际好处而对非会员形成了门槛。也就是把中介平台做得足够大之后,就占据了较为强势的地位,这也是后来携程网不再免费发卡的原因。

携程网的利润来源主要有以下4方面。

(1)酒店预订代理费。基本上是从目的地酒店的盈利折扣返还中获取的。

(2)机票预订代理费。从顾客的订票费中获取,等于顾客订票费与航空公司出票价格的差价。

(3) 自助游中的酒店、机票预订代理费及保险代理费。其收入的途径也是采用了盈利折扣返还和差价两种方式。

(4) 在线广告。在酒店的盈利折扣中，用户完全可以和酒店通过携程网取得联系后，双方再直接交易，重新分配携程网所应得的中介差价而避开携程网。机票预订费，航空公司也开通了自己的网上订票业务，避免损失中介所分得的那一部分利润。基于这些原因，携程网开始利用所掌握的旅游资源提供更多具备更高附加值的服务，如自助度假业务就将机票和酒店业务整合在一起，获得了更高的利润。从发展方向来看，互联网对携程网而言是一个信息和资金的流通平台。

案例 2

案例描述

×先生早就知道携程网出了神秘酒店，按照携程网的说法："只看酒店信息、区域介绍，一起来订低价神秘酒店（不公开酒店真实名称）；想不到的神秘酒店，享得到的超低价格！优质酒店、超低折扣，神秘预订，猜宝解密！"。虽向往已久，可惜一直没有机会。这次×先生利用周末空闲时间，准备去天津逛逛，终于有机会预订神秘酒店了。他选好地区和时间，查询后发现合适的酒店还挺多的。把预订目标放在了四五星酒店之间。携程网显示的神秘酒店介绍有地区、星级、评分、简介、房型、价格和折扣等信息。

当然，看了这些信息还是不知道到底是哪个酒店，但是毕竟有简介，还有房型、价格和折扣，于是×先生开始不辞辛劳地和酒店实际情况进行了对比，最终选定了一家天津滨江道小白楼商业区豪华酒店。神秘酒店需要在网上提前支付房款，支付 498 元后，×先生心里还是有点悬的，大约 10 分钟后，手机短信来了，是天津新桃园酒店。上携程网一看订到的是豪华房，原价 768 元，预订价 498 元，含双人早餐，确实挺划算。

案例分析

本案例旨在培养独立思考能力，思考商业和盈利模式的意识。携程网的"神秘酒店"业务是其营销方式之一；它如今的成功离不开出色的营销方式。关于携程网成功的启示，可以总结如下。

(1) 携程网是将高科技和传统产业完美结合的成功典范。携程网是旅游业与网络的结合，以强大的科技力量作为后盾，业务模式也区别于其他的传统旅游公司。携程成功地运用了互联网技术，全新演绎了旅游服务业这个最传统的商业模式，通过互联网平台为 800 多万携程会员提供专业、可靠的出行预订服务。也正是因为潜在的巨大的旅游市场，再加上互联网广泛的营销效应，才成就了携程网率先走上纳斯达克上市的辉煌之路。

(2) 携程网的核心竞争力是用技术来大规模制造优质服务，其最独特的就是重视服务。携程网准确地定位于旅行服务，认为其优质的服务就是携程的生命线，甚至比营销更加重要。比如，携程网内部有一句口号叫作"像制造业一样生产服务"，要求员工把服务当作产品来看待，并且统计次品率。制造业大规模集中的管理模式，使其能把握好任何一个细微的环节；携程网把感性的服务分解成了理性的指标，希望能像制造业那样把服务流程分割为若干环节，从服务态度、回复速度等诸多因素着手，全面提高服务水平。

(3) 借助外力，打造一流品牌。当今，在旅游电子商务界，谁实现规模化，谁拿到的价格就更低,品牌效应就更强,业务也就更有竞争力。携程自成立以来,不断地借助外力,一跃而成为国内旅游电子商务的主流品牌。

(4)不断进行市场调研,不断创新。从携程网的发展来看,2004年前的携程网业务重点主要倾向于为商旅散客提供商旅出行服务。2004年初,在酒店和机票预订业务达到双丰收后,携程网与翠明旅行社积极合作,组成携翠明旅行社,全面进军度假业务,短短1年时间,度假产品预订人数已与一般中型旅行社的组团总人相当。业内专家认为,随着人们出游频率的提高,旅游者的旅游经验也日渐丰富,对旅游品质的要求越来越高。相对于"走马观花"式的组团出游,以"机票+酒店"套餐为组合的"自由行"出游因其自由度强、随意性大而越来越受到国内旅游者,特别是时尚人士的青睐和喜爱。"自由行"尤其适合旅游者"驻景式"的深度旅游。同时,携程度假也以专注提供"机票+酒店"套餐的新一代自由产品而成为业内一个新的亮点。

任务评价

请填写携程网案例学习任务评价表(见表5-4)。

表5-4 携程网案例学习任务评价表

班级		学号		姓名	
角色	○ 组长 ○ 组员		完成时间		
任务	完成情况记录				
	学生自评		生生互评		教师评价
评价占比(自设)	%		%		%
理论学习得分					
技能训练得分					
任务完成得分					
任务创新得分					
总评					

拓展练习

携程网用户小A在线预订了一家酒店,抵达酒店时被告知该房型价格因为旺季原因上调了200元/天/间。小A马上联系了携程网客服,客服与小A确认了该订单状态是已确认,承诺由他们来协调此事,如产生差价由携程网承担。请据此案例,分析携程网的优势。

任务三

美团案例

任务描述

随着当今社会的不断进步,传统电子商务服务逐渐向新零售领域发展。近年来,商家纷纷布局美团,谋求O2O转型之道。商家们快速布局线上渠道,升级顾客消费体验,重新赋能实体店。

学习目标

1. 了解美团的发展历程与企业文化;
2. 掌握美团的优势与盈利模式。

思政目标

1. 熟悉美团成长为社会型企业的过程,培养学生具备经世济民、诚信服务和德法兼修的职业素养;
2. 熟悉美团企业文化与优势,探索美团的盈利模式,注重学思结合,知行合一,培养学生在实践中勇于探索创新的精神。

任务分配

本任务分3组进行,每组由1位组长和若干组员构成,组员在组长的带领下,根据【任务准备】模块的引导问题进行任务分工,了解美团的发展历程、企业文化、优势及盈利模式,并填写表5-5。

表5-5 美团案例学习任务分配表

班级		组号		组名	
角色	姓名	学号	任务分工		
组长					
组员					

任务准备

引导问题1:美团的企业文化是什么?

引导问题2:美团优势有哪些?

引导问题3:美团的盈利模式是什么?

任务实施

一、认识美团

美团的使命是"帮大家一起吃得更好,生活更好",秉承的文化理念是"以客户为中心,长期有耐心"。创始人王兴将"共同富裕"建立在美团的基因里。作为中国领先的O2O生活服务电子商务平台,公司拥有大众点评网和美团外卖等消费者熟知的App,服务涵盖餐饮、外卖、生鲜零售、滴滴打车、共享单车、酒店旅游、电影、休闲娱乐等200多个品类,业务覆盖全国2 800个县区市。

美团的前身为美团网,是一家于2010年3月4日成立的团购网站。彼时的美团网有着"美团一次,美一次"的宣传口号。主要业务为将消费者从线上导流到线下,为消费者发现最值得信赖的商家,让消费者享受超低折扣的优质服务;为商家找到最合适的消费者,给商家提供最大收益的互联网推广。2018年9月20日,美团于香港港交所上市。2020年10月,公司名称简化为美团。

美团是中国最大生活服务电商平台。据蓝筹企业评论2021年7月发布的数据,美团活跃商家数量680万家,交易用户5.11亿人次,国内酒店间夜量3.54亿间。它已高度嵌入城市居民生活体系,同时亦是全球外卖标杆公司。

1. 美团的优势

(1)品牌优势。根据团800的调查数据显示,美团的品牌知名度与美誉度均列在所有团购网站的首位,足以说明美团网已经在品牌的建设上取得了非常可喜的成就,也说明大多数的网络团购用户认可美团,并且对其已经产生了信赖,团购活动中,美团是他们的首选。

(2)服务优势。美团始终将消费者放在首位,投入千万建设了呼叫中心,推出了"团购无忧"的售后服务计划。内容包括:购买七天后未消费无理由退款、消费不满意美团就免单和过期未消费一键退款等,以能够为消费者提供可靠的,质量过硬的产品为理念。同时,美团将诚信放在了能够左右企业生命的高度,可见其对于服务模块的重视程度。

(3)成本优势。创始人王兴曾说过,美团是一家没有边界的公司,但凡与生活领域相关的服务,美团都能涉足。美团走的是平台战略,把自家的服务都装到一个App里,App里的服务越多,获客成本越低。平台战略使美团的边际推广成本与投入资源都相对较低,而其他互联网公司的获客成本都在刚性上升。

(4)运营经验丰富,客户基础好。运营经验丰富,成功抓住用户心理,立足本地经营:美团有着强大的商务洽谈团队,经过长时间的积累,有着丰富的商业合作谈判经验,助力商户本地运营。美团现已在全国众多城市设立分站,且在各地保持领先地位,对本地消费者有着深入的了解,不同城市的本地团队积累了大量的本土经验和优秀做法,培养用户习惯以拥有更多顾客。

2. 美团的盈利模式

(1)佣金模式。佣金模式是现在大多数团购网站的主要盈利模式,同时也是美团最主要的盈利模式:主要通过出售团购商品,直接赚取中间的差价;或是通过出售商品从商家抽得高百分比的抽成;或通过与商家签订协议帮商家做折扣促销,按照协议约定金额形成收入。

(2)广告模式。广告收入是美团收入的重要组成部分。基于美团高流量多会员的情况,广告的功能也得到了极大的凸显,对商家来说是一个非常好的广告平台。甚至商家更愿意将美团作为自己的一家店来看,在美团上做广告相当于把客人直接请到店里来,直接与产品面对面。这对于商家来说无疑是最好的效果。

有些商品可能并不适合以团购的方式进行交易,但可能与团购的商品有一定的相关性,把这些商品放在美团上时能起到非常好的促销作用。而且可以针对不同地区的人群放置不同的广告,这样也提高了用户的便利性。

(3) 转介费模式。转介费模式可能是美团未来将发展起来的一种新的收入模式。美团直接将页面链接到产品所属公司,让产品所属公司获得更多被知晓的机会,甚至开发出更多的潜在客户。对此,美团可以向该公司收取转介费用。这种收入模式是基于高流量、多会员的基础上的。

此项收入是基于之前投入一系列成本的补偿,且因转介的长期性,将更多地抵消之前付出的成本,同时实现低投入高产出。

(4) 服务费模式。美团提供了大量优惠信息服务,以及合适的产品推荐。目前美团的会员是免费的,但是不排除未来美团可能对会员收费,通过差异化服务来收取用户的费用。当会员级别越高,所能得到的信息越多,甚至可能实现信息个性化的订制,而且给予更多的优惠。会员费本身就是一笔非常庞大的收入,可能会是美团强大的资金来源之一。

二、美团案例分析与应用

案例1

案例描述

上海迪士尼营业之初,美团就设立了上海迪士尼专区,成为上海迪士尼的票务渠道之一。而瞄准这 3.3 亿消费者,上海迪士尼与美团达成深度合作,以北京消费者为首要目标展开全媒体营销,期望提高北京地区票务销量,带动园区淡季销售。

案例分析

本案例旨在增强学习者用于探索创新的精神,善于解决实际问题的实践能力。随着迪士尼开园热度渐渐平息,瞄准北京地区消费者的上海迪士尼如何达成此波远距离的售票引流成为本次营销活动的最大挑战。作为国内最大的线上生活服务平台,美团沉淀了大量高频率旅游人群,并在其频繁出入的场景——美团外卖、点评电影频道和点评美食频道进行广告曝光,精准触达高频率旅游消费者,为上海迪士尼专区引流。

美团平台内不仅有海量的用户,还有大量优质线下店铺,这为品牌线下推广提供可能。在北京地区 59 个高品质餐厅迪士尼活动进店,精准触达优质消费者。并借助迪士尼与电影行业的相关性,落地北京近百家影院,除了发放 5 元点评电影抵用券,消费者在猫眼电影取票时,可在电影票根上看到上海迪士尼的广告。从线上到线下,通过平台资源整合达到品牌强曝光。

由于北京距离上海 1 000 多公里,飞行时间超两小时,高铁也需 5 小时,当天游玩乐园便返回显然不太可能,即便消费者有意前往上海迪士尼,但定了门票还需要定酒店、定餐厅……麻烦不已。如何为怕麻烦的消费者提供全面的服务信息,让快捷方便的出行组合成为刺激消费者购买园区门票的重要因素?发挥线上线下整合优势后,美团利用外围资源，为消费者提供全面的信息服务。美团达成与百位 KOL 的深度合作，通过撰写、发布上海迪士尼乐园游玩攻略，为怕麻烦的消费者提供出行选择，缩短消费者决策时间，刺激消费者前往上海迪士尼。

作为中国最大的生活服务平台，美团顺势而为，探索平台价值最大化，依靠海量用户和优质线下商铺，为品牌整合线上线下资源，完成 O2O 闭环提供新的解决方案。

案例 2

案例描述

投资了某明星电影《X》的某车企和美团达成深度合作，把该品牌某主推车型植入贯穿整个购票链条，做到电影 IP 价值最大化。

案例分析

2015 年 12 月，大众点评电影频道与猫眼电影打通数据后台，数据打通；2016 年 4 月，美团宣布分拆猫眼电影业务，让其成为一家完全独立运营的公司；2016 年 5 月，光线传媒入股猫眼电影。短短两年间，猫眼电影已不是简单的"在线购票平台"，背靠美团的 O2O 优势，猫眼电影拥有了打通电影全链条、整合电影全生态的电影营销能力。

品牌斥巨资植入电影往往做着一炮而红的美梦，而现实却是在电影里一闪而过。反复出现的品牌也因为和剧情、场景格格不入而广受诟病，拖累品牌形象。种种问题让品牌方头疼不已，但电影 IP 的高聚焦度也让品牌方无法割舍。如何借助电影 IP 让观众感知品牌？把品牌融入场景是关键。

投资了某明星电影《X》的该车企，希望和票务平台合作达成内容的深度合作，使品牌借势电影得到最大曝光。这使得拥有电影资源和丰富生活服务场景的美团成为合作的不二之选。在电影热映期间，利用全中国最大在线购票平台猫眼电影，以及美团、大众点评的电影频道，线上持续品牌高曝光。不仅让消费者在打开 App 的第一眼就看到该车企热推车型，还创新性地把品牌植入贯穿整个购票链条。活动期间，消费者在线选座图标会变成车企品牌标识，让消费者在购票时都能感受到品牌和电影结合的强曝光。在线下，出现在影院 1 公里内的消费者都可收到含品牌信息影讯的定向推送。从影片曝光、在线选座到线下触达，结合电影场景，完成触达用户线上观影闭环，打通品牌与电影全生态强结合。

借力美团平台优势，活动覆盖全国 2/3 的影迷人群，为期一周的活动总曝光，上亿人次参与了互动。借势电影 IP 影响，引发用户主动参与试驾活动，开创了品牌植入电影后再次营销的新模式。随着互联网的蓬勃发展，信息共享，触达消费者的方式变得多样。这不仅为品牌带来了机遇同时也是挑战。"一招鲜吃遍天"的方式不再管用，消费者会出现在各式各样的场景中，所有品牌都面临同一个挑战——需要从不同的渠道捕捉用户。

任务评价

请填写美团案例学习任务评价表（见表 5-6）。

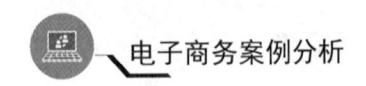

表 5-6　美团案例学习任务评价表

班级		学号		姓名	
角色	○ 组长　○ 组员		完成时间		
任务		完成情况记录			
		学生自评	生生互评	教师评价	
评价占比（自设）		％	％	％	
理论学习得分					
技能训练得分					
任务完成得分					
任务创新得分					
总评					

拓展练习

依托毛铺苦荞酒的线下渠道优势，大众点评网发起"家乡的味道"年味菜评选线上活动，为 10 城定制各地地方特色年味主题。消费者通过线下扫码可进入活动页面，通过选择心仪的美食榜商家特色菜，参与随机抽奖获得赠饮酒，做到线下餐饮场景引流线上，打造毛铺苦荞酒年味菜佐餐场景。

请以毛铺苦荞酒在大众点评网进行的春节线上营销为例，分析在线下渠道占优势的品牌应如何开展线上营销活动。

项目六
移动电子商务案例分析

近年来,互联网的快速普及为我国移动电子商务的发展奠定了良好的基础。移动电子商务快速发展,对经济、社会和生活的影响不断扩大,成为我国经济发展的重要推力。在移动电子商务模式中,卖家和买家通过传统电子商务移动端平台、O2O移动电子商务和社交移动电子商务平台等进行各类商务活动。拼多多改变了淘宝京东平分天下的局面,已崛起成为一个巨大的网络购物平台;唯品会是一家专门做品牌特卖的电子商务企业。本项目以拼多多和唯品会为例,对平台的特点和优势进行分析,并针对其中的典型案例进行解析。

任务一

认识移动电子商务模式

▎任务描述▶▶

使用移动电子商务平台的用户需要对其定义和特点有基本的认知,并了解移动电子商务的运营模式和商业模式。

▎学习目标▶▶

1. 了解移动电子商务模式的概念与特点;
2. 掌握移动电子商务的运营模式并能对其进行细致的分析。

▎思政目标▶▶

1. 从电子商务由PC端到移动端的转变之中,认识到任何事物的发展都是新事物代替旧事物的过程;
2. 通过信息化在电子商务发展中所起的推动作用,认识到信息化是我国加快实现现代化建设的必然选择。

▎任务分配▶▶

本任务分3组进行,每组由1位组长和若干组员构成,组员在组长的带领下,根据【任务准备】模块的引导问题进行任务分工,了解移动电子商务模式的定义及特点,掌握移动电子商务的运营模式和商业模式,并能对其进行详细的分析,并填写表6-1。

表6-1 认识移动电子商务模式学习任务分配表

班级		组号		组名	
角色	姓名	学号	任务分工		
组长					
组员					

▎任务准备▶▶

引导问题1:移动电子商务模式的主要特点有哪些?
引导问题2:移动电子商务的运营模式和商业模式是什么?

任务实施

一、移动电子商务模式概述

1. 移动电子商务模式简介

移动电子商务模式是指使用智能手机、平板和笔记本电脑等移动终端设备与无线上网技术结合起来进行的一种电子商务活动。它将互联网、移动通信技术、短距离通信技术及其他信息处理技术完美地结合，使人们可以在任何时间、任何地点进行各种商贸活动，实现随时随地的、线上线下的购物与交易。

随着移动智能终端的普及，中国移动电子商务用户消费习惯逐渐形成，传统电商巨头纷纷布局移动电子商务，众多新型移动电子商务购物平台不断涌现。移动端一直是电子商务平台发展的重要渠道，随着近年直播电商市场爆发，移动电子商务交易规模继续升级。移动电子商务发展趋势有如下 3 种。

（1）移动化。随着移动互联网与智能终端设备的普及，越来越多的消费者在购物时选择了移动电子商务。从 PC 端转移到移动端，消费者与互联网的连接方式已经发生了根本性的改变，移动互联网逐渐渗透至各行各业，如医疗、餐饮、美妆和住宿等。

（2）O2O 趋势化。移动电子商务单一渠道独大的模式被打破，O2O 已成为移动电子商务发展的主流趋势。O2O 模式是指线上营销和购买或预订（预约）带动线下经营和消费，通过打折、提供信息、服务预订等方式，把线下店铺的消息推送给互联网用户，从而将他们转换为自己的线下客户，这种方式特别适合必须到线下店铺消费的商品和服务，如餐饮、健身和美容美发等。

（3）社交化。移动智能设备的普及使用户不再是被时空分割的个体，在社交平台的聚合下，用户自发形成了各种具有共同兴趣爱好、价值观的社群。在移动社交媒体上，消费者能随时享受商家提供的服务，而商家也能随时了解消费者的需求，社交网络成为品牌营销和推广的窗口。

与 PC 端相比，移动端具有更强的便捷性和即时性，让交易双方突破时间和空间的限制，真正实现"24 小时在线"。同时，移动端设备具有比 PC 端设备更严格的用户身份认证机制，使得在基于移动端的电子商务活动中，消费者真正实现了可识别、可触达和可反馈，这种电子商务活动更加精准化和差异化。可见，移动电子商务与传统电子商务相比，具有天然的技术和用户优势。

2. 移动电子商务模式特点

移动电子商务的特点体现在以下 7 个方面。

（1）不受时间和空间限制。移动电子商务可以使用户免除时间和地点的限制，并且移动终端设备体积小，随身携带方便，也可以随时随地结账、订票和购物，因此移动电子商务完全实现了随时、随地、随心的交易意愿。同时移动的便利性可以使消费者享受方便快捷的服务，从而提高生活质量。

（2）用户群体广泛。移动电子商务的目标用户为互联网使用群体，中国的移动网络用户已达数亿，广泛的用户群体使移动电子的发展空间更为广阔。

（3）身份可识别。移动电子商务在这方面显然拥有一定的优势，通常移动设备由单独的个体使用，并且手机号码具有唯一性，还需要绑定个人的真实信息（实名制），这就大大提高了移动交易和支付的安全性，大大提高了移动电子商务的交易信誉。

（4）信息获取即时。移动网络用户可以随时随地查询信息，这种灵活、高效、准确的信息获取方式意味着获取信息的及时性。这保证了商家和消费者都可以迅速获取需要的信息，能够方便快捷地沟通，避免信息不对称情况的出现。

（5）个性化服务。由于移动设备具有比 PC 端更高的可连通性与可定位性，因此，企业和商家可以更好地发挥主动性，为不同顾客提供个性化的服务。

（6）基于位置的服务。通过移动设备的全球定位系统（Global Positioning System，GPS），不管用户身在何处，都可以随时得到用户的所在地，从而为用户提供相应的服务。例如，高德导航可以通过 GPS 定位随时得到用户的位置信息，从而为用户推荐最快捷方便的路线。美团外卖通过定位系统得知用户的位置信息，从而为用户推荐附近的美食。

（7）方便快捷的移动支付。移动用户可以随时随地使用移动终端设备完成移动支付。人们不用再排队去银行取钱、交水电费、订票等，所有支付功能都可以通过移动支付来实现，随着移动支付技术的完善，移动支付会更加安全，功能会更加多样化。

二、移动电子商务模式分析

1. 移动电子商务运营模式分析

（1）以内容提供商为主。内容提供商通过移动门户网站直接或间接地向客户提供信息或服务。网络公司通过发布新闻消息等方式，以年、月等单位定期向接收信息和服务的客户收费，收费的金额可以是固定的，也可以根据该信息产品的被访问情况而确定。而战略联盟（两个或两个以上的独立组织为了实现各自的战略性目的而达成的一种长期或短期的合作关系）及移动门户（移动互联网时代的电子商务平台，商家可实时发布信息、实现交易并完成交付；消费者通过手机可以随时随地访问、购买并支付）的收益主要来源于最终消费者。通常，消费者按浏览的内容或访问的页数收费。内容提供商成功的关键因素在于内容提供商把与移动用户的任务交给其战略联盟完成，而将主要精力专注于专业能力上，同时还避免了在市场开拓、交易平台维护和管理方面耗费过多的资源。但内容提供商也有其缺陷，即过于依赖战略联盟来扩散内容。

（2）以服务提供商为主。企业直接或通过其他渠道向移动用户提供服务，其他渠道可能是移动门户、WAP 网关提供商或移动运营商。而企业所能提供的服务取决于其从内容提供商处可以获得的内容，例如金融及支付服务商对资金链具有天然控制力。商务活动中，所有资金的流动最终都要通过金融机构进行划转和结算，因此，银行、银联等金融机构有着天然的资金链控制优势。在实际的移动电子商务活动过程中，第三方支付平台确保了资金支付的安全性和合理性，其在移动电子商务产业支付环节中同样具有重要作用和现实意义。例如，微信、支付宝等第三方支付平台。

2. 移动电子商务商业模式分析

（1）App商用模式。随着网民的上网习惯正在逐渐从使用PC转变为使用App，京东、淘宝网、天猫、唯品会等国内各大电商先后开发了App客户端，涵盖了大众吃穿住行用的方方面面。

目前，App给电商带来的流量远远超过了传统互联网（PC端）的流量，通过App进行盈利也是各大电商平台的发展方向。由于智能手机等移动终端的便捷性为企业积累了更多的用户，更有一些用户体验不错的App使用户的忠诚度和活跃度都得到了很大的提升，为企业的收益和未来的发展起到了关键性的作用。

（2）移动支付模式。近年来，移动消费与个人应用整体呈上升态势，移动金融的占比受到一定程度的压缩。这说明随着移动互联网和移动支付的发展，移动支付的消费与应用生态建设日益完善，用户通过移动支付手段完成日常消费与应用的习惯正在逐渐养成。

移动支付是形成移动电子商务黏性的必要条件之一，移动支付的方便性和迅捷性使移动电子商务形成了稳定的客户资源和相关商业模式，一旦客户资源稳定，消费者消费理念成熟，移动支付将不仅局限于线上交易，更重要的是提供增值服务以满足用户对移动支付以外的需求，如保险理财、诚信保证等。

（3）O2O商家模式。由于目前线上客户的增值已达到瓶颈，各大电商纷纷考虑通过转战实体经济寻求突破口。而各零售实体以实体店为支撑，由线下向线上延伸，积极布局电商领域。相对于传统的电子商务模式而言，O2O商家模式的闭环特性可以做到对用户的每个交易及满意度进行全程跟踪，随时分析用户相关数据，及时调整商家营销策略。

移动电子商务的O2O商家模式不仅能给用户提供简单的分类展示与搜索信息服务，而且能实现快速融合，提供给用户智能化的精准信息服务，在品类度、价格、运营方面提升用户体验，打造全方位消费平台，以帮助用户更快更好地选择服务。

随着O2O商家模式的不断创新和日益成熟，用户将获得更为优质的体验与服务，移动电子商务的发展将获得更加广阔的空间。

（4）微信营销模式。微信营销采用垂直电商基于App商用模式的思路，将其营销活动细化于微信平台。移动电子商务在微信平台上的营销模式主要包括品牌活动、附近人搜寻、在线支付、O2O折扣店。利用微信自带的"附近的人"功能查找附近人可以获取用户的位置信息及透过签名了解用户的消费兴趣，通过微信用户的数量增长将其品牌进行推广。

在O2O折扣店内，结合二维码扫描技术的运用加上客户的投机心理使其在优惠折扣的诱导下进行消费，电商进驻微信必然会涉及支付的问题，因此，微信开通了在线支付的功能，许多商家也在微信上推出了自己的品牌微店，使客户可以每天都能获取商家的限时折扣、节日优惠、品牌特卖等信息，达到网络广告的效果，从而为客户提供高质量的信息服务与交易服务。

知识链接：移动电子商务的盈利模式分析

任务评价

请填写认识移动电子商务模式学习任务评价表（见表6-2）。

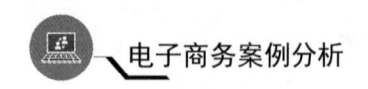

表 6-2　认识移动电子商务模式学习任务评价表

班级		学号		姓名	
角色		○ 组长　　○ 组员		完成时间	
任务		完成情况记录		
		学生自评	生生互评	教师评价	
评价占比（自设）		%	%	%	
理论学习得分					
技能训练得分					
任务完成得分					
任务创新得分					
总评					

拓展练习

将你手机上安装的移动电子商务类 App 写下来，并分析这些 App 给你的日常生活带来了哪些便利，完成表 6-3。

表 6-3　手机 App 带来的便利

所安装的移动电子商务 App 名称	该 App 的功能及特点	从哪方面改变了你的生活

任务二

拼多多案例

▶ 任务描述 ▶▶▶

拼多多已经崛起成为一个巨大的网络购物平台，拼多多店铺的卖家想要获得更多店铺流量和促成更多订单，必须要先了解拼多多的优势及平台使用的方法和技巧。

▶ 学习目标 ▶▶▶

1. 了解拼多多平台上优化产品标题的方法，以获取更多的展现；
2. 掌握拼多多平台商品诊断工具的作用。

▶ 思政目标 ▶▶▶

了解拼多多独特的新社交电商思维及创新精神。

▶ 任务分配 ▶▶▶

本任务分3组进行，每组由1位组长和若干组员构成，组员在组长的带领下，根据【任务准备】模块的引导问题进行任务分工，了解拼多多平台的特点及优势，并掌握拼多多平台上优化产品标题的方法和商品诊断工具的使用，并填写表6-4。

表6-4 拼多多案例学习任务分配表

班级		组号		组名	
角色	姓名	学号	任务分工		
组长					
组员					

▶ 任务准备 ▶▶▶

引导问题1：拼多多是如何发挥创新精神？
引导问题2：如何在拼多多上优化产品的标题来引流，以获取更多的展现？
引导问题3：拼多多商品诊断工具有什么作用？如何使用？

任务实施

一、认识拼多多

拼多多成立于 2015 年 9 月,是一家专注于 C2B 拼团的第三方社交电商平台。用户通过发起和朋友、家人、邻居等的拼团,可以以更低的价格,拼团购买优质商品。其中,通过沟通分享形成的社交理念成为拼多多独特的新社交电商思维,主打百亿补贴、农货上行、产地好货等,致力于服务中国最广大的普通消费者。拼多多平台以"好货不贵"为运营理念,为消费者提供补贴折扣大牌商品、原产地农产品、工厂产品和新品牌商品等。其中,拼多多独创发起的百亿补贴创造了中国电商行业活动规模持续时长的新纪录。2018 年上市后,拼多多凭借对自己精准的市场定位和"砍一刀"这样裂变式的发展,遵循低线城市市场包围高线城市市场的打法,迅速挤入了国内电商行业的前三名,现已崛起为一个巨大的购物平台。

二、拼多多案例分析与应用

案例 1

案例描述

小张在拼多多平台运营一家女裤店,其店铺流量一直平平,所售宝贝权重还不错,但是没有成为爆款,他想通过优化产品的标题来引流,以便能更多地获取展现,请你帮他想想优化方法。

案例分析

做爆款路漫漫,一个良好的开始,会让你更快地成功。那么,产品的标题就是一个爆款的开始。产品的标题就像一个人的名字,决定了产品的流量瓶颈,因为系统的搜索引擎会通过产品的标题来抓取商品,消费者也会通过搜索标题里的关键词来查找商品。一个好的标题,会让你的流量暴增,在新品时拿到更多的展现,在爆发期突破流量瓶颈。打造一个好的标题,一般分为以下五步:找词、筛选、分析关键词数据、确认产品核心关键词、组合标题。

1. 找词

找词的渠道有很多,不能局限于一个地方找词,从以下 3 种渠道可以找到关键词。

(1)搜索下拉框找词:输入产品的核心词,然后系统会推荐下拉框关键词,如图 6-1 所示。

图 6-1 搜索下拉框找词

(2)多多搜索系统推荐词:在多多搜索创建广告时,单击"添加关键词"→"关键词推荐",可以看到系统推荐的关键词,,如图6-2所示。

图6-2 多多搜索系统推荐词

（3）搜索词分析：单击"推广工具"→"市场分析-搜索词分析"→"搜索词分析"选项，可以看到相关分析，如图6-3所示。

图6-3 搜索词分析

2. 筛选

关键词找到之后，要对该关键词进行筛选，不是每个关键词都适合，筛选分为以下3个要点。

（1）如果产品不是品牌，品牌的关键词一定不能要。

（2）与产品属性不相关的关键词不能要。例如，卖的是牛仔长裤，那么带短裤的词都不能要。

（3）敏感词、违禁词、违反广告法的关键词都不能要。

3. 分析关键词数据

筛选好可用的关键词之后，需要知道关键词的数据，来确定标题要用到哪些好的、去掉哪些不好的关键词。关键词数据在推广工具—搜索词分析—搜索词查询里可以看到，直接把热搜词导出，制作成一个表格。用"搜索热度×点击热度×点击率×转化率÷竞争强度"的公式来参考关键词的好坏，数值越大，关键词越好。按照从上到下的顺序把这些关键词提取出来，用作标题，标题只能放30个字。

4. 确认产品核心关键词

把关键词都挑好后，要选择一个关键词作为主打的核心关键词，当然，不同的产品，核心关键词的数量是不同的，如果前期产品权重低，尽量选择一个竞争度没有那么大的关键词作为主打，后期产品权重起来之后，可以选择竞争度高、热度高的关键词作为主打。

热搜词表格如图6-4所示，比较第6行的"牛仔裤女宽松韩版学生"和第11行的"裤子女学生韩版宽松"，根据前文所述，数值越大，关键词越好，在选择时肯定优先选择"牛仔裤女宽松韩版学生"这个词，因为这个关键词的数值更大，而且这个词包含的产品属性也比较全面，相对"牛仔裤女"这种关键词要精准得多。

电子商务案例分析

热度排名	搜索词	搜索热度	点击热度	点击率	转化率	竞争强度	市场平均出价	关键词值
1	短裤女夏	1499753	1366357	3.78%	3.46%	44283	0.27	60522.212
3	牛仔短裤女	805710	1540215	3.86%	3.13%	26080	0.32	57488.921
2	短裤女	1176730	1012353	3.51%	3.36%	34844	0.37	40320.619
4	牛仔裤女	730763	1214672	4.40%	2.58%	28901	0.27	34865.435
9	牛仔裤女宽松韩版学生	419605	894690	5.49%	2.02%	17016	0.22	24466.93
11	牛仔短裤	409977	700372	4.31%	3.03%	20878	0.58	17960.535
5	短裤	727350	615573	4.19%	3.18%	40674	0.74	14667.202
16	短裤女夏高腰	332535	463559	4.27%	2.92%	15222	0.28	12626.454
13	牛仔裤	388432	594750	5.01%	2.13%	25599	0.49	9630.3879
7	裤子女学生韩版宽松	635311	486143	4.40%	2.05%	29849	0.22	9333.1267
6	裤子女宽松显瘦	667418	449731	4.51%	2.44%	37768	0.25	8745.6707
15	牛仔裤夏季薄款女	343098	592235	4.38%	2.30%	24248	0.34	8441.8626

图 6-4 热搜词表格

确定好这个核心的关键词后，在组合标题时一定不要把这个关键词拆开放在标题里，一定要紧密地排列在一起，搜索引擎在抓取时，能拿到更好的权重。

5. 组合标题

在组合标题之前要了解关键词的品类。

类目词：连衣裙、牛仔裤女、短裤女等。

人群词：学生、中年、妈妈装等。

季节词：夏季新款、秋冬装等。

属性词：宽松、中长款、薄款等。

功能词：修身、显瘦、显高等。

热门词：ins 风、抖音同款等。

了解关键词分类后，用公式+与自己产品匹配的关键词直接套用就可以了。关键词只有 30 个字，所以尽量不要重复，让每个关键词都能带来流量。不要有互相冲突的关键词，如高腰和低腰同时出现就是冲突的。产品标题的属性词要与产品符合，与在上传产品时填写的属性词吻合。

公式：季节词+属性词+核心关键词+类目词+人群词+功能词+热门词

核心关键词不要拆开，尽量保证标题通顺就可以。

例：夏季薄款牛仔裤女宽松韩版学生长裤高腰显瘦破洞弹力泫雅风阔腿裤

一个好的标题，能让流量翻倍，所以要重视产品标题的制作。

案例 2

案例描述

小张在拼多多平台上推广商品时，效果不是很理想，但是又不知道问题在哪。听说可以利用搜索、场景直通车自带的一个工具——诊断工具进行分析，请你教教他。

案例分析

诊断工具是在搜索/场景推广中提供了智能优化抓手，根据 24 小时的投放数据，自动定位当前搜索、场景投放中订单量和投资回报率存在异常的商品，从余额、预算、出价和创意 4 个维度提供优化建议，进一步提升投放效果。

1. 如何开启商品诊断工具

(1) 单击"推广工具"→"拼多多推广工具"→"商品诊断"，如图 6-5 所示。

推广工具

|拼多多推广工具

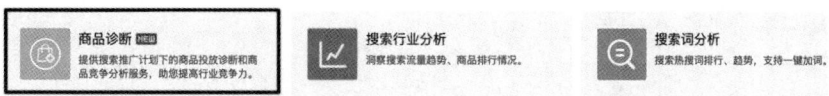

图 6-5 拼多多推广工具

（2）单击"多多搜索"→"待优化商品"，如图 6-6 所示。

图 6-6 多多搜索

（3）单击"多多场景"→"待优化单元 2"→"去优化"选项，如图 6-7 所示。

鼠标移至诊断球，即可看到目前投放中的商品存在的问题，比如"订单量待优化""投产比待优化"，若没有问题则不显示具体标签。

图 6-7 拼多多诊断球

2. 如何使用商品诊断

（1）问题商品定位。如图 6-8 所示，在商品诊断工具中，将光标移至诊断球，即可看到目前投放中的商品存在的问题，如"曝光率待优化""转化率待优化"等，若没有问题则不显示具体标签。

注意：

在计划管理页中，显示的将是所有待优化的商品；

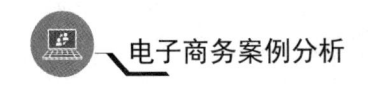

在计划详情页中，显示的将是该计划下的商品；

在单元详情页中，显示具体单元存在的问题，可以查看原因后自行调整，也可以进入诊断页面参与优化。

图 6-8　拼多多诊断球待优化商品

（2）问题商品优化。单击"去优化"按钮，跳转至诊断页面，即可定位到商品最核心的问题点。且针对有问题的商品，系统会提供一份全面的诊断报告，通过商品的曝光率、点击率和转化率进行分析，披露问题及原因并提供优化建议，如图 6-9 所示。

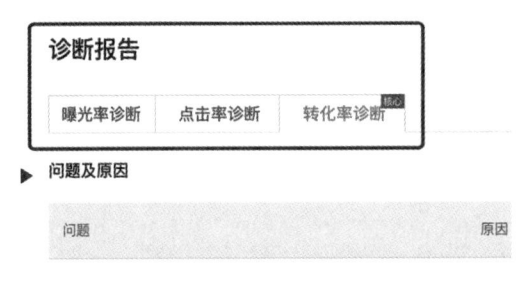

图 6-9　拼多多诊断报告

商品诊断工具会根据具体的问题，给出相应的解决方案，对余额、预算、关键词和人群及创意等提供建议，同时会对效果进行预估，店家可以直接选择一键采纳，也可直接根据"查看趋势"来自行做相应的调整后采纳，采纳后可持续观察效果，进行调整。

任务评价

请填写拼多多案例学习任务评价表（见表 6-5）。

表 6-5　拼多多案例学习任务评价表

班级			学号		姓名	
角色		○ 组长	○ 组员		完成时间	
任务		完成情况记录			
		学生自评		生生互评		教师评价
评价占比（自设）		%		%		%
理论学习得分						
技能训练得分						

(续表)

任务	完成情况记录		
	学生自评	生生互评	教师评价
任务完成得分			
任务创新得分			
总评			

拓展练习

1. 小张在拼多多平台上经营一家女装店，夏天到了，小张新上了一些连衣裙。请你利用案例1介绍的方法为连衣裙拟定标题。

2. 结合案例2，总结拼多多平台在搜索推广如何利用诊断工具提升效果。

任务三

唯品会案例

任务描述

唯品会是"名牌折扣+限时抢购+正品保障"新的电商模式,平台上的店铺卖家必须熟练掌握微信社会化营销,以及根据消费者的心理,灵活使用平台上的各种促销工具,才能为店铺带来更多流量和订单。

学习目标

1. 了解微信社会化营销的技巧;
2. 掌握唯品会平台上的不同促销工具的使用方法。

思政目标

树立科学发展观,培养科学思维,用科学思维来指导电子商务运营。

任务分配

本任务分3组进行,每组由1位组长和若干组员构成,组员在组长的带领下,根据【任务准备】模块的引导问题进行任务分工,了解唯品会的主要优势;掌握微信社会化营销的技巧及唯品会平台不同促销工具的使用方法,并填写表6-6。

表6-6 唯品会学习任务分配表

班级		组号		组名	
角色	姓名	学号		任务分工	
组长					
组员					

任务准备

引导问题1:唯品会如何做到在众多电商企业中脱颖而出?
引导问题2:唯品会卖家通过KOL进行微信社会化营销有哪些好处?
引导问题3:唯品会平台是如何根据消费者的心理开展不同促销活动的?

项目六 移动电子商务案例分析

任务实施

一、认识唯品会

唯品会成立于 2008 年，总部位于中国广州，于 2012 年 3 月 23 日在美国纽约证券交易所成功上市。唯品会在线销售服饰鞋包、美妆、母婴、居家、生活等全品类名品，其所代表的特卖模式，也已经成为中国当代三大电商业态之一。

唯品会的口号最初为"奢侈品特卖"，对应到产品即为奢侈品，而后更改为"品牌正品特卖"，对应的产品即为品牌商品。而品牌正品，只能从品牌供应商手里采购，基于此产品策略，决定了唯品会在整个供应链条中扮演着零售商的角色。由此，唯品会最初的业务模式诞生了。唯品会开创了"正品保障+名牌折扣+限时抢购"的创新商业模式，这一模式被形象地誉为"线上奥特莱斯"，每天早 10 点晚 8 点准点上线 200 个正品品牌特卖，通过深度折扣、最高性价比，为用户创造最大的价值，2019 年 7 月，唯品会收购杉杉商业集团，开始布局线下业务，并积极探索线上线下融合的特卖模式，实现线上线下一体化的全渠道特卖零售布局。

唯品会的稳健发展受到了广泛认可，在《2021 年财富中国 500 强》榜单中，唯品会第 8 次上榜，居第 104 位；《2021 中国民营企业 500 强》榜单中居第 73 位，同样连续 8 年上榜；同时，唯品会还以排名第 27 位入围《2021 中国民营企业服务业百强》榜单。

二、唯品会案例分析与应用

案例 1

案例描述

小李是唯品会负责 T 恤衫营销部门的一员，他知道微信是一种很好的客户开发渠道，想通过 KOL 在微信中进行持续的品牌推广，突出唯品会电商平台"大牌折扣，便宜时髦"的特点，引导消费者单击微信文案中的小程序，进入唯品会商城购买商品，提高店铺的销售额。请问小李该怎么办呢？

案例分析

KOL（Key Opinion Leader，意见领袖）是指在某个领域发表观点并且有一定影响力的人，有非常大量的追随者，粉丝量是他们能够带货的基础，还能够提升品牌形象，因此，KOL 营销被广泛运用在营销推广中。主要遵守以下 6 个步骤。

1. 初步搜索

先根据 KOL 公众号类目做初步搜索，在西瓜数据平台公众号排行的行业类别中，选择与唯品会相符的时尚和美妆护肤品类，可搜索到相应时尚和美妆 KOL，做第一轮投放测试，如图 6-10 所示。

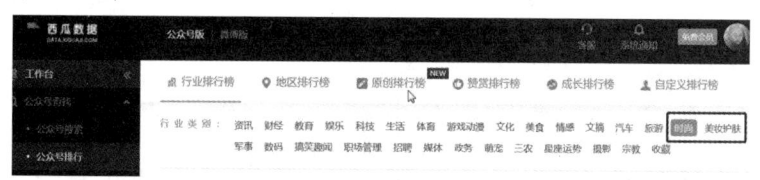

图 6-10 在西瓜数据的公众号排行榜中筛选【时尚】和【美妆护肤】品类

2. 粉丝画像筛选

观察初步筛选的 KOL 公众号的粉丝画像与留言词云，进行第二轮筛选：若公众号的粉丝画像和留言词云，与唯品会的粉丝画像及唯品会电商的用户评论特色高度匹配，则考虑投放；反之则不考虑，如图 6-11 所示。

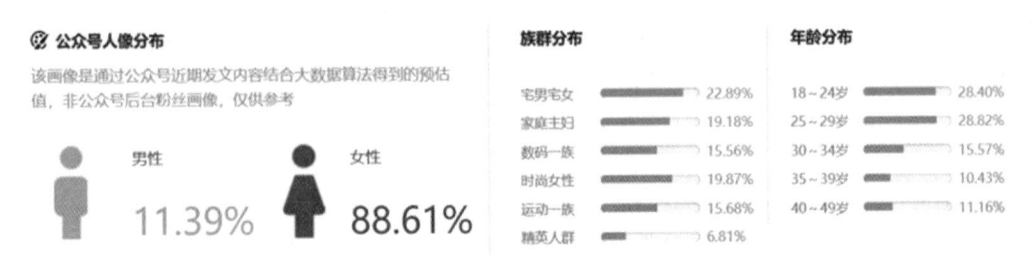

图 6-11　西瓜数据显示的公众号粉丝画像

3. 数据监测筛选

通过西瓜数据后台，对该公众号 KOL 的粉丝数据、发文数据进行了解；使用西瓜数据的投前分析功能（可监测阅读/点赞数据增幅，若呈现急速增长的曲线，则有刷量嫌疑），监测公众号近期数据，确保无刷量行为；同时关注该公众号背景资质，确保是长期运营、资质稳定的号，如图 6-12 所示。

图 6-12　某公众号的主体数据详情

4. 广告发文筛选

如图 6-13 所示，观测该 KOL 的公众号在最近 1~2 个月中，没有发布过与唯品会同类型的软、硬广告推文。若有，则再次投放相似广告，效果就会打折扣，故不投放；若没有，则考虑投放。

5. 投放测试

开始先做小批量投放测试：观察微信阅读数、评论数和评论内容、小程序转化率、订单成交数、销售额，并结合投放成本与每件商品的客单价，推算出微信文章打开率及单阅价、电商页转化率（电商页点击数/UV，温馨提示 UV（Unique Visitor）是指通过互联网访问、浏览这个页面的自然人）及电商页面获客成本、下单率（订单数/电商页面UV）及单个订单获客成本；ROI（由微信号单篇文章引流获得的销售额/该微信号的投放成本），如图 6-14 所示。

图 6-13　某公众号的历史广告推文数据

图 6-14　投放测试记录表格

6. 持续组合投放

若投放效果不错，则对该号选择复投。还可以在下一轮的投放中，利用西瓜数据的"查看相似号"功能，衍生出更多不同品类的相似公众号，在下一轮进行投放测试。

案例 2

案例描述

小王和小张都是唯品会店铺的卖家，小张的店铺紧紧抓住顾客的心理，设置一些促销活动吸引买家，店铺的销量节节攀升，流量也越来越旺；而小王的店铺销量不怎么如意。小王希望自己的店铺销量得到提高，于是他虚心向小张请教怎样使用唯品会平台上的促销工具来做促销活动。

案例分析

爱占便宜是消费者普遍存在的一种心理，人们会觉得占了便宜是一件很愉快的事，即使只是占了一点点，也会有种愉悦的体验。有时候，消费者并不需要购买某种物品，但是看到活动巨大的优惠及时限时，会想到以后需要买的时候可能就错过了，因此，销售人员可以根据这种心理，让顾客感觉买到就是赚到。销售人员可以通过以下 4 种方法进行推销。

第 1 种：使用优惠券，如图 6-15 所示。

从价格环节开始，唯品会就将标签价格划掉，现价比原价低很多，原价就是一个锚点，很多商家保留打折商品原价，让消费者对商品的价值有一个印象。正如生活中常见的一些商品打折后，都会显示原价多少，形成对比。而且唯品会所售商品都是正品，让消费者感觉现在买就是赚到便宜了。而增加一个购物券的形式，更让消费者觉得不买就亏了，真的得占这个便宜。

图 6-15　优惠券界面

第 2 种：使用数字提醒，如图 6-16 所示。

唯品会会将产品的销售情况明确，如已抢 86%。这时因为不知道分母，这个数字会令人紧张，产生稀缺感从而赶紧下单，更何况这是一件心仪的商品。剩余几件的时候，唯品会会标注具体数字，如仅剩 7 件，真的是字字有用。

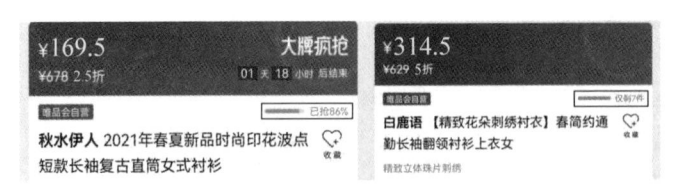

图 6-16　数字提醒界面

第 3 种：使用自动抢货，如图 6-17 所示。

图 6-17　自动抢货界面

唯品会不单单想让人抢着买，也不担心会抢不到，甚至推出抢货功能，不仅局限于这一件商品的得失，他们更想让消费者感受的是没抢到后的那种失落感，在以后的购买决策中更加坚定快速。

第 4 种：使用购物车倒计时，如图 6-18 所示。

将物品加入购物车后，商家并不是真想让消费者继续购物，倒计时以秒计，让消费者更加快速做出决策。因为这里有一个隐喻，就是这20分钟会为消费者锁定，但20分钟一过，就有可能失去这件商品，被别人抢走。虽然不稀缺的商品很难被抢光，还可以再买，但是比起从未得到，人们往往更害怕得到后却又失去。

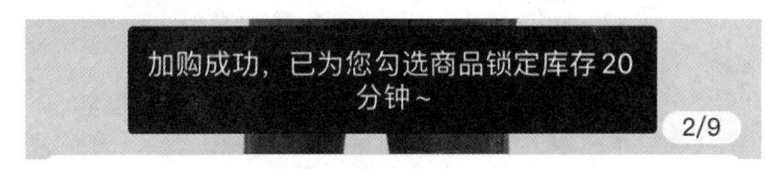

图 6-18　购物车倒计时界面

任务评价

请填写唯品会案例学习任务评价表（见表 6-7）。

表 6-7　唯品会案例学习任务评价表

班级		学号		姓名	
角色	○ 组长　○ 组员		完成时间		
任务	完成情况记录				
	学生自评		生生互评		教师评价
评价占比（自设）	%		%		%
理论学习得分					
技能训练得分					
任务完成得分					
任务创新得分					
总评					

拓展练习

1. 结合案例 1，讨论唯品会卖家如何利用微信公众号进行营销推广。

2. 学习唯品会利用消费者购买心理的相关知识，为以下情景策划优惠活动：假设你在唯品会平台推出泰国香米的某个新品。在拉新（吸引新客户）阶段为了提升销售业绩，如何策划优惠活动？

项目七
直播电子商务案例分析

随着智能手机的普及和通信技术的发展,直播电子商务作为重构消费者与商品关系的新电商形态应运而生。各大巨头不断加入直播电商,淘宝网、抖音、快手、京东……群雄并起。随着平台对直播活动的持续投入,用户通过直播购物习惯的逐渐养成,直播电商产业链的渐渐成型。本项目以抖音直播和快手直播为例,对这两个平台直播做出了深入浅出的介绍与分析。

任务一

认识直播电子商务模式

任务描述

使用直播电子商务平台的用户需要对直播电子商务的定义和特点有基本的认知,并能从买卖双方的角度出发进行市场分析并了解直播电子商务的交易流程。

学习目标

1. 了解直播电子商务模式的定义与特点;
2. 掌握直播电子商务的交易流程。

思政目标

引导学生关注现代化的专业知识和技能,响应国家号召,成为社会需要的新时代大学生。

任务分配

本任务分3组进行,每组由1位组长和若干组员构成,组员在组长的带领下,根据【任务准备】模块的引导问题进行任务分工,了解直播电子商务的定义及特点,能够对直播电子商务模式进行精准的市场分析,并填写表7-1。

表7-1 认识直播电子商务模式学习任务分配表

班级		组号		组名	
角色	姓名	学号	任务分工		
组长					
组员					

任务准备

引导问题1:直播电子商务模式的含义是什么?
引导问题2:直播电子商务的主要模式有哪些?

任务实施

一、直播电子商务模式概述

直播电子商务模式是指线下的实体店、商家、卖家通过网络直播平台或直播软件来推销产品，使客户在了解产品各项性能的同时购买商品；这种模式是商家在各个电商平台开通直播功能之后，帮助平台商家通过直播的方式实现线上售货的系统模式。

直播为传统电子商务提供了一个全新的商品"社交"营销模式——主播将有相同爱好的观众聚集在直播间中，观众在电子商务直播平台上观看主播播出的内容时，就可以通过单击直播间上显示的链接直接购买产品。同时，这些观众还能够在直播间中发表自己对商品的意见和看法，或根据自己的需求让主播推荐适合自己的商品。这种"直播电子商务"的模式，不仅提升了互联网中消费者的黏性，而且提高了电商的商品销售转化率，为传统电子商务创造了一次更大的盈利机会，让电子商务平台吸纳互联网中的流量，并将这些流量最大限度地变现。

直播电子商务的兴起源于淘宝直播——2016 年，淘宝直播的内容生态进入开放期，其非常重要的内容形式就是被称为"三驾马车"的图文、短视频和直播。即所谓 3G 看图文，4G 看短视频，5G 看直播。2017 年，京东与快手开始跟进直播业务。在过去几年里，尤其是抖音、拼多多、微信、微博、小红书等平台的电商直播模块都在 2020 年之前完成了直播电子商务化的切换。

二、直播电子商务模式分析

目前，直播电子商务主要有两种模式，这两种模式都拥有各自的特点，在各自的领域发挥着不同的作用。

第一种是电商平台直接镶嵌直播模式：电商平台镶嵌直播功能其实已被许多电商界大型电子商务平台应用。如淘宝网、京东等，它们都是在自己的平台中镶嵌相应的直播功能，把直播变成电子商务的"附属品"。在电商平台镶嵌直播功能的模式下，一开始主要是利用电商平台的流量带动直播流量，等直播平台拥有充足的固定流量之后，再利用直播流量反哺电商。采用这种模式的电子商务，多数偏向于利用网红、明星等推广一些性价比高、价格能够被大多数消费者接受的"大众消费品"，在短时间内达到促销的目的。如果直播营销的效果足够好，甚至可以让一些"平价"商品脱销。

这种在短时间达到"促销效果"的直播电子商务模式，被大多数喜欢网购的年轻人接受，并能让这些年轻人在观看直播的同时在潜意识中接受商品，并产生购买的想法。所以，这是目前大多数电商平台选择的模式。

第二种是直播平台通过商品链接与电商平台发生关联。如一些专业的游戏直播平台，可能会在直播室中挂上游戏币、游戏点卡的购买链接，在相应的直播结束后，链接也会马上被下架，并不会被长期摆放。直播平台不愿意长期摆放电商链接也是有原因的。虽然直播电子商务的模式可以带来更多的利益，但是现在大部分专业直播平台的利益来源还是以吸引粉丝为主播打赏为主。也就是说，如果直播平台上挂上电商链接进行商品销售，可能会影响粉丝对直播的体验，造成流量损失。在这种模式之下，尽管营销的主动权掌握在直播平台的手中，但是对现在已经聚集了大量直播观众流量的大型直播平台来说，选择这种模式可能会造成得不偿失的后果，因此，在选择此模式时会较为慎重。

目前在国内的直播电商平台的产业链中主要的收益来源于营销推广、抽佣分成和打赏分成三个部分。

营销推广的模式对于淘系直播平台来说，覆盖到了直播的前、中、后一系列营销推广的产品；而对于抖音、快手平台而言，则是直播间付费推广引流。这种模式下直播方需要 100%支付给平台方，如淘系直播平台 CPC、CPM、CPA、CPS、CPT、CPD 等广告合作方式。

CPC（Cost Per Click，按点击付费）这种推广方式是按照点击量来进行收费的，但收费方式对于推广网站来说并不适用，因此并不常用。有的网站对 App 进行了宣传，也达到了宣传效果，但是没有人进行点击，使推广方得不偿失。

CPM（Cost Per Mille，按展示付费）是一种按照千次曝光率进行计算收费的方式，假设收费方式为 10 元/CPM，那么每一千个人看见推广广告，就需要给推广商支付 10 元。这是目前比较流行的推广方式之一，可以有效增加产品的曝光率。

CPA（Cost Per Action，按行动付费）是通过推广之后的用户行为进行收费，投放广告之后按照订单数量等方式进行统计，此种方法推广风险较高，但是成功之后的效果比 CPM 更好。

CPS（Cost Per Sales，按销售付费）是通过实际的销售产品数量进行收费，更适合购物类 App 进行推广，但是需要精确的流量进行数据统计转换，很多软件都通过此类方式成功推广。

CPT（Cost Per Time，按时长付费）也是主流推广方式之一，这一类方法主要通过时间进行收费，多数以月、周等为单位进行计算。

CPD（Cost Per Download，按下载付费或 Cost Per Day，按天付费）即可以按照下载量进行收费，也可以按照天数进行收费，根据不同的推广网站，收费方式不同，在正式推广前需要进行详细的了解。

抽佣分成一般来说是按照 CPS 广告合作方式进行，也就是通过实际销售量的佣金进行抽佣的模式。抽佣分成的 CPS 结算一般针对品牌主，品牌主会支付给平台 20%的佣金比例，如淘宝直播 4%~7.6%的场景服务费和技术服务费；快手平台 1%~6.3%的外链佣金费和技术服务费；抖音的费用相对较低，0.14%~5%的技术服务费；而平台方需要支付给 MCN 机构和 KOL 营销推广 6.3%~14%的抽成。

打赏分成对于淘系和京东类的直播电子商务平台来说，并不会带来实质性的收入，只能为直播间带来人气和热度；但对于内容类的电子商务平台来说，如抖音和快手，这种打赏的模式与平时的直播打赏基本是一样的，都是平台从中抽取一定比例的分成，最后平台需要支付给 MCN 机构和 KOL 营销推广约 40%~55%的分成。

所以对于企业的品牌主来说，在选择直播电子商务平台销售终端的同时，需要进行合理的成本核算和产品定价，以保证最后的利润。

任务评价

请填写认识直播电子商务模式学习任务评价表（见表 7-2）。

表 7-2　认识直播电子商务模式学习任务评价表

班级			学号		姓名	
角色		○ 组长	○ 组员	完成时间		
任务		完成情况记录				
		学生自评		生生互评		教师评价
评价占比（自设）		%		%		%
理论学习得分						

（续表）

任务	完成情况记录		
	学生自评	生生互评	教师评价
技能训练得分			
任务完成得分			
任务创新得分			
总评			

拓展练习

1. 浏览以下常见的直播平台：淘宝直播、抖音直播、京东直播和快手直播，然后对比每个平台的特点及优劣势，以小组为单位，制作PPT进行汇报。

2. 各小组选择两个或两个以上的直播平台，选择直播推荐的 1 件或多件商品进行购买体验，写出购买步骤和体验心得。

任务二

抖音直播案例

▎任务描述 ▶▶▶

小明经常使用抖音观看短视频和直播。最近发现这样一个现象：一打开抖音账号，尤其是在晚上九点左右，关注的账号里面，不少账号都在直播。可见，抖音直播已经成了新的电子商务风口。抖音直播带货开通要求有哪些？如何做才能实现抖音直播带货变现？这些问题值得思考。

▎学习目标 ▶▶▶

1. 了解抖音直播的入驻要求；
2. 了解抖音直播的带货特点；
3. 掌握抖音直播的变现模式。

▎思政目标 ▶▶▶

抖音直播是一种新生的营销方式，直播工作者必须遵守一定的市场规则和伦理道德。引导学生遵守社会主义职业道德，做新时代合格职业人。

▎任务分配 ▶▶▶

本任务分3组进行，每组由1位组长和若干组员构成，组员在组长的带领下，根据【任务准备】模块的引导问题进行任务分工，了解抖音直播入驻要求、核心优势及盈利模式等，并填写表7-3。

表7-3 抖音直播案例学习任务分配表

班级		组号		组名	
角色	姓名	学号		任务分工	
组长					
组员					

▎任务准备 ▶▶▶

引导问题1：抖音直播的入驻要求有哪些？

引导问题2：抖音直播带货的特点有哪些？

引导问题3：抖音直播有哪些变现的方式？

任务实施

一、认识抖音直播

抖音于 2016 年 9 月上线运营，是一款音乐创意短视频社交软件，用户可以通过这款软件选择歌曲，拍摄音乐短视频，创作自己的作品。抖音娱乐属性明显，具有流量大和用户活跃度高的优势。

2020 年 7 月，抖音的日均活跃用户超过 3.2 亿，这也为抖音直播的发展提供了流量的支持。然而如何利用好流量？抖音负责人介绍，抖音直播广场将优化个性化推荐，提高流量利用效率，让流量配比更合理、更稳定。

1. 抖音直播入驻要求

抖音直播有两种形式，即抖音内容直播和抖音直播带货。抖音内容直播开通很简单，只要完成实名认证就可以直播，主播在直播间可以分享内容，如唱歌、跳舞、知识等。

主播要想在抖音直播带货，不仅需要开通直播功能，还要开通直播带货权限。开通直播带货权限以后，主播可拥有个人主页商品橱窗功能，支持在视频和直播中添加并分享商品；拥有个人页视频置顶功能；支持在 PC 端登录"达人"管理平台，回复消息，设置私信自动回复、私信自定义菜单，查看账号运营数据，以及置顶评论等。

2. 抖音直播带货特点

（1）从流量来看，抖音直播间的流量主要通过视频作品被带到直播间，作品可以起到过滤用户属性的作用。另外一个比较大的入口就是抖音直播推送机制，和视频推送机制一样，其有特定推送算法。鉴于抖音直播有两个流量入口，短视频作品内容也可以从直播中整理一些优质的片段上传，这样可以对直播宣传起到一定的作用。

（2）从选品来看，抖音直播比短视频带货更简单，主要分为两类。一类是选择限时低价促销的日用品，如牙膏、洗衣液等，抖音直播间要给人一种现在不买就是亏的感觉。另一类是导购型商品，这类商品有个特点，不容易用短视频展示出效果，需要花比较多的时间向用户推荐。如口红颜色都差不多，香水隔着屏幕闻不到，必须通过直播演示及话术来表现并引导用户下单。

3. 抖音直播变现的方式

（1）音浪变现。收取粉丝礼物音浪，或者完成官方主播任务，都可以赚取音浪。音浪可以提现。抖音主播下播后，可在"我的任务"页面看到抖音直播音浪收获明细，如图 7-1 所示。

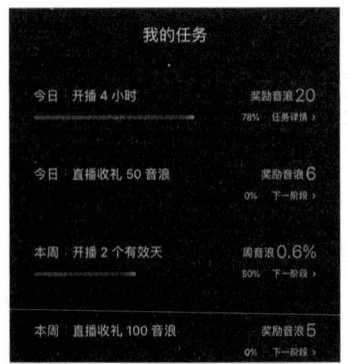

图 7-1　抖音直播音浪收入页面

（2）电商交易变现。电商交易变现需要针对观众销售商品或服务，可以是自主商品或服务，也可以是其他商家的商品或服务，通过直播带货赚取佣金。

（3）广告变现。广告变现主要是通过接商家广告邀约，在抖音直播中对商家的商品进行宣传推广，收取商家的广告费。

二、抖音直播案例分析与应用

案例 1

案例描述

小张在抖音通过短视频累积了一定数量的粉丝后，准备开启抖音直播。播了几次后，发现面对屏幕不知道说什么，而且基本没人看自己直播，好不容易进来几个人也很快就划走了。每次开播不到半小时，就觉得坚持不下去早早下播了。小张迫切需要分析原因，找到能让直播间有"人气"的方法。

案例分析

小张遇到的问题是抖音直播新手常见的问题。要解决他的问题，首先需要进行合理的抖音直播内容规划。直播前要做的规划如下。

首先选择直播主题，常见主题如下。

（1）教程讲解：化妆、穿搭教程分享。

（2）好物分享：粉丝回馈、特价专享。

（3）上新预热：上新优惠活动、通过直播推荐新品。

（4）官方活动：配合官方活动打榜。

其次，要做好开播时间段、时长规划。直播时长最少 3~4 小时以上，可以选择中午、晚上等时间开播，视频热门后随时开播等。

还需要设计好商品讲解。商品讲解可以从以下几方面进行设计。

（1）结合用户痛点展开讲解，让用户产生购买欲望。

（2）每个商品提炼 3~4 个卖点，单品介绍时长不超过 10 分钟。

最后，开播前要进行测试。先测试联网情况，确保网速正常、购物车及上下架等直播间功能正常；再进行设备调试，检查能否正常直播、镜头位置、灯光亮度、网络和话筒收音情况等，确保正式直播时不会出现意外。

要想获得抖音直播间流量，在开播前可以进行视频预热，提前 3~5 天发布预告短视频。在内容、文案、评论中加入直播日期、主题等信息；还可以在个人昵称、简介处添加直播预告；也可以通过站外，如社群、微博、公众号、小红书等进行直播预热宣传；优化抖音直播间标题、封面，标题一般 10 字以内吸引粉丝单击，如粉丝专享等你来，封面选择高清、吸引用户的图片。

直播过程中，可以采取购买直播或短视频 dou+，投放高播放量的短视频，提升直播间流量；当直播间或短视频流量下降时，也可选择投放，进一步增长直播间流量；直播过程中，上传第三方视角拍摄的花絮短视频导流到直播间；通过直播间内一系列营销策略，如抽奖活动、分发红包等活动增加直播间互动氛围和直播推荐流展现；同时参加官方组织的直播活动、话题、获取活动资源位也可以达到引流的效果。

案例 2

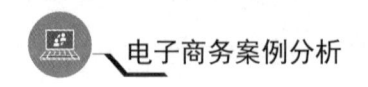

案例描述

抖音美妆播主××的某场抖音直播数据如下。

抖音直播时长：7小时2分54秒。

抖音直播数据：商品数为38个，直播产品销售量为10万件，销售额为1 515万元，同时在线观看人数3.2万人。

抖音直播预热：抖音短视频预热。

抖音直播商品品类丰富：多个商品品类，如眉笔、眼线笔、粉底、唇膏等，大多天猫旗舰店。

案例分析

抖音美妆主播××主要通过抖音短视频让大家先认识自己，从而吸引认可她的粉丝，再刷选精准粉丝到直播间，再一次深度连接和培养信任感。由于一开始就主打卖货的标签，吸引的粉丝也非常精准！那么如何通过抖音短视频吸引粉丝？

首先，××在抖音短视频中对产品亲自体验，给消费者的冲击力很强。其次，在介绍产品的过程中，消费者会发现主播也在一直化妆，产品介绍完了，妆也画完了。让消费者不仅想了解她的产品，还想了解她的妆容。最后在结束时，××跟大家说：晚点会直播，不见不散，吸引消费者去直播间。其带货变现的主舞台是抖音直播，主要依靠高频的直播与粉丝互动、卖货，才可以与粉丝培养深度的信任感。

在选品上，丰富的商品类目可以在很大程度上满足不同人群的需求；大多数商品来自天猫旗舰店则有效地保证了产品质量与售后。

任务评价

请填写抖音直播案例学习任务评价表（见表7-4）。

表7-4 抖音直播案例学习任务评价表

班级		学号		姓名	
角色	○ 组长	○ 组员	完成时间		
任务		完成情况记录			
		学生自评	生生互评	教师评价	
评价占比（自设）		%	%	%	
理论学习得分					
技能训练得分					
任务完成得分					
任务创新得分					
总评					

拓展练习

通过观看抖音直播，分析不同主播在抖音直播中用什么方式吸引粉丝观看的，分析抖音主播常用的直播话术技巧。

任务三

快手直播案例

任务描述

直播电商分为传统电商派和内容电商派,淘宝和京东都是传统电商融入直播的玩法,而快手以短视频内容为基础,开创了直播带货新风口,为平台的达人、商家、品牌主都找到了明确的变现路径。小明想要使用快手平台进行直播,应该做哪些准备呢?

学习目标

1. 了解快手直播的优势;
2. 掌握快手直播平台上有哪几种不同属性的主播。

思政目标

1. 引导学生通过对快手等直播电商事业势头强劲的发展形势,增强民族自信心;
2. 引导学生勇于创业,实现自我价值和社会价值,充分运用自己的聪明才智,为实现中华民族的伟大复兴中国梦不懈奋斗。

任务分配

本任务分3组进行,每组由1位组长和若干组员构成,组员在组长的带领下,根据【任务准备】模块的引导问题进行任务分工,了解快手直播的发展历程及企业文化,优势及盈利模式,并填写表7-5。

表7-5 快手直播案例学习任务分配表

班级		组号		组名	
角色	姓名		学号	任务分工	
组长					
组员					

任务准备

引导问题1:快手直播的优势是什么?
引导问题2:快手直播平台上有哪几种不同属性的主播?

任务实施

一、认识快手直播

2019年12月10日,快手大数据研究院发布了《2019快手直播生态报告》(以下简称《报告》)。《报告》显示,目前快手直播日活已经突破1亿。在人人都说互联网流量红利殆尽、直播行业进入红海状态的背景下,快手直播仍旧得到了快速发展。1亿日均活跃用户,这并不是一个小数字,证明了直播赛道仍有机会。

与单一的直播平台不同,快手具有"短视频+直播"的完整闭环,这使它在内容和社交链条上的完整性更有优势。以快手为代表的短视频平台所延伸出的直播生态成为内容平台的新增量,它为更多用户提供了看见、分享多样生活的可能性,同时也为其用户提供了变现渠道。

快手是北京快手科技有限公司旗下的产品。诞生于2011年3月,最初是一款用来制作、分享GIF图片的手机应用。2012年11月,快手从纯粹的工具应用转型为短视频社区,用于用户记录和分享生活的平台。2015年后随着智能手机、平板电脑的普及和移动流量成本的下降,快手大大提高市场占有份额。

在快手上,用户可以用照片和短视频记录自己的生活点滴,也可以通过直播与粉丝实时互动。快手的内容覆盖生活的方方面面,用户遍布全国各地。在这里,人们能找到自己喜欢的内容,找到自己感兴趣的人,看到更真实有趣的世界,也可以让世界发现真实有趣的自己。

2016年初,快手上线直播功能,并将直播低调地放在"关注"栏里。其用户定位是"社会平均人",主要分布在二三线城市。如今的快手直播是各个企业和商家理想的流量池,也是快手的重头戏。

知识链接:
如何开展快手直播

2019年11月,快手短视频携手央视春晚正式签约"品牌强国工程"强国品牌服务项目。快手成为中央广播电视总台2020年《春节联欢晚会》独家互动合作伙伴,开展春晚红包互动。

2021年2月5日,快手正式在中国香港交易及结算所有限公司上市。

二、快手直播案例分析与应用

案例1

案例描述

在一场快手直播中,知名主播××10分钟卖空泰国乳胶厂的乳胶枕,6小时总销售额达1.8亿元。他之所以能够如此带货,除了自身原因,更多的是出于对平台商业模式与规则的准确利用。比如他卖蜂蜜,就亲身前往养蜂场;卖泰国乳胶枕,就亲自奔赴泰国工厂。有时他还会直接将产品的制作过程,甚至将砍价、压价的过程通过直播展现出来。在外部电商渠道上,该主播在快手有自己的店铺,在天猫也有店铺,通过快手直播,将快手和淘宝完全打通。

案例分析

快手如何做到电商产品物美价廉,这与快手的主播属性密切相关。从整个快手的主播属性上看,快手中有大量工厂、原产地、产业链上的主播,而他们的直播内容也与他们的属性紧紧相连。比如，很多快手主播会直播自家的果园、档口、店面与工厂，强调产品源自"自家生产"，这种直接展现产品源头、产品产地的卖货方式，可以让用户对产品有直观的了解，从而提升用户对产品的好感度和忠诚度。

此外，快手也通过布局产业带，帮助主播在源头建立直播基地，积极配合着主播源头带货的这种需求。产业带直播电商的核心是围绕品类选择及质量把控、丰富的产业链资源、第三方服务等环节来运作，形成了"源头好货"的模式。

所谓源头好货就是让主播省掉了中间环节，直接对接优质工厂与原产地，从流量和金钱两方面提升商户的产业与信任价值。而快手还会以自身的平台信誉作为背书去支持他们。比如，快手为珠宝玉石产业带推出了"快手见宝"聚合页，这个页面的商家能获得官方认证和商品打标的平台背书。此外，快手还发布了"靠谱货"计划，引入优质的商家资源、供应链等。有了快手官方背书，商家能够极大地提升转化率与复购率。比如，在某年的"116卖货王"活动中，根据快手官方公布的数据，快手有的主播粉丝复购率达到75%，十分惊人。

主播进一步完善商家的人设，让他们得以依托"产业带"资源在快手电商平台进行直播卖货。到源头工厂、产品原产地对接，将产品的制作过程展现出来，能进一步加深粉丝对主播、对直播产品的信任，同时改变了产业链各种角色及其分工，提升了平台在电商产业链中的话语权与信任价值。

除此之外，国内很多有生产能力，但却缺乏品牌认知的生产企业和工厂，恰恰契合了快手这种主播或者厂商自播的带货模式，让他们可以直接把工厂货源以物美价廉的方式呈现给用户，实现用户获得高性价比产品。工厂企业打开产品销路的多赢局面。

案例2

案例描述

"老铁"是快手主播经常称呼直播间粉丝的方式之一，很多人都发现了这个现象：不少快手主播们都是在直播间边和"老铁"们说着闲话、喊着麦，边把货成功地卖了出去。

案例分析

追溯这种现象背后的原因，与快手独特的内容生态和社区氛围有着密切的关系，而这些也正是快手直播带货的基础。

在快手上，我们会看到玉石厂小哥检测玉石质地，工厂老板娘在档口批发衣服，农民在农间种地、养鱼、采蜂蜜……整体来看，快手上的内容真实、生动、包罗万象，而真实的原生态内容更容易在粉丝群体中建立信任。

而除了内容本身，相较于抖音短视频创作者更关注内容是否被平台推荐，快手最大的特点就是"老铁经济"，主播们从上到下默契地实行着"老铁"制，创作者更在意是否能通过各种互动手段与粉丝打成一片。主播越让粉丝感觉亲切、越没有距离感，粉丝对主播的黏性、忠诚度也就越高。

"老铁经济"的一个突出表现就是快手独特的互动秒榜机制，粉丝给主播疯狂刷礼物夺得礼物榜单第一名后，主播为了感谢刷榜的粉丝，会呼吁粉丝区关注这个人，刷榜第一的粉丝就可以借助该主播的人气卖货。可以说，快手的互动秒榜机制，让粉丝与主播形成了一种互惠互利的关系，反向推动了快手的"老铁"社区属性。

任务评价

请填写快手直播案例学习任务评价表（见表 7-6）。

表 7-6 快手直播案例学习任务评价表

班级		学号		姓名	
角色	○ 组长	○ 组员		完成时间	
任务	完成情况记录				
	学生自评		生生互评		教师评价
评价占比（自设）	%		%		%
理论学习得分					
技能训练得分					
任务完成得分					
任务创新得分					
总评					

拓展练习

随着快手直播的兴起，繁荣的背后也伴随着一些问题，如某快手知名主播 M 被举报在直播售卖的某产品涉及虚假宣传，被有关部门处罚；还有主播为了更高的直播销售数据，采取刷单等造假方式增加产品销量。请分析以快手直播为代表的直播电商存在这些问题的原因以及解决策略。

项目八
农村电子商务案例分析

  农村电子商务的蓬勃发展,既为农产品销售难的老问题找了一条解决的新途径,也让城市的消费品能够顺利抵达农村,满足农民多层次的生活需要。电子商务,正在成为推进农业供给侧结构性改革的重要手段,成为改变农业农村发展的新动能。本项目以农村电商平台运营和农村直播电商运营为例,了解农村电商主流平台相关知识,并针对其典型案例进行解析。

任务一

认识农村电子商务模式

▶任务描述◀

近几年,国家大力发展乡村振兴战略,从当前的政策来看,在农村做电商是不错的致富项目。要做好农村电商,首先要了解农村电子商务的常见模式及我国农村电子商务模式的路径选择,只有选择好的模式才能带来盈利。

▶学习目标◀

1. 了解国内外的农产品电子商务主要模式;
2. 掌握国内外农村电子商务模式的不同;
3. 掌握我国农村电子商务模式的路径选择。

▶思政目标◀

理解"精准扶贫""一带一路""乡村振兴""供给侧结构性改革""产业升级转型"等倡议和举措。

▶任务分配◀

本任务分3组进行,每组由1位组长和若干组员构成,组员在组长的带领下,根据【任务准备】模块的引导问题进行任务分工,了解国内外的农产品电商主要模式,掌握国内外农村电商模式不同及我国农村电子商务模式的路径选择,并填写表8-1。

表8-1 认识农村电子商务模式学习任务分配表

班级		组号		组名	
角色	姓名	学号	任务分工		
组长					
组员					

▶任务准备◀

引导问题1:国内外农产品电商的主要模式有哪些?

引导问题2:比较国内外农村电子商务模式并说说给我国带来哪些启示?

引导问题3:如何选择我国农村电子商务模式的路径?

任务实施

一、农村电子商务模式概述

为满足城乡居民多样化的网购需求，抢夺农产品网络消费这片最后的"蓝海"，国内外企业均发展出了多种农产品电子商务模式。只有通过系统梳理和对比分析国内外农产品电子商务模式的现状和特点，才能明晰农产品电子商务发展的共性规律，更加明确政府在农产品电子商务发展中的定位和功能作用，为我国农产品电子商务实现引领发展提供良好的政策环境。

1. 国外农产品电子商务主要模式

（1）平台+自营+配送第三方商品模式。亚马逊生鲜（Amazon Fresh）是该模式的典型代表。作为美国亚马逊旗下的生鲜产品运营平台，亚马逊生鲜类似于国内的京东生鲜，以自营农产品为主，但本地食品店或餐馆等第三方商品也可以通过亚马逊生鲜进行配送。与京东生鲜相同的是，亚马逊生鲜也面临自营冷链物流成本高的难题，不同的是，亚马逊生鲜采取了更为稳健的扩张，从2007年在西雅图两个居民区提供服务开始，5年后扩展至全西雅图，7年后才扩大到美国4个城市。这样既避免了资金压力过大，也能不断完善经营模式，更好地保证生鲜农产品的品质。

（2）平台+农场+产销互动模式。Local Harvest是该模式的典型代表。作为美国的一个连接中小型农场、CSA农场和消费者的电商平台，Local Harvest的运营模式类似于国内的平台+小企业集聚模式，但其最大的特色是形成了生产者与消费者互动模式，即消费者可以通过Local Harvest网站上的地图检索系统获取本地农产品信息并进行选购，农场可以在Local Harvest网站上发布实地考察、学农和节庆等农场活动信息，让有兴趣的消费者参与到农业实践中。该模式最大的优点是生产者和消费者角色重叠，相互信任度高。同时，Local Harvest还为农场提供了收费的管理软件CSAware，帮助农场进行在线订单、会员、配送和财务管理。

（3）平台+农场+社区团购模式。Farmigo是该模式的典型代表。作为美国的一个连接农场和社区消费者的第三方农产品在线交易平台，Farmigo的运营模式类似于国内的平台+小企业集聚模式，不同的是，其形成了独有的社区团购模式，即通过食物社区带头人收集居民农产品需求，本地或周边农场再根据社区订单进行生产配送，带头人能够获得相当于社区销售收入10%的奖励和食物价格折扣。该模式的最大优点是生产者和消费者之间的信息实现了有效衔接，其本地化定位也保证了农产品的新鲜，减少了仓储物流费用。

（4）全产业链运营+利益共同体模式。大地宅配是该模式的典型代表。作为日本一家主营生鲜食材的宅配类电商，大地宅配的运营模式类似于国内的全产业链运营模式，不同的是，大地宅配由农户、员工和部分消费者共同出资成立，与农户签订收购协议，一起研究和解决技术问题，消费者可以与自己指定的农户进行签约，成为签约会员。该模式的最大优点是实现了农户、员工和消费者利益一体化，显著强化了产销信任关系。

2. 国内农产品电子商务主要模式

关于农产品电子商务模式的分类标准不一，常见的有按照流通渠道划分为B2C、B2B、O2O、C2B等，按照运营方式划分为平台型、垂直型、实体超市网上销售型、生产企业直销型等。本书在参考运营方式分类的基础上，加入了政府在农产品电子商务中的角色定位和功能作用，将农产品电子商务分为以下4种类型。

（1）平台+自营模式。即电子商务平台在产业链前端，从筛选的供货商处采购农产品，在产业链中后端进行自我统一的品控、仓储、营销和物流配送，并用强有力的产业链中后端资源整合优化前端，京东自营是该模式的典型代表。该模式属于典型的市场主导型，既可以充分发挥大型电子商务平台流量大、产品全的优势，又因电子商务企业以自身声誉和品牌为农产品质量做了背书，所以有动力制定严格标准和实施有效监管，倒逼农产品生产和加工环节提升规模化和标准化水平，农产品供应数量和品质保障程度高。但是，该模式下电子商务企业介入了除农产品生产和加工外的所有环节，在我国农产品流通体系和物流设施不足的情况下，电子商务企业不得不投入大量财力、人力进行仓储物流设施建设和运营，使该模式成为典型的重资产模式，扩张受限多，短期盈利难，资金压力大。

（2）平台+商家店铺模式。即农产品生产者或供应商在大型电商平台开设网店，并负责农产品的货源、品控、仓储和营销，物流配送多选择第三方快递公司。淘宝网、天猫、京东、苏宁易购及微商的农产品商家店铺、旗舰店均属于这种类型，这也是目前普及程度最高的模式。该模式相当于为广大农产品卖家提供了一个充分竞争的网上交易场所，电商企业本身投入少，相对较低的进入门槛也有利于各地农产品快速迈入电子商务时代，农产品交易规模和品类也因此高居各模式之首。但是，该模式下农产品供应和物流均由商家负责，在当前我国信用体系不健全和食品安全监管不力的背景下，电商平台对商家的全面监管难度大，极易出现假冒伪劣等机会主义行为。而且，由于我国农业分散经营的现状并没有根本改观，商家自身资源整合和生产经营能力千差万别，又缺乏统一的物流配送标准，消费者购物体验差异大，不少爆款还经常出现断货、品质下降、配送不及时等现象。该模式下存在两种衍生类型，分别为地方特产馆子模式和地方产地仓子模式。

① 地方特产馆子模式。

该模式属于平台+商家店铺的衍生类型，即由当地政府选择的电商运营商负责网上地方特产馆的运营，大型电子商务平台提供流量、大数据分析的营销和运营支撑，借此扩大本地农副特产的市场空间，带动相关产业发展。该模式与普通的平台+商家店铺模式不同的是，电子商务平台上的商家店铺一般由政府委托第三方运营商来负责，而且政府还为地方特产馆出售的农产品质量、品牌进行背书，给予地方特产馆场地租金减免、资金奖励、营销宣传、人员培训等众多扶持政策。京东中国特产地方馆和淘宝特色中国地方馆是该模式的典型代表。但是，政府的地方利益导向与电商运营商利润最大化导向存在矛盾，再加上电商运营商经营能力差异明显，一个地区老字号或特优农产品种类和数量少，相近区域同质化竞争激烈，导致现有京东和淘宝上的地方特产馆运营情况普遍低于预期。

② 地方产地仓子模式。

该模式也属于平台+商家店铺的衍生类型，即由地方政府支持在农产品原产地建立电商产地仓，对进入产地仓的当地农产品实行统一品质、统一品牌、统一服务和统一物流，电子商务平台制定产品标准和入仓品控标准，并提供供应链管理、营销推广和集约化物流服务，售出的农产品直接从产地仓发货。农村淘宝中心产地仓是该模式的典型代表。与普通的平台+商家店铺模式相比，地方产地仓模式整合了更多政府资源。以延边产地仓为例，延边州政府为产地仓提供装修和设备投入，并承诺免费试用3年，将"延边大米"地域商标及地理标识网络独家授予阿里巴巴10年，将农业部检测中心延边实验室资源免费提供给延边产地仓使用，给予每单物流费用6元补贴。同时，延边州政府开设地标特产官方旗舰店，与农村淘宝联合以特许经营模式开展业务，联合农村淘宝宣传推动农产品前置标准。该模式最大的优点是实现了特定地域范围内网上农产品的规模化运营、集中化管理和品牌化建设，有利于避免分散导致的农产品品控、物流、监管和品牌建设难题，有助于增强地方优质农产品的议价能力，更好地促进农业增效、农民增收。然而，地方政府对产地仓的高度支持，会吸引大量高端农产品进入，相当于客观上用公共资源补贴小众富裕消费人群，而且物流补贴不具有可持续性，会加剧财政负担和区域间的不公平竞争，地域商标及地理标识的网络独家授权也限制了企业的网销渠道。

（3）全产业链运营模式。即农产品生产加工企业自建电子商务平台，并负责农产品的生产、加工、品控、仓储、营销和物流配送，沱沱工社、我买网上的部分自营产品即属于该模式。与前述2种模式相比，该模式是标准的全产业链模式，产业链整合能力最强，因此，其最大的优点是农产品供应和品质保障程度最高，能够更快响应消费者需求。但该模式也是最重资产模式，企业除了要自建电商平台，在我国农业生产方式分散低效和农产品流通体系落后的情况下，还要自建生产加工基地和物流体系，导致企业要承担全产业链各环节成本和风险。当前，沱沱工社和我买网在全产业链业务上的持续亏损和大幅萎缩，进一步验证了该模式在我国面临严峻的可持续性挑战。

（4）电子商务扶贫模式。即企业与产业扶贫相结合，一般由政府部门提供生产端的系列政策扶持，电子商务平台联合村委会或合作社，以订单农业+保护价方式销售贫困户农产品，电子商务平台或其合作商承担农产品的生产管理、收购、品控、仓储、营销和物流配送，还会面向贫困户提供供应链金融支持。从营销渠道上看，电子商务扶贫模式下的农产品既有平台+自营类型，也有平台+商家店铺类型，但由于其在所有模式中公益属性最强，我们将其单独归为一类。京东"跑步鸡"项目是该模式的典型代表，目前该项目已形成"政府+电商平台+龙头企业（合作社）+金融信贷+贫困户+保险公司"的扶贫模式，即每位贫困户以政府扶贫资金和京东无息贷款投入，例如，政府委托武邑邑人合作社负责项目建设用地租赁和日常管理运营，京东生鲜以自营模式开展网上销售，武邑县人保公司提供养殖风险保险，武邑县扶贫办和村委会负责贫困户资金落实、入股、分红和养殖投保。该模式的优点是整合了多方力量，解决了贫困地区农产品供应和销售问题。但是，目前政府的投入热情与完成扶贫任务密切相关，电商企业承担了过多社会责任，政策支持和项目盈利前景均缺乏可持续性。

二、农村电子商务模式分析

1. 国内外农村电子商务模式比较带来的启示

（1）政府应在市场失灵的关键环节补齐短板。近年来，我国农产品电商企业发展迅猛，平台数量超过3 000家。与国外相比，我国农产品电子商务交易额增速更快，占国内农产品零售额的比重更大，普及程度也更高，这一方面是我国移动互联网快速普及和消费升级的结果，另一方面与国内线下零售业相对落后密切相关。然而，蓬勃发展的背后是现有农产品电子商务平台鲜有盈利，其中有盈利模式不成熟、过度竞争的原因，也凸显了我国农产品生产和流通体系存在诸多市场主体难以克服的短板。

国内外农产品电子商务发展的成功经验表明，政府需要营造良好环境，克服市场失灵难题。例如，发达国家政府重在维护市场秩序，营造有利于农产品电子商务发展的基础政策环境。美国就形成了以保险为主的农业支持保护政策，建成了完备的农产品市场信息搜集和发布体系，建立了成熟、严格、完善的农产品标准体系和监管体系。国内地方特产馆运营成功的关键是一个地方要拥有若干个实力雄厚的农产品供应商，这就需要地方政府致力于改善农产品供应链，扶持发展农民合作社、农业产业化龙头企业等新型农业经营主体。延边产地仓的成功就离不开当地政府对农产品产业链中区域品牌、质量检验等薄弱环节的大力支持。浙江西隅小县遂昌之所以能够创造农产品电商神话，也是因为当地工商、质监、卫生等部门努力为电子商务发展做好服务，定期对网店商品进行品质检验检测，确保上市农产品品质合格，还通过扶持发展电子商务协会，推动分散经营的农户、加工企业、流通主体形成合力。同时，农产品电子商务的不同发展阶段，市场失灵的表现也不同，政府应该根据不同阶段的发展需要，适时调整政策支持的重点。例如，在农产品电子商务发展的前期，政府可以给予电子商务企业经营场地租金减免、营销宣传扶持、公共物流设施建设等市场预热支持，但是随着电子商务企业的发展，政府应将更多精力放在制约农产品发展面临的规模有限、规格不一、质量不高等瓶颈制约上，克服农产品生产和流通过程中的组织化、规模化、标准化难题。

（2）政府应避免过度介入而扰乱市场秩序。与国内相比，发达国家政府很少介入农产品电子商务具体经营环节，这既与发达国家市场化意识强、电子商务企业发展基础条件好有关，也因为农产品电子商务作为新生事物，充满了不确定性，政府采取"选马"机制专注支持特定模式风险巨大，互联网的开放特征也决定了政府只有选择"赛马"机制，充分调动市场主体的积极性，才能通过竞争选出最佳发展模式，这就要求政府在促进农产品电子商务发展的过程中真正做到"有所为，有所不为"。

因此，必须明确农产品电子商务的发展主体是企业，政府介入应以维护公平竞争的市场秩序为前提，重在营造良好的外部环境，解决市场主体难以克服的公共性、基础性问题，发挥农产品供应者与电商企业之间的媒介沟通作用，即使支持农产品电子商务发展，也要明确支持的边界、条件和方式：不应由政府主导搭建竞争性农产品的电子商务平台，动用财政资金参与电子商务发展；不得扭曲市场机制，禁用特许经营、独家授权等方式形成行政垄断；不应参与电子商务企业具体运营环节。从区域均衡发展角度，政府可以重点支持贫困地区发展农产品电子商务，支持有条件的贫困户从事农产品电子商务，但要明确政府支持的时限和退出方式，形成预期明确、承诺可信的扶持政策。

（3）探索建立政府+大型平台企业协同治理模式。农业不仅涉及国家粮食安全，也与广大农民的利益密切相关，所以农产品电子商务的发展本身就具有一定的准公益属性。涉农大型电子商务平台企业，基于维护自身品牌价值和担负的社会责任等考虑，有动力改善农产品电商发展生态，尤其是推动农业现代化、维护农产品质量安全，这与政府的目标责任是一致的。而且，相对于发达国家，我国发展农产品电商能够较好地解决农产品分等定级和优质优价难题，弥补商超批发市场的不足，更具有现实意义。

因此，应充分发挥政府和电子商务平台企业各自优势，在农产品标准制定和实施、区域公用品牌打造、信息数据共享等方面进行深度合作，合作建立农产品质量全程可追溯体系，合力打造基层共用物流集散中心，将政府的社区动员能力与电商平台企业的配送能力相结合，解决"物流配送最后一公里"难题。此外，在扶贫开发、人员培训等公益性较强领域，可以建立健全政府与大型电商平台企业合作共赢机制。

2. 我国农村电子商务模式路径选择

（1）建立由传统产业衍生的发展路径。传统的产业在市场中发挥着带头作用，很多公司都在各个区域形成了自己的市场，凭借自身的实力，发展完善的产业链，这样才能够为电子商务的运营提供强大的货源支持，使交易从线下发展成为线上，这种线上和线下的联合交易模式能够使销售范围逐渐扩大。当今我国乃至全世界的网络发展十分迅速，很多农村地区也都有网络,农民能够利用网络销售,将当地具有特色的农产品销售至全国各地。有很多网店在拥有一定的客户资源之后,就发展自己的线下群体,用网上充足的资源、低廉的货源,将网络销售模式发展成为一体的模式,这样可以推动相关的配套产业发展,使当地经济快速发展。

(2)建立健全农产品标准化体系。互联网交易市场也有自身的不足之处,在利用互联网交易的过程中,很难全面地获取有效信息。因此,需要建立全面的农产品标准,这样才能够保证农产品的质量,安全销售农产品。加强线上交易和线下交易的一致性,减少线上交易和线下交易不一致的情况。与此同时,政府各部门之间应该加强合作,制定统一的标准,借鉴成功地区或国家的相关经验,完善标准化的体系。

(3)建立第三方交易平台。首先,建立农产品第三方交易机构和平台能够使农产品交易更加规范合理,使交易双方都能够掌握更加全面的信息。这类第三方交易机构主要为农产品提供更加全面的服务,使用户得到的信息更加准确。其次,还应该建立健全互联网的法律法规,这样才能够保证消费者的合法权益。最后,应该重点保护大宗产品和小宗农产品,这两种产品占比很大。我国政府大力发展具有特色的农产品,使农业资源得到优化配置。此外,重点加强对农产品市场的监督和管理,使农产品电子商务能够顺利发展。

(4)建立健全电子商务相关法规。我国农产品电子商务的发展还较慢,而且处于初级阶段,需要政府制定相应的政策加以引导,这样才能够促进电子商务的发展。例如,通过相关法规对农产品电子商务企业给予一定的税收优惠政策;或者通过政府相关部门的宣传提高农产品电子商务的知名度及社会认可程度,进而促进农产品电子商务的健康发展。

(5)努力实现信息化。我国正在努力实现农业现代化,农业信息系统正在逐渐建立。其中包括市场和自然灾害的一些数据,这些数据较为庞大,应该用科学的方式处理,这样才能够提高农产品的产量。但是这种信息化与网站很类似,在我国东部地区应用很广,西部地区匮乏,而且也会影响农产品的销量。政府应该加强对西部地区的指导,使我国各个地区的电子信息化能够协调发展,促进信息化系统的建设。

任务评价

请填写认识农村电子商务模式学习任务评价表(见表8-2)。

表8-2　认识农村电子商务模式学习任务评价表

班级		学号		姓名	
角色	○ 组长	○ 组员	完成时间		
任务		完成情况记录			
		学生自评	生生互评	教师评价	
评价占比(自设)		%	%	%	
理论学习得分					
技能训练得分					
任务完成得分					
任务创新得分					
总评					

拓展练习

1. 试分析我国发展农村电子商务的优势及存在的问题。
2. 农村电子商务有哪些盈利模式?

任务二

农村电子商务平台运营案例

▌任务描述 ▶▶▶

传统农村农产品的交易往往受到区域及地区的限制，比较局限，而通过电子商务平台，就可以在家门口把自己的农产品宣传到各地。利用好农村电子商务平台既便利了顾客，又促进了农副产品"走出去"，实现了双赢，给脱贫攻坚和村庄复兴赋能带来希望。

▌学习目标 ▶▶▶

1. 了解我国常见的农村电子商务平台；
2. 了解农村电子商务平台的发展趋势；
3. 掌握选择合适的农村电子商务平台的方法；
4. 学习成功的农村电子商务平台运营案例并总结经验。

▌思政目标 ▶▶▶

让学生对电子商务在农业、乡村发展中的价值和作用有更加深入的了解，增强学生强农兴农的责任意识。

▌任务分配 ▶▶▶

本任务分3组进行，每组由1位组长和若干组员构成，组员在组长的带领下，根据【任务准备】模块的引导问题进行任务分工，了解我国常见的农村电子商务平台及农村电子商务平台的发展趋势，掌握如何选择合适的农村电子商务平台，学习成功的电子商务平台运营案例，总结经验并填写表8-3。

表8-3 农村电子商务平台运营案例学习任务分配表

班级		组号		组名	
角色	姓名	学号	任务分工		
组长					
组员					

▌任务准备 ▶▶▶

引导问题1：我国常见的农村电子商务平台有哪些？

引导问题2：农村电子商务平台的发展趋势是什么？

引导问题3：如何选择合适的农村电子商务平台？

引导问题4：如何打造"互联网+服务+流通"的农村电子商务平台？

——任务实施——→

一、认识农村电子商务平台运营

1. 农村电子商务平台汇总

农村电子商务平台是指利用现代信息技术（互联网、计算机和多媒体等）为从事涉农领域的生产经营主体提供在网上完成产品或服务的销售、购买和电子支付等业务交易的网站平台。

当前，农村电子商务平台有很多家，知名度比较高的有阿里巴巴、京东、苏宁易购等，但是还有很多知名度不高的农村电子商务平台，据电子商务研究中心研究表明，目前与农村有关的电子商务平台主要有以下7类。

（1）综合农村电子商务平台：社淘平台、京东、云集、农村淘宝、拼多多、苏宁易购等。

（2）农资电子商务平台：云农场、一亩田、田田圈、草帽网等。

（3）农产品电子商务平台：买菜网、链农、美菜等。

（4）网络品牌电子商务平台：三只松鼠、百草味、新农哥等。

（5）生鲜电子商务平台：小农女、我买网、本来生活等。

（6）信息服务类平台：村村乐、智农通、中农网等。

（7）农业众筹类平台：有机有利、京东众筹、淘宝众筹、苏宁众筹等。

农村电子商务平台需要根据自己的产品、特点、特色来进行选择，选择适合自己产品销售的平台才是最重要的，不必选择大型的农村电子商务平台。

2. 农产品电子商务平台发展趋势

依托原有互联网优势扩张到农产品领域的电子商务平台的发展日益成熟，未来随着人工智能和互联网的进一步发展，相信互联网对农业的作用将更加突出。京东就是一个很好的例子。近年来，京东借助自身巨大的流量和电商销售渠道优势，助力农产品的发展。

一方面，从特色农产品入手，将贫困地区原生的、特色的产品迅速推向全国，带动其快速脱贫；同时运用数据进行精准营销，京东运用其平台积累的海量数据资源，准确分析消费者对产品的关注点和走势，实时掌握用户需求及动向，为消费者提供专属化、个性化和定制化的服务，在满足多元化消费需求的同时，也能够有效带动产品销售。

另一方面，京东助力品牌农产品提升溢价能力。农村地区不缺乏好的农特产品，但在产业化、品牌化方面发展滞后，好东西卖不出好价钱。互联网平台在打造品牌方面能够发挥重要作用。京东通过"原产地直采+自营"模式，并利用京东的互联网营销能力，帮助农民高效打造品牌。这样既能让消费者品尝到优质的农产品，也能助力农户拓展销量，一举两得，也为自身的平台带来了很大的流量。传统批发市场转型形成的农产品电子商务平台新零售时代下，整个零售业面临洗牌。新消费升级驱使着实体零售消费群体发生变化，90后、00后成为实体零售的消费主力军，消费需求从追求温饱、必需品的基础需求向追求品质化、营养化、多样化、便捷化的高层次需求转型升级；消费产品更加注重高品质化、进口多样化、自有品牌去中间化、场景体验化。

此外，新零售的崛起和快速扩张，改变着实体商品的呈现方式、品类的变化、业态、供应链等；同时，又反过来影响着用户层面，改变着用户的消费习惯、时段、场景、决策等方面。随着实体零售业春天的来临，消费者消费需求升级，农贸市场作为实体零售业中的重要一环,也在急剧发生变化,如果传统的农贸市场不进行积极的转型,只有被时代淘汰。

农贸市场是社区服务业最主要的业态类型,是城市商业和居民生活的重要组成部分,是居民不可或缺的最小最密集的邻里商业单位,蕴含巨大的发展价值。

传统农贸批发市场,也可以积极转型成 B2B 的电子商务模式。依靠电子商务平台链接上游农产品的生产方和下游农贸市场商贩、新零售企业等次终端分销商,聚焦核心单品的信息整合处理和供应链服务,通过"订单+物流+金融+数据"的运营模式,采集规模化集单,实现产地到客户整车直送,并不断优化配送路线保证农产品的质量。

企业自主打造垂直农产品电子商务平台,并逐步扩充品类。农产品领域品类众多,企业也可以根据自身实力来打造垂直农产品电子商务平台,结合自身优势来打造垂直领域电子商务平台,然后在稳定优势的前提下,逐步扩充品类,提高自身优势。

与其他领域一样,平台型电子商务实际上是技术驱动的,而且投资规模较大,农村青年、新农人的机会在垂直农产品电子商务。垂直农产品电子商务和其他垂直电子商务不同的地方在于,2B 和 2C 可能是同时开展的,因为 2B 可以跑量,进而让经营者拥有产地资源,而 2C 意味着更高的销售价格。

相比于大而全的重模式,个性化高端产品形成的小而美的轻模式或许更适合农产品电子商务平台的发展。未来随着消费升级和消费需求的多样化,消费者更趋向于有品牌、有品质的小而美产品。电子商务平台可以尝试为用户打造个性化高端定制的产品来适合不同用户的需求,也能助力平台把更多的精力放到发展高端个性化产品上来,做好细分市场,抓住流量,也就能为未来扩展更大的流量奠定良好的基础。

知识链接:
农村电商平台的盈利模式

二、农村电子商务平台运营案例分析与应用

案例1

小郭大学毕业后想回自己的家乡发展农产品电子商务,他想知道应该如何选择合适的平台合作?

案例分析

农村电子商务怎么做?首先要看选择哪一个平台,目前国内有淘实惠、农村淘宝、京东农村电子商务这 3 大农村电子商务平台走在农村电子商务的前列。如果资金雄厚可以做一个县的运营中心,比如做京东农村电子商务的"京东帮"加盟店,或"淘实惠"的县域合伙人。如果资金不雄厚,可以做农村淘宝、京东的乡村合作站、淘实惠运营中心下面的网点。

1. 淘实惠

发展模式:招募全国各个县域的合伙人,成立县级运营中心。

成立县级运营中心:需要缴纳一定的服务费和保证金到淘实惠总部。签订合同后,即可组建公司,成立团队,搭建县级运营中心;带领团队整合本地商品供应链,提供乡镇农村消费者需要的商品,并拓展农村乡镇网点,主要以加盟店模式覆盖整个县域。

合伙人具体收益包括以下 3 种。

(1) 乡镇农村网店加盟费用收取。

(2) 一定品类商品利润分成收益（总部平台商品有利润分成，地方自己整合商品前期有一定提成）。

(3) 一定政策类收益（两三个月后有一定规模，可申请政府相关部门的电子商务专项资金）。

农村乡镇网点：加盟县级运营中心（县级合伙人），需要缴纳一定的加盟费给县域合伙人。通过触摸式的电子货架屏让农村消费者互动式挑选商品，让他们看得懂，能操作，触网购买，从而获得收益（电子屏上不仅由县域合伙人整合了本县域所有的商品，还由淘实惠平台整合了全国县域的商品）。

2. 农村淘宝

发展模式：由淘宝网自主经营，总部直接派人到各个县域成立县级运营中心。

县级运营中心：负责运营管理、物流和村级服务站的建设。

村级服务站：采取的是小卖部兼营的方式，即选择村里地理位置好、思维灵活、有较强服务和宣传意识、熟悉互联网的本地人，尤其是返乡青年，作为专业化的农村淘宝合伙人，通过帮助村民代买商品、代卖副产品淘宝客的分佣体系获得提成。

3. 京东农村电子商务

发展模式有以下两种。

(1) 京东帮。在4～6线县级城市及农村消费者集中的市场招募商户。商户必须具备大家电营销、配送、安装和维修四维一体的功能，需提供2万～5万保证金。与京东之间属于合作关系，承载的是京东的自营家电业务。利润来自销售的返点。

(2) 县级运营中心。由京东自主经营，总部直接派人到各个县域成立县级运营中心。除为客户提供代下单、配送、展示等服务外，服务中心的主要职责还包括招募培训乡村推广员。

乡村合作站：指导村民注册，下单；帮村民代购；推广京东的品牌；协助运营中心负责区域搞活动。

推广人员签订合同后由乡村主管按照新建合作店流程上报新建信息，在系统中录入，分配业务链接，并以短信的方式告知推广人员，推广人员进行推广时，将此链接发给客户，购买后获得佣金。

案例2

吉林省农业综合信息服务股份有限公司成立于2000年12月，2013年被农业部认定为"全国农业农村信息化经营应用型示范基地""全国农业农村信息化服务创新型示范基地"；2015年被科技部认定为高新技术企业，被商务部认定为国家电子商务示范企业；2016年，开犁网被列入吉政办发〔2016〕3号与5号文件；同年6月28日，上市新三板。该公司充分利用互联网、移动互联网和手机等信息传播载体，面向"三农"领域开展农业综合信息服务，形成互联网增值业务、通信增值业务、信息服务增值业务及创新型增值业务4大主营业务。目前，公司已在全省建设开犁电商信息服务站2 800余家，建成开犁网、开犁信息、开犁物联、开犁溯源、开犁健康等12大服务平台，打造"互联网+流通+服务"的电商服务模式。

试分析该公司的主要运营方式，并总结经验效果。

电子商务案例分析

> **案例分析**

吉林省农业综合信息服务有限公司整合资源，另辟蹊径，成功打造了"互联网+服务+流通"的农村电子商务发展模式。

1. 主要做法

（1）实施背景。改革开放以来，人们的生活发生了翻天覆地的变化，生活质量得到了极大提高，经济的高速增长引起世人关注。然而，人们也清楚地看到 2008 年美国次贷危机后，中国经济的增长速度放缓，更多人开始关注未来中国经济的发展方向，中国各行业的经济转型迫在眉睫，拉动内需更成为一个长期性的任务，有效促进需求侧改革，加快推进农村经济的发展备受政府和企业重视。

随着国家对农村电子商务支持力度的逐渐加大、眼球事件的不断出现、农村电子商务蓝海的逐步形成，2015 年成为农村电子商务发展的井喷年，农村淘宝、一亩田、云农场、农 1 网等农村电子商务网站纷纷出现，遂昌模式、成县模式、通榆模式等电子商务发展模式各领风骚，中国迎来了电子商务发展的新时代，农村经济发展遇到了新机遇。

在此情况下，作为农业大省、粮食主产地、特产丰富的吉林省，如何抓住机遇，华丽地完成传统农业的转型升级，将供给侧结构性改革与需求侧发展完美结合，成为摆在省委省政府面前的一个重要课题。为此，吉林省 2015 年开始实施电子商务进农村项目，2016 年连续发布《关于推动农村电子商务加快发展的实施意见》《关于推进线上线下互动加快商贸流通创新发展转型升级的实施意见》《关于大力发展电子商务加快培育经济新动力的实施意见》等一系列利于农村电子商务发展的利好政策，力求以好的措施为农村电子商务的发展保驾护航，好的发展模式带来好的经济与社会效益。

为此，该公司 2015 年全力升级改造开犁网，打造"互联网+流通+服务"、电子商务与涉农信息服务相融合、专属吉林的电子商务发展模式。

（2）建设内容。

① 升级改造电子商务服务平台。整合现有资源，升级改造开犁网，将其打造成专业化的农资和农产品电子商务平台，以满足各省市县开展下行电商、销售本地农产品、开设地方馆的需求。升级后的开犁网，除拥有电子商务功能外，还可为电子商务客户提供产前、产中、产后生产全过程的信息服务，如图 8-1 所示。

图 8-1 开犁网农资频道

② 完善电商上下行通道。建设以开犁农资、日用品、药品等频道为主的工业品下行通道，以开犁网农产品频道、吉林大米馆、淘宝特色中国·吉林馆、京东吉林特色馆、开犁溯源平台为主的上行电商通道，满足农民足不出村，甚至足不出户就能购买优质农资、日用品，销售特色农产品的需求，如图8-2所示。

图8-2 上下行通道说明

③ 开设网店，并提供生产投入品直购、产出品直销、订单处理、产品包装、包裹寄递等服务，实现工业品下行和农产品进城双向流通。

④ 升级改造、新建开犁农村电子商务信息服务站。严格按照"八个一"的建站标准，对已建成的 2 000 家村级信息服务站（网店）进行考核、调整、升级完善，改造后的信息服务站统一装修风格、管理制度、扩展服务功能，既可为农民提供电子商务服务，又可免费为农民提供生产技术咨询、动植物病害视频诊疗、测土配方施肥指导、价格查询、求学务工等信息服务。到 2016 年底再新建 1 000 家村级信息服务站（网店），使信息服务站数量达到了 3 000 家，如图8-3所示。

图8-3 标准化开犁农村电商服务站室内与室外场景

⑤ 搭建乡村物流体系。广泛开展与物流企业合作，形成以邮政为主，乡村客运、草根物流为辅的小包裹物流配送体系，以农资企业物流和专业物流公司相结合的大宗农资产品物流体系。利用开犁 TMS 车辆管理系统与 ERP 系统、电商县域运营中心、各县本地物流企业的有机融合，采用物流定额及入驻车辆 App 抢单方式，解决物流进村入户最后一公里的配送管理问题。

⑥ 实现电子商务大数据归集。在电子商务进农村示范县加快推动应用开犁 ERP、TMS、CRM 等数据归集软件的进程，推动万村千乡企业、转型升级企业、商超批发企业和老字号企业等应用，以实现吉林省电子商务购买销售数据、资金流动性数据、用户信

息、物流集配与仓储数据、品牌培育和质量保障体系数据等收集、整理、分析与利用，为县域运营商、电商企业、政府等电商经营与决策提供基础信息。

(3) 解决3大主要问题的方式。

① 搭建两套电子商务服务体系，解决电子商务配套服务不完善的问题。以开犁网（省级电子商务平台）为核心，县级电子商务运营中心为桥梁，村级电子商务服务站为节点，搭建电子商务服务体系，提供工业品下行、农产品上行等电子商务服务，农技指导、产品溯源、价格行情等信息服务；整合各类资源，配套应用开犁ERP、TMS系统，建立县域以下实际应用的物流配送体系，实现店铺精细化运营，仓库规范化管理，物流、订单实时跟踪与配送，解决电子商务进村入户配套服务功能不完善的问题。

② 结合公益服务与增值服务，解决农村电子商务发展后劲不足的问题。开犁农村电子商务服务站通过电子商务服务、日用品直销、充值缴费等增值服务增加收入，帮助农民节本增收；通过专家咨询、农情跟踪、农技推广、务工就业、寻医问药、教育培训等公益服务，帮助服务站打响知名度，树立品牌形象，逐渐形成以公益服务促进增值服务，以增值服务推动信息服务的可持续发展模式，解决村级服务后劲不足的问题。

③ 开展3类培训解决电子商务人才不足的问题。针对政府相关部门，开展电子商务发展宏观培训，让县、乡、村各级职能部门重视起来；针对农民专业合作社、涉农企业、返乡大学生等开展电子商务实操培训，让卖家店铺运营起来；针对服务站负责人及周边农民开展电子商务应用培训，让广大农民用起来，解决电子商务进村入户"最后一公里"实操型、应用型人才短缺问题。

2. 经验效果

(1) 有机融合农村电子商务与涉农信息服务，创新电子商务发展模式。吉林农信公司从事涉农信息服务10多年，建设两大中心、12大支撑服务平台，围绕着开犁网的发展需要，将电子商务平台与信息服务平台有机结合，实现了互联互通、互补互用。生产前为农民提供专家咨询与指导、测土配方施肥、生产资料电子商务直购、溯源信息查询等服务；生产中提供生产过程专家跟踪与远程视频诊疗、农业物联网监测、灾害预警预报、气象信息等服务；生产后提供贮藏运输指导、农产品价格信息及市场行情预测、供求信息对接、农产品电子商务直销、农产品溯源信息跟踪等服务。

(2) 建立农村电子商务服务体系，创新服务模式。以省级电子商务平台为核心，各县级运营服务中心为桥梁，村级电子商务服务站为节点的电子商务服务体系初步形成。该公司不仅为村级服务站配备了计算机等硬件设备，还根据电子商务应用的需要，植入规范化的管理制度、科学化的服务流程、实用性的服务内容，落地"互联网（电子商务）+服务+流通"模式，让服务站站长真正动起来、各种功能真正用起来。

(3) 多方合作，破解电子商务最后一公里难题，创新物流配送方式。全面整合物流配送企业、企业自有物流、商超闲置仓库、乡村客车、社会闲散车辆等社会资源，配套应用开犁ERP、TMS、CRM等系统，建立县域以下实际应用的物流配送体系；充分发挥省级电子商务平台、县级运营中心、村级电子商务服务站的功能，形成省级统筹管理、县级指挥调度、村级配送到人的服务体系，实现仓库规范化管理，物流、订单实时跟踪与配送，解决电子商务进村入户最后一公里问题。

任务评价

请填写农村电子商务平台运营案例学习任务评价表（见表 8-4）。

表 8-4 农村电子商务平台运营案例学习任务评价表

班级		学号		姓名	
角色	○ 组长	○ 组员	完成时间		
任务		完成情况记录			
		学生自评	生生互评	教师评价	
评价占比（自设）		%	%	%	
理论学习得分					
技能训练得分					
任务完成得分					
任务创新得分					
总评					

拓展练习

1. 思考农村电子商务平台建设会遇到哪些问题。
2. 请在网站上访问你感兴趣的农村电子商务平台，通过实际操作评价其特点。

任务三

农村直播电子商务运营案例

任务描述

农村电子商务近几年发展火热,随着直播在各大平台的兴起,"直播带货"形势下的农村电子商务也逐渐出现在人们的视野中。掌握农产品直播带货的方法,可拓宽特色农产品销售渠道,带领村民共同增收致富。

学习目标

1. 了解农村直播电子商务的现状;
2. 分析农村直播电子商务发展中存在的问题,并给出相应的解决措施;
3. 掌握做好农产品直播电子商务的方法。

思政目标

结合农村直播电子商务运营案例,鼓励学生以自己的专业技能,传播乡村之美,助力乡村振兴,共绘乡村振兴美丽图景。

任务分配

本任务分3组进行,每组由1位组长和若干组员构成,组员在组长的带领下,根据【任务准备】模块的引导问题进行任务分工,了解农村直播电子商务的现状;分析农村直播电子商务发展中存在的问题及解决措施,以及掌握做好农产品电子商务的方法,并填写表8-5。

表8-5 农村直播电子商务运营案例学习任务分配表

班级		组号		组名	
角色	姓名		学号		任务分工
组长					
组员					

任务准备

引导问题1:说一说农村直播电子商务的现状。

引导问题2:农村直播电子商务发展中存在哪些问题?有哪些解决措施?

引导问题3:做好农产品直播电子商务有哪些方法?

任务实施

一、认识农村直播电子商务运营

1. 农村直播电子商务的现状

（1）利用网络直播推广农产品。随着网络信息和物流的发达，越来越多的农产品生产者意识到农产品的价值，并希望能够利用互联网点对点销售，提高销量和利润。截至2020年3月底，全国已有6万多名农民进驻淘宝直播平台，变身为农村主播，淘宝直播平台上农产品相关的直播场次已达140万场，农村随处可见的田间、大棚、仓库、渔船都成了农村主播的直播间。商家或利用直播宣传农产品的种养殖过程，或利用直播宣传农产品的现场采摘情景，由于产品真实，价格实惠，引起消费者的兴趣，关注率和购买率也比较高。对消费者来说，由这些农产品主播亲自生产并售卖发货的产品，相较于以往的购买方式省去了中间环节，没有中间商赚差价，可以以低廉的价格买到合适的产品。且在直播间里，可以跟踪农产品从种植到生产，再到后期加工的流程，让消费者更直观地了解到产品，也让产品更有可信度，加大消费者对产品的信任度，获得消费者的认可，提高农产品的品牌知名度和产品销量。

（2）主要通过第三方平台进行农产品直播。农产品电子商务往往通过第三方电子商务平台开设店铺，近几年很多平台都开展了直播售卖农产品的方式，主流的有淘宝网、京东等，在店铺直播栏目中对产品进行推广与介绍。此外还有农佳，这是上海农甲农业科技有限公司旗下的直播+农产品销售的电商App，是全国首个专业农产品直播电子商务平台。在这里面，农民可以把农产品通过直播+短视频+社交的互联网模式让大家直击农产品的生产环境，了解产品，并与农人实时对话。比较典型的还有一亩田，以产地卖家为主，直接在产地开展直播也是其最大的优势，让买家和卖家能够实现双赢。不少商家抓住机遇，除此之外还通过短视频自媒体平台进行引流带货，斗鱼、快手、抖音等App上都推出了农产品直播，例如，通过抖音上创意短视频的内容吸引顾客，在视频中插入淘宝链接，顾客可以单击链接跳转至淘宝网店铺直接购买，从而提高农产品的销量。

（3）直播营销模式依赖明星或县长。当前农产品直播较为主流的模式有："品牌+明星（官员）+直播"模式、"品牌+素人+直播"模式，均已取得很好的效果。例如，淘宝天猫在2020年四川的脱贫攻坚直播活动上，来自当地的8位县长在台上与主播、明星们一起，组团推荐当地特产宝贝，包括挂面、核桃等，有的还在现场制作起当地特色菜，当晚订单数超过8万件、成交量近600万元。在2019年举行的第十届广东现代农业博览会还专设"县长直播间"。贫困县县长们在直播电子商务平台直播卖当地特色农产品，成为一个新现象。"手机成了新农具，直播成了新农活"，县长直播卖农产品，拉近了城市与乡村之间的距离，拉近了销售者与消费者的距离。在"品牌+素人+直播"模式中，由在当地进行农特产品种养殖的农户做主播，现场直播日常的农特产品情况，对提高农特产品的品牌影响力与市场知名度也起到了较好的作用。网络直播销售农产品逐渐开始流行，出现了一批农民"网红"。

2. 农村直播电子商务发展中存在的问题

直播电子商务虽然在"三农"的应用已渗透到各个方面，在扩大农产品品牌知名度和影响力、拓展农产品销售市场和提高销售产值、加快农村涉农电商发展、满足客户需求等方面有积极作用。然而，其基本还处于初期的探索阶段，存在很大的局限性和不足，主要存在的问题有以下 5 个。

（1）网络销售市场未充分打开。在农产品网络直播营销中，总体市场销量并不理想，其深层次的原因如下。

① 农产品营销方式单一。农村直播电子商务的营销只局限于农特产品的售卖，对于网店的运营推广、商品的视觉营销包装设计、用户的忠诚度等意识相对薄弱，且农村主播没有接触过专业的市场营销知识，对网店推广缺乏经验，难以利用自身优势进行产品宣传，造成农村直播电子商务发展缓慢、水平低下。

② 农产品用户黏性较低。因为农产品供应链水平比较落后，包装、冷链、物流、仓储跟不上，影响了保鲜和配送，有的产品在消费者收到时已经变质，产生了售后问题。在社交媒体时代，用户不好的购物体验不但使其个人不会再次购买，也会影响到其社交圈中的朋友，难以形成店铺的忠诚客户。

③ 存在良莠不齐、夸大宣传、以次充好现象。部分商户难以严把产品质量关，售卖劣质残次产品给用户，致使用户信任度降低，产品的安全性也备受关注，消费者投诉所谓的"网红"农产品名不副实、产品质量差、安全无保证的情况屡见不鲜。

（2）产品同质化现象严重，缺少知名品牌。农产品品牌是提高用户黏性，建立消费者对农产品信任的基础。但反观现在诸多平台的农产品直播，却存在着大同小异、产品相似、特色不突出的问题，几乎是千篇一律的采摘、食用、打包农产品，直播画面、内容重复单调，缺乏美感，易引起消费者审美疲劳，并且销售商缺乏品牌意识，没有打造农产品的响亮品牌，使得农产品缺乏知名度，特色和优势不突出，致使产品用户分辨度和认可度较低，在购买者群体中的影响力较小。此外，农产品的标准化程度不高，特别是在中西部贫困地区，长期以来农产品的市场化水平较低，缺少与电子商务结合的经验，产品分级不严，品控不够细致，导致消费者体验感不好；农村农产品加工能力也不足，局限于给农产品进行简单的包装加工，缺乏对农产品文化故事和品牌内涵的赋予，农产品的附加价值较低，使得农产品在市场中竞争力较低。

（3）农村直播电子商务平台配套设施与服务不完善。农村直播电子商务平台的发展还很不成熟，首先，农产品直播电子商务平台普遍知名度不高。农产品直播除了依赖淘宝网、京东、抖音等知名电子商务企业平台，部分农村地区建立了本地农产品电子商务营销平台，但商品销量不高，产品品牌熟识度较低，产品推广渠道和手段落后，产品营销意识和方式落伍，线上产品推广率低，同类产品竞争激烈。其次，农产品直播电子商务平台供应链发展不完善。农产品直播营销需要更专业的物流供应链，而目前很多直播平台并不是专业针对农产品电商的，因而存在物流衔接不顺畅的问题，许多农产品保质期短，不耐储存，需要采用冷链物流以保证送到顾客手中时产品的新鲜度，而我国冷链物流相对于快速增长的物流需求，发展还较为缓慢，地区发展也不平衡，普及率较低。最后，农产品直播电子商务平台售后服务客户满意度较低。主要是忽视对售后相关服务配套的提供，发货效率低，售后客服人员服务质量不高。此外，农产品直播营销的发展有赖于金融服务、技术与管理人才的培训等服务的完善，而目前农村直播电子商务平台在农产品电子商务的金融支持、人才培训方面还缺少专业配套的支持体系。

（4）农村本土主播专业化技能欠缺。主播作为一场优秀直播的灵魂，在网络直播中起着举足轻重的作用，直接决定着能否吸引更多流量，提高询单转化率。因此，主播需要掌握较高的直播专业技能。首先，主播需要具备形象好、口才佳、语言专业性强、有亲和力等前提条件，同时还要对直播产品的内容、属性、特点综合了解，在回答客户问题时做到回复及时、准确。而农村本土主播大多半路出家,缺乏网络直播语言技能的训练,缺乏客户沟通技巧和销售语言技能,甚至有的直播只有画面而不见主播。其次,直播的画面要能增强用户的视觉体验,而很多农产品的直播画面简单粗糙,缺乏视觉营销意识。最后,也是更为关键的,要对直播活动进行设计,与用户进行充分互动。这是直播中的点睛之笔,可以激发消费者的潜在购买欲望。为吸引、转化流量,直播间要提前进行活动的脚本设计和策划,可以科学地开设多种形式的活动,例如,评论留言领取优惠券、点赞领取优惠券、关注送红包、整点秒杀、限时抽奖等活动形式,有效减少店铺的跳失率。反观一些农产品的直播间,只有单一、重复的农产品种养殖展示介绍,店铺活动类型单一,缺少与用户的互动,很难真正做到吸引并留住用户。

(5) 物流配套设施不完善。近年来,国家虽然在农村物流基础设施建设方面有较大投入,但局部地区、局部时段仍旧存在产品"买难""卖难"的突出问题,尤其是偏远农村地区,电子商务物流网点仍非常少。而农村电子商务中商品主要是农产品或农副产品,对物流的要求比较严格,目前,农村电子商务主要以公路运输为主要交通方式,运输过程中生鲜农产品因为路况的损失在所难免,尤其是鲜活农产品的冷链运输设备投入较少,需要建立完善的冷链物流体系。并且农村地区居民居住比较分散,物流运输的"最后一公里"难题始终未能完全得到解决。

3. 农村直播电子商务的发展对策

农村直播电子商务本质上是通过网络段视频进行直播营销,为商家达到品牌推广或产品销售的目的所进行的营销活动。必备的特征包括以营销为目的、以直播为方式、以线上为平台(不包括传统的电视直播)。因此,要破解农产品直播电子商务的发展瓶颈,可从营销策略、线上平台、主播配备及相关的配套物流供应链设施方面入手。

(1) 开展内容营销,提升农产品销量。电子商务直播的核心是直播的内容及商品的质量,要引起消费者的注意,激发消费者的购买欲,必须从这两个方面入手,这样才能更好地提高产品的营销水平和推广质量。而内容化是电子商务平台的主要方向,电子商务的内容化,就是要把产品或品牌的调性、风格做得专业、好玩、有趣、有灵魂,呈现这些的具体过程就是内容化。表现形式可以是文字、图片、短视频、直播、VR/AR 等。农产品经营者应该想办法通过内容让消费者从更多维度上喜欢和追随,至少让某一类消费者爱上你,可以很幽默、很好玩、很小众、很有才,这些皆内容。

首先,要呈现农人、农产品真实的状况。在农产品与直播、短视频结合的过程中,只要把真实的生活用流媒体的方式呈现给消费者即可。在淘宝直播的村播栏目中,与大众印象中光鲜亮丽的网红主播不同,大嗓门、无滤镜、不加修饰、浓重的口音似乎是很多村播的特色,甚至越土的村播人气越旺。直播的场景也不是在精心设计的直播间里,而是在田间地头、竹林果园、鱼塘海边或是自家后院。真实的、原生态的产地环境,容易让用户产生丰富的联想,进而对产品产生好感。农产品直播就是要把真实的农村场景呈现出来。

其次,围绕产品讲出农产品真正的卖点。农产品相对来说,都具有比较特殊的特点,无论是基于地域的土特产,还是基于品种的稀罕性,或是基于生长环境的独特口感,都是很鲜明的卖点。还可以向消费者输出一些农产品的口感、农产品怎么做才能更好吃等这样的内容,充分展现农产品的价值。

再次,要呈现农人的故事,与产品相关的人的故事。例如,生产者的故事,其对品质的把握,对农业的坚持等这类故事。要在互联网上卖东西,一定是先做人,让用户真真切切感受到是在与一个活生生的人打交道,而不是在与一个冷冰冰的机器打交道。

最后,要呈现用户的故事,用户真实的反馈。现在的消费者对农产品的要求已经不仅仅是"吃饱肚子",还需要农产品有健康、安全、绿色、有机等因素,所以要确保农产品有这样的价值,并通过输出的内容来证明。对于用户来讲,任何广告都抵不上朋友之间、用户之间真实的口碑传播。所以,一定要把与用户之间互动的故事,用户的真实口碑当作重要的内容来告诉其他用户。还可以组织一些高水准的活动,容易让用户形成对品牌的正面印象,也能增进同业之间的互动交流。而这些活动也能够让用户对产品有直观的感受和认识。

(2)打造优质农产品品牌,提升用户黏性。农村电子商务从业者需要增强媒体意识,提高电子商务营销水平和能力,打响农产品品牌知名度,致力于推进农产品标准化、品牌化建设。农产品竞争力的核心是自身价值的较量,基础层次的竞争是质量竞争,口感、外观皆优质的农产品销量会更好;深层次的竞争则是产品品牌价值和文化内涵的塑造,商家要树立品牌意识,为农产品赋予特殊的文化故事,建立独有的优质品牌。

首先,在产品的选择方面,要选择有地域特色的农特产品。在此基础上,产品最好是品牌农产品,有区域品牌或公共品牌,最好有区域品牌,如五常大米、烟台苹果,它们本身就已经有了区域品牌标签,再进行网络直播销售,更容易促成消费者购买。此外,有区域品牌的农产品更能获得消费者的信任,因为有品牌符号,消费者对产品的安全性是非常有把握的,这样直播效果才会更好。

其次,要重视产品的包装。结合绿色环保理念,不仅要注重包装的作用和美感,更要结合产品自身的特点,设计出有创意的特色包装。

最后,要重视售后服务。客户在线上购买农产品更注重产品质量与售后服务,初次购物体验满意的客户回购率较高,因此,购物体验很重要。为给顾客营造良好的体验,在售后环节,发货时间、产品包装、顾客问题回复及顾客投诉都要指定专门的客服人员认真、耐心地处理。售后工作是农产品销售的最后一个环节,也是赢得顾客回购率和满意度的关键环节。

(3)选择有效的直播平台,利用大平台快速引流。直播电子商务生态中最具有代表性的3个平台是抖音、快手、淘宝网,其中淘宝直播目前是其中更具效率、客户认可度较高的一种模式,依托于淘宝网的庞大流量,平台将"人、货、场"紧紧地连接在一起,是众多直播电子商务平台中带货能力最强的。首先,淘宝网平台主播进入门槛较低。相比于抖音、斗鱼、快手等娱乐性直播平台,淘宝直播平台对主播形象和个人才艺没有限制。主播相当于导购,只要产品讲解到位得到消费者的认同,消费者就会购买。作为农产品直播主播,消费者更愿意看到一个真实、自然且对农产品十分了解的主播。其次,淘宝平台相关配套规范、完善,农村淘宝基于淘宝平台及其背后的阿里系电商生态,当农产品遇到金融、支付及物流配送等方面的问题时,平台可以提供条件予以解决,并采取了有效的规避风险措施,既能调动商家的积极性,又能避免商家和用户的损失。绿色、安全、健康的农业一直是深受大家喜爱和倡导的,因此,农产品直播只要做到了真实可靠,富有感染力,根据自身需求选择一个适合自己的直播平台即可。

(4)培育乡土"网红"主播,提升直播带货能力。尽管"主播+县长+明星"模式取得了优异成绩,对于大多数小卖家来讲,用有限的经费与直播界头部网红合作并不现实。要实现农产品直播长期可持续发展,还需要培育一批优质的农民主播,不断提高他们的互联网意识,提升在直播内容方面的竞争力。当农民主播有了自己的"粉丝"号召力,将逐渐削弱平台和明星对用户引流的局限性，实现农民"自己带货"的目标，拓展农产品销售的广度与深度。

首先，政府要充分发挥主导作用。政府应积极孵化当地优秀农民主播和运营人才，采用请进来和走出去相结合的方式培育农村直播电商引领者，促使他们接受先进的理念和技术，然后请这些人来做平台服务方面工作，再影响其他人。同时，帮扶当地组建专业的电子商务直播推广、运营团队，塑造当地农产品的品牌文化和故事，构建一整套线上、线下相互融合的商业模式，实现自给自足的可持续电子商务脱贫攻坚目标。

其次，高校要加强社会培训与服务。高校要深化服务三农意识，利用人才优势开展社会培训，联合电商企业建立农村电商人才培训和实践基地。

再次，举办农村电商方面讲座，普及电商思维和知识。

接下来，通过举办短视频制作、直播技巧、农产品电子商务、网店运营等方面的短期实战训练班，深入农产品当地，手把手教学开网店，让更多农民和农产品上网，增加销售渠道，同时为农村地区培养输送更多具备直播电子商务专业知识和素养的高水平技术技能型人才。

最后，主播要形成鲜明的个性化、特色化。在"网红"经济时代，人们对主播的要求也越来越高。主播要有特色，能吸引用户，从而带来更多的流量。农村在选择和使用网络直播运营模式时，主播要结合自身的产品或服务、品牌、客户定位及区域特点形成自己的鲜明特色，在直播间加强与用户的沟通互动，使用户参与到直播节目中来，能留住用户获得用户的认同，增加用户黏性与依赖性，形成口碑效应，从而实现营销目标。

（5）加强物流设施建设，为直播电子商务发展提供基础。要推动农村直播电子商务的发展，使贫困地区的农产品进城，最需要的就是快捷的物流网络。这一网络不仅要覆盖乡村，也要保证农产品的鲜活送达。

首先，政府要加强宏观调控，合理规划乡村道路建设，尤其是完善偏远山区的交通体系建设，并进一步完善农产品主干道运输体系。要主动与互联网企业合作，引入脱贫致富的新力量。

其次，要加大对农村现代智慧物流体系的规划和建设，提高农村物流基础设施建设水平，渐渐形成物流企业向城市边缘农村地区进军的物流园区发展格局。提高农产品的物流输送速度和效率，为推进农村地区电子商务可持续发展提供物流支持。2020年2月，中央"一号文件"指出，要有效开发农村市场，扩大电子商务进农村覆盖面，支持供销合作社、邮政快递企业等延伸乡村物流服务网络，加强村级电商服务站点建设，推动农产品进城、工业品下乡双向流通。

最后，在农产品销售上，要建立市场导向的农产品生产体系，完善农产品网络销售体系，并加强产地基础设施和智慧物流体系建设，尤其在仓储管理方面，要推出专业化的冷链物流业务，将显著提高农产品运输效率和质量，从根本上解决农村地区物流仓储难题。

二、农村电子商务短视频与直播运营案例分析与应用

案例1

近年来，随着抖音、快手等短视频直播App的快速发展，手机也逐渐发展成为农民手里的"新农具"。

江苏连云港市海头镇的海脐村,在当地小有名气,被大家称为"网红村",虽然常住人口只有1 100户,但从事短视频直播的已经达到了两三百人。保守估计,连云港的带货主播总粉丝数达到1个亿。在快手搜索"海鲜"两个字,会发现江苏连云港的渔民基本占据了"半壁江山"。这些渔民"化身"成了主播,携手涨粉,每个人的视频类型风格都差不多,粉丝多的高达300多万个,其他也都有几十万个到百万个不等。一位叫作"彩云海鲜"的快手主播,没接触短视频前是一名渔民,每天早出晚归,一年的收入只有几万元,还要被渔贩赚走一些差价。2017年,他开始拍短视频,通过直播销售自己捕捞的海鲜产品,截至目前已经收获了269万个粉丝,捕捞的海鲜销往全国各地,年收入更是变成了原来的上百倍。据某平台数据显示,2018年,该平台全国播放量前十的乡镇中,海头镇的视频播放量达到165亿次,居全国首位。农民主播直播带货不仅改变了他们自己的人生,也带动了当地经济的发展,2017年,海头镇居民通过线上卖海鲜获得的收入已经接近3亿元。

试分析为什么农村做直播或短视频的人越来越多?

> **案例分析**

1. 直播能充分利用粉丝的好奇心理

由于地域及文化方面的差异,许多城市里的人很喜欢看农村里的生活,内陆的人会好奇海边人的生活。就像《向往的生活》《变形计》之类的综艺节目一样,大家对农村生活和各种奇特现象很好奇或向往,也更愿意看农村直播或短视频。以海脐村为例,很少有人有出海打渔的经历,而通过直播则能满足大家的好奇心。就是因为有了如此广阔的需求,也有了越来越多的人去参与,当有人开始在直播卖货获利时,整个村就会争相模仿。海脐村就是一个最典型的例子。

以"彩云海鲜"为例,主播会在镜头前使用夸张的表情和动作,把生鲜扔进已经沸腾的油锅里,生炸龙虾;或者在镜头前做出非常享受的表情,现场表演吃海鲜;有时还会拉上女儿为自己助阵,吆喝呐喊。"彩云海鲜"的快手主页中拥有小店功能,目前显示了60件海鲜商品,总销量高达13.8万件,单品价格在100元以上,如图8-4所示。按这个数据统计,"彩云海鲜"单单一个快手账号的总销售额就达到了惊人的1 380万元之多。

图8-4 "彩云海鲜"的快手账号

虽然像"彩云海鲜"这样做到几百万粉丝的渔民主播并不多，但在海脐村还有大量几十万粉丝规模的渔民主播，经常一场直播就能为他们带来上千单的销量，年流水轻松突破百万元。

直播与短视频，改变了这个海边小镇。

2. 投入成本相对较低

一台智能手机，一个自拍杆，一副耳机，就是做直播所有的投入成本。不需要复杂的设备，就可以随时随地进行直播，如今4G网络早已铺设到了每个村上，5G的脚步也日益临近。在海边也能保证顺畅直播，不需要什么其他成本投入，也让更多的农民、渔民加入到直播的行业。而且直播的门槛较低，不需要会说流利标准的普通话，只要对着摄像头把日常农活、出海记录下来就行。用最简单质朴的语言，记录下最真诚淳朴的乡村生活，并不会消耗过多时间，也不耽误日常农活。

3. 可带来额外的收入

在农村，家家户户都希望致富。如果农、菜农、渔民，本来销路就少，多数只能低价卖给中间商，有时也能看到"××地香蕉滞销"之类的新闻，而直播或短视频则可以成为一种网络经济，甚至比原本种果树、捕鱼更赚钱。

在直播中，可以直接销售农渔产品，不仅可以拓宽销路，还能避免中间商赚差价，从而增加了农民的收入，而当主播积累了一定的粉丝，通过粉丝打赏甚至接广告的方式都能带给自己额外的收入。

90后村民张秀超和张秀玲兄妹本在外地工作，去年才选择回海脐村创业拍短视频卖海鲜。妹妹以村花的形象出现，因为其小清新的风格瞬间成为网友追捧的对象，目前一个视频点击量是数十万，一个视频最多能带来上千个订单，转化率非常惊人。如今两个人已经发展成为一个拥有20多人的团队，从拍摄视频到最后发货，全部由团队完成，没有中间商经销商赚差价。目前，一个月的流水能达到300万元，即便按照10%的利润计算，年收入都超过300万元，如图8-5所示。

图8-5 "海鲜女孩张可爱"的快手账号

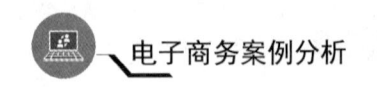

4. 年轻人易接受新鲜事物

如今在农村做直播或短视频的大多是年轻人，相对于上一辈的人来说，90后为主的他们原本就对诸如抖音、快手之类的App感兴趣，相对来说也容易接受新鲜事物。通过直播卖货不仅可以帮助到父母，还可以出名，受到观众的喜爱，也更加激发了他们进步的动力。在渔船聚集的海脐村码头，随处可见正在直播的年轻人，在这里基本都是父母出海打渔，儿女负责直播卖货的模式，分工明确，各司其职。

5. 直播的视觉感染力强

如今，抖音、快手等各类短视频应用已融入大部分人的日常生活。上下班通勤路上刷一刷，吃饭时看一看，随时随地都能看见行人低着头刷短视频。短视频App从某种意义上说，已经逐渐走入了大家的日常，上至老人下至小孩无一例外。而且相比传统的导购模式，短视频直播的带货感染力更强，主播亲自食用或使用产品，能够让客户拥有更高的信任感与体验感。

对于零食、水果、海鲜，这类单价不高又容易引发人冲动消费的商品来说，很多人购买的目的其实就是图个高兴，也更容易下单。

农村电子商务正逐渐成为新的风口。马云曾经说过"未来20年，中国和全世界的农村都必须拥抱互联网、拥抱数字经济"。如今手机已经逐渐成为新一代"农具"，直播也成为新"农活"。过去渔民、果农想要售卖自家产品只能卖给中间商，农民自己得到的利润很少，销量也不高。而随着抖音、快手等短视频直播App的崛起，农民通过直播带动农产品的传播和销售，对农民的辛劳成果不被浪费，有着很大的帮助。不仅能帮助农民脱贫致富，更关键的是帮助农货找到销路。

当然，目前整个电子商务直播行业还不完全成熟，未来还需要平台做出更多规范和监管，并且平台方要平衡好消费者、主播和平台自身等多方的利益。可以说，直播为电子商务带来了一片蓝海，充满着无限可能。

案例 2

2020年4月21日，柞水木耳成了最火的商品。当天晚上，2 000万网友冲进淘宝，3个淘宝直播间同时开售。"宝宝们，没有货了，我们县的木耳都被你们买完了！感谢热情的网友们！"晚上9点15分，柞水县副县长张培面对着直播镜头非常激动。此时她正在当地农民主播李旭瑛的淘宝直播间，与淘宝主播李佳琦连麦。差不多同一时间，另一位淘宝主播的直播间里，24吨柞水木耳也被抢光。累计300万元，相当于柞水县去年全网4个月的线上销量。有网友留言："淘宝直播一夜，柞水木耳4个月。"

中国网红千千万，头部玩家寥寥无几。试分析农产品直播该怎么做才好？

> **案例分析**

农村直播电子商务是农业和直播电子商务结合的新生产物，想要做好农产品直播，必须从实际出发，弄清农产品直播的难点和优势所在。面对农产品直播这一新生事物，必须有创新意识，想出"新、奇、特"的点子才能出奇制胜。同时也要做好最充分的准备才能在竞争中脱颖而出。

1. 农产品直播的难点

（1）没有名人（网红）。村镇里能接触到网红的机会很少，就算找到了网红公司，其价格也令村镇知难而退。

(2) 平台方面。不管是快手、抖音，还是淘宝网，都已经有成熟的直播制度、实力和流量，再加上微信最近推出的视频号。这么多的平台，该如何选择是个难题。

(3) 直播经验。很多卖家都没有做过直播，对于直播的操作方式并不清楚。

2. 农产品直播的优势

(1) 新、奇、特。例如，如何分辨西红柿有没有打催红素、什么样的西瓜更甜、怎样的小龙虾是干净的等。这些新奇特的知识，让从小在城里长大的消费者产生了猎奇心理。不仅可以使用这些知识进行互动，还可以让消费者产生信任感，长期消费。

(2) 资源的高质量和价格优势。产品和服务是直播的核心竞争力。乡村作为部分产品的源产地，对产品的质量和价格可以提供更优势的保证。日本市场的农产品包装上除了印有产品名称和产地，还有生产者的名字，甚至农夫的照片，就是为了让消费者对产品更有信心，乡村直播也是一样的道理。

3. 如何做农产品直播

(1) 明确直播的目的。一般直播目的有两种，一种是增加粉丝，另一种是直播带货。目的不同，过程和方法也不同。但也不是必须严格按照方法走，不同的目的也可以存在交集。

通常直播平均用 20～30 分钟来讲解演示，然后用 5～10 分钟重复直播目的：希望售卖的产品或消费者互动能够得到的好处。节奏的把控很重要，这也是专业主播和业余主播的本质区别。

(2) 直播前的准备。

① 明确和熟记自己的产品卖点。

要清楚自己要卖的是什么，送的是什么。建议新手准备直播稿或者事先排练。

② 需要准备至少两部智能手机。

1 部用来做直播，1 部用来和粉丝进行文字互动。

③ 人员配置。

一个直播间标配：主播+副播，两个或两个人以上配合，效果更好，开播中放音乐衬托直播间氛围。

④ 直播工具。

直播灯（户外不用）+直播架。

⑤ 开播的时长。

开播的时间要明确，要守时。

⑥ 礼品赠送方式和时间。

观看粉丝是很在意礼物形式的。要想吸引人，一定要让人先留在直播间，否则光看主播聊天，对产品没有需求的客户流失率非常高。

(3) 预热与复盘。

① 做好前期预热。

并不是等直播开了就坐等用户进来，而是需要在前期主动出击。多渠道宣传，这里有两个常见的误区。首先，渠道很重要，不能只发微信公众号推文及朋友圈，一定要注意多渠道，如村镇的合作单位（员工群和朋友圈）、村镇广播等都是可以利用的渠道，越多越好。其次，要合理设计海报。很多直播的海报突出"村长/老总直播"，过多体现个人或村镇形象，这是不可取的。卖家要做"增量"而不是"存量"，想吸引的目标客户群可能并不关注是哪个村长或者老总直播，而更注重的是产品（是不是想买，或价格是否有优势），因此，产品在海报上的地位才是核心，其次是礼品，最后才是个人。

② 做好直播复盘。

关掉直播间并不代表这场直播就此结束，要有复盘的过程。如直播的效果好或不好，是哪个环节表现得到位或失常。直播后的二次宣传也非常重要。二次宣传的内容可以是正常直播的回顾，或是直播中发生的趣事，也可以是粉丝中奖的介绍。目的是唤起本次没有来直播间的粉丝，下次一定要来。

4. 最重要的是坚持

不难发现，抖音、快手上有很多"昙花一现"的网红，他们或许通过短视频在短时间内引起了很高的热度和众多的模仿，但是做了直播也能成功延续热度的却越来越少，大多都放弃了。由此可见，直播是个低成本低门槛的技术活，它的大门向所有人敞开着。

"农产品直播电子商务是破解农业小规模生产与大市场矛盾的利器。"重庆工商大学教授沈红兵表示，农业生产者更了解自己的产品，因而其直播带货很多时候比明星代言更具有说服力，在网络直播平台上能更顺畅地与潜在消费者互动，获得更多的销售机会。未来直播电子商务很可能会成为不少农民的新身份，推动农业产业的发展、推动乡村振兴。时代在变，成功靠的是坚持，这点不会变。

▌任务评价 ▶▶▶

请填写农村直播电子商务运营案例学习任务评价表（见表8-6）。

表8-6 农村直播电子商务运营案例学习任务评价表

班级		学号		姓名	
角色		○ 组长	○ 组员	完成时间	
任务		完成情况记录			
		学生自评		生生互评	教师评价
评价占比（自设）		%		%	%
理论学习得分					
技能训练得分					
任务完成得分					
任务创新得分					
总评					

▌拓展练习 ▶▶▶

农村直播电子商务作为一种新兴模式，其超强的引流和转化能力更是得到了市场的考验。怎样才能在电子商务直播卖爆农产品？

项目九
电子商务支付与认证案例

在电子商务活动中,电子商务支付是其非常重要的环节。虽然电子商务可通过传统的支付方式进行,但是在线支付、电子现金、IC 卡、信用卡等电子支付方式显然有着更大的优越性。因为它们比传统的支付方式更加方便、快捷,已经演变成为电子商务能否顺利发展的关键因素之一。在电子商务的交易中,电子支付安全系统具有十分重要的地位。可以说,支付安全是整个电子商务安全的瓶颈,而支付安全的实现是基于信息安全技术的。本项目以支付宝、微信和天威诚信为例,讲解其发展历程和特点,并针对在使用中的典型案例进行解析。

任务一

支付宝案例

任务描述

使用支付宝的用户需要对其功能有基本的了解，知道支付宝网购的交易流程和其商业模式，并了解支付宝中常见的诈骗手段。

学习目标

1. 对支付宝有基本的认识；
2. 了解支付宝逾期不还产生的严重后果；
3. 掌握"支付宝诈骗"的防范对策，避免不法分子通过支付宝进行的诈骗活动。

思政目标

辨别微信支付诈骗的方式和特点，注意网络安全，树立"没有网络安全就没有国家安全"的大局意识。

任务分配

本任务分 3 组进行，每组由 1 位组长和若干组员构成，组员在组长的带领下，根据【任务准备】模块的引导问题进行任务分工，了解支付宝发展历程，分析支付宝发展所面临的机遇与挑战及了解支付宝中常见的诈骗手段，请填写表 9-1。

表 9-1 支付宝案例学习任务分配表

班级		组号		组名	
角色	姓名	学号	任务分工		
组长					
组员					

任务准备

引导问题 1：支付宝逾期不还会产生哪些严重后果？
引导问题 2：消费者如何避免不法分子通过支付宝进行的诈骗行为？

任务实施

一、认识支付宝

支付宝(中国)网络技术有限公司是国内领先的独立第三方支付平台,是由阿里巴巴集团创始人马云先生于 2004 年 12 月创立的,支付宝致力于为中国电子商务提供"简单、安全、快速"的在线支付解决方案,并且从 2004 年建立开始,始终以"信任"作为产品和服务的核心,这样不仅从产品上确保用户在线支付的安全,同时让用户通过支付宝在网络间建立起相互的信任,为建立纯净的互联网环境迈出了非常有意义的一步。支付宝提出的建立信任,化繁为简,以技术的创新带动信用体系完善的理念深得人心。6 年不到的时间内,为电子商务各个领域的用户创造了丰富的价值,成长为全球最领先的第三方支付公司之一。支付宝创新的产品技术、独特的理念及庞大的用户群吸引了越来越多的互联网商家主动选择支付宝作为其在线支付方式,涵盖了虚拟游戏、数码通信、商业服务、机票等行业,这些商家在享受支付宝带来的便捷服务的同时,还拥有了一个极具潜力的消费市场。支付宝以稳健的作风、先进的技术、敏锐的市场预见能力及极大的社会责任感,赢得了银行等合作伙伴的认同。目前,国内工商银行、农业银行、建设银行、招商银行、上海浦发银行等各大商业银行及中国邮政、VISA 国际组织等各大机构均与支付宝建立了深入的战略合作,不断根据客户需求推出创新产品,成为金融机构在电子支付领域最为信任的合作伙伴。

知识链接:
支付宝盈利模式

二、支付宝案例分析与应用

案例 1

▶ **案例描述** ▶▶▶

上海小伙小李由于创业需求,在支付宝中借了 38 000 元,分 12 期还款,结果从第一期就开始逾期,如今最长已经逾期 100 多天了,小李原本以为没事,只要到时候全部还上就行了,结果看到罚息 1 919 元的时候,一下子懵了,原来罚息和利息是分开来计算的,这么算下来,总成本就太高了。作为支付宝的用户,小李想知道逾期还款会有什么后果,以及逾期起诉该如何处理。

▶ **案例分析** ▶▶▶

借款程序只需要动动手指头就可以得到一笔金额不低的贷款,因而从某种程度上助长了提前消费的风气。那么,支付宝逾期不还都有哪些严重后果?

1. 直接影响

(1)无论何时使用支付宝都会被自动扣款。

(2)逾期会短信通知,电话催款。

(3)逾期罚息。逾期之后会产生利息,如果要恢复逾期,需要连本金和手续费一起缴纳,才会恢复。

(4)降低芝麻信用分。不仅自己的芝麻信用分会受到影响,还会牵连亲属朋友,个人信誉也会降低,芝麻信用分低于 600 分。换句话说,花呗逾期上"征信",但此处的

"征信"指的是芝麻信用。对于花呗连续逾期多个月不还的,支付宝可以把逾期记录上传到央行的征信系统,个人信用报告里有逾期记录对于今后的信用生活影响较大,直接关系到信用卡申请、贷款申请等。

(5) 影响贷款和申卡。由于信用记录不良,对贷款买房买车都会造成很大影响,银行分期的利息也可能由于信用记录不良而产生更多费用。再次申请信用卡可能会很难,就算审批下来,额度可能也会很低。

(6) 重则起诉责罚。花呗逾期还款轻则额度降低,重则会被起诉。花呗逾期不还款严重的话可能会被起诉,就像信用卡恶意透支一样,可能构成信用卡诈骗罪。花呗逾期不还款实际上是一种违约行为,蚂蚁花呗的主体运营公司可依据双方的服务合同,将逾期者起诉到人民法院,判决生效后可以向人民法院申请强制执行。

2. 长期影响

(1) 买房子,买车子贷款难办,就算办下来,额度也会很低。
(2) 无法享受高芝麻分的好处,如免押金租车等。

现如今,随着时代的进步,各种现代化软件急速地改变着人们的生活方式。就连借款都可以通过支付宝上的蚂蚁借呗。但在现实生活中,有一部分人觉得通过网上借的款不进行偿还也没关系。这种想法是不对的,逾期不还有可能会被起诉。

无论数额多少,只要存在欠款的事实,债权人都可向人民法院提起民事诉讼,要求偿还欠款。人民法院在收到起诉材料后,会在七日内决定是否受理、立案。对于不予受理的,会做出裁定书;若对裁定不服的,可以提起上诉。受理立案后,适用普通程序的,人民法院会在立案之日起六个月内审结,有特殊情况的,经批准可以延长,并会出具延期审理通知书。人民法院在审理结束的,会依法判决并出具民事判决书;判决书中会写明判决结果和做出该判决的理由。当事人若对判决不服,可在收到判决书十五日内向上一级人民法院提起上诉。

习近平总书记在中共中央政治局第三十七次集体学习时强调:"对突出的诚信缺失问题,既要抓紧建立覆盖全社会的征信系统,又要完善守法诚信褒奖机制和违法失信惩戒机制,使人不敢失信、不能失信。对见利忘义、制假售假的违法行为,要加大执法力度,让败德违法者受到惩治、付出代价。"因此,我们应该树立诚信的道德品质,借钱要按时还。

案例2

案例描述

4月初,李丽(化名)向芜湖警方报案称,其用计算机上网,准备为自己的支付宝进行升级处理,通过百度搜索查询"支付宝人工客服电话",获知一个号码,便与该电话联系。对方以"余额宝"转账到自己的"支付宝账户余额"的方式,获取了李丽的信任,随后以"转账才能激活支付宝"为由,先后让李丽通过银行ATM机及网银,共计汇款17.2万余元。对此,作为消费者如何避免关于支付宝的诈骗活动?

案例分析

随着网络的普及,网上购物使大多数民众感到方便快捷又实惠。因此,网上支付也日渐成为一种较为普遍的支付方式。然而,一些不法分子也利用部分群众对网上支付业务的不娴熟,频繁地实施支付宝诈骗犯罪活动。特别是针对当今,阿里巴巴、淘宝网、天猫等网购十分盛行,很多买家在对支付宝交易充分信任的同时,混淆支付宝交易和支付宝担保交易的概念,致使买家上当受骗。

此类诈骗的技术含量较高,因此容易让人上当受骗,危害性很大。普通支付宝交易是买方将货款先打入支付宝账户,待收到货物后单击"确认收货",输入交易密码完成转帐。只有在买家"确认收货"或交易超时后,淘宝才会自动打款给卖方,整个支付流程至少7天。支付宝担保交易则是买方将货款先打入支付宝账户,做好担保交易,在3天内不管买方是否收到货物,只要买方未提出申请退款,支付宝自动默认买方已收到货物并确认支付。骗子就是利用支付宝担保交易的漏洞来骗取买家的货款。首先,其通过QQ或自制网站提供热销商品,当买方与其取得联系并谈妥商品数量和价格后,提出使用支付宝担保交易,利用买方对支付宝的信任,诱骗其将钱打入支付宝账户,但三天内骗子并未发货,而买方因不熟悉担保交易流程未申请退款,之后,支付宝就自动确认交易完成支付转账。

1. "支付宝诈骗"常见模式

(1)"卖家"利用支付宝进行诈骗。在网络交易中,由于买家对交易流程不熟悉、信息获得不全面,加之警惕性不高,常常处于弱势地位,更容易受到卖家的欺骗。就卖家而言,主要有以下4种诈骗类型。

① 卖家利用钓鱼网店骗取钱款。卖家先在淘宝网上建立虚假网店并发布廉价商品信息引诱买家,当买家联系卖家时,卖家要求买家直接从网上银行汇款到支付宝账号,然后又以种种理由拒绝发货或要求买家支付保证金、押金甚至在网上撤掉淘宝店等,待买家发现上当受骗后为时已晚。该类案件是买家遇到最多的一种诈骗方式,占所有支付宝诈骗案件的70%以上。

② 卖家要求买家确认收货进行诈骗。这也是利用支付宝进行诈骗常见的手段之一。卖家以极低的价格来诱惑买家,买家确认购买物品,待款项从买家账户划拨到支付宝之后,卖家选择已经发货并以种种理由要求买家确认收货。这时,只要买家一旦确认收货,支付宝就默认买家交易成功,买家查看账户时,由于交易成功,款项已经从支付宝转到了卖家账户。

③ 卖家提供商品与约定不符。网购出现纠纷,大多是因为商品描述和实物不符,卖方以次充好,欺骗消费者。据调查表明,网上买家认为卖家对销售商品的描述与商品实际情况(颜色、品牌、品质等)有偏差,占了网上购物投诉总量的15%。这类投诉主要有3种情况,一是卖家发错货,商品描述与收到货物不符;二是质量有问题,卖家承诺质量与到货质量不符;三是品质有问题,描述中卖家承诺是正品,但到货是仿品。

④ 卖家虚假抬高信用度。支付宝交易流程的最后一个环节是买方在收到货以后,根据自己的满意度对商家进行评价,形成商家的信誉等级。在网络交易这样一个虚拟平台上,信用等级是买家选择是否购买此商铺商品的重要依据,信用等级高的商铺往往较值得信赖。可事实表明,买家对于这一信用等级也不能完全相信,因为许多商家会利用各种手段进行炒作,进行虚假交易,以提高信用度。甚至还有专门的公司应运而生,提供代为炒作,提高信用度的服务。有些卖家的信用涨得很夸张,一夜之间信用就能涨70多个,这显然是通过不正常的手段抬高的虚假信用度,有明显信用炒作迹象的卖家不值得信赖。

(2)"买家"利用支付宝进行诈骗。在支付宝诈骗中，80%的案件是卖方利用各种手段欺骗消费者，让买家上当受骗，另有20%的案件则是买方利用支付宝骗取商家货物、钱款。买家利用支付宝进行的诈骗主要有以下3种。

① 买家赖账。这是卖家遇到最多的诈骗方式。买家赖账有3种形式，一是收货后迟迟不给确认；二是收货后对货不满意或者不想要了，尽管不是因为商品存在质量问题，还是要求退货。卖家为了信誉不得不接受退货，还得倒贴运费；三是买家虽然顺利收到货物，在确认收货后不愿给卖家好评，尤其是虚拟物品，买家更容易赖账。

② 买家以"投诉卖家"的形式实施诈骗。犯罪分子通过网购交流工具淘宝旺旺，由两名作案人员上演"双簧"，在淘宝网络投诉卖家信用不好，无法使用支付宝进行支付，要求网络店主与投诉人联系以撤销投诉，而店主因急于生意成交，就与投诉人联系，继而被诱入圈套上当受骗。

③ 利用支付宝"担保交易"的漏洞实施诈骗。不法分子利用支付宝网站存在"担保交易"的漏洞，同时冒充买家和卖家，与不同的两个人交易，诱骗不知情的上下家进行"担保交易"，从中骗取账号密码。

(3)第三方诈骗模式。除了买卖双方，还有一类诈骗是除买卖双方以外的第三人，利用支付宝这一网络交易支付工具对买卖双方进行的诈骗。

① 利用假冒"支付宝"页面骗取账号、密码、钱款。目前很多网民都有过类似经历：通过百度搜索找到支付宝网站（假网站），该网站提供的链接进入一个与支付宝官网几乎没有区别的页面，用户输入了账户、密码甚至银行卡密码后，发现支付宝账户、银行卡账户内的金额不翼而飞。

② 利用"支付宝盗号木马"进行诈骗。近期，一款名为"支付宝盗号木马"的病毒相当活跃，已有不少网民在网购时被窃走了账号、密码等信息，并被盗取了账户内的钱款。该类案件已经给广大网购者带来了一定的经济损失。犯罪嫌疑人先以"实物图""库存表"等名义通过QQ、淘宝旺旺等工具将包含木马病毒的压缩文件"库存表.scr、实物图.scr"发送给买家或卖家，并说服、诱导受害人打开压缩包，激活木马，导致支付途径被转移，将本来应该转入支付宝的资金"劫持"转入嫌疑人控制的账户内。此外，由于支付宝自身系统也存在一定的漏洞，容易被黑客入侵盗取用户的信用卡账户、密码等，进行信用卡诈骗。

2. "支付宝诈骗"防范对策

(1)加强宣传引导、沟通和协作。针对现实案例，要充分利用广播电视、网络等各类媒介向广大群众进行宣传，尤其是向网购群众讲解网上购物的操作流程、支付宝网银卡的使用说明等，提醒民众保护好银行卡信息不被泄漏，提高自身防范意识和抵御此类诈骗犯罪的能力。同时，要加强与银行、电信等相关部门的沟通和协作，在其官网的醒目位置要对"网络购物诈骗"进行安全防范提醒。在用户办理网上银行或开通网络、交纳网费的同时也要向其宣传网上购物的相关知识及防范诈骗的提醒，并将此作为部门办理该项业务的必备工作流程。

(2)规范双方必须严格依照程序进行交易。在交易过程中，交易双方应随时更新淘宝交易中心状态的页面，页面上会清楚地显示交易进行到了哪一步，买方有无打款、卖方有无发货、买方有无收到货、何时到达等各类信息。当买方在购买商品后货款将存入支付宝，暂时由支付宝保管，买家收到货物并确认后，支付宝才将货款存入卖家账户，期间有 15 天的时间限制,如不满意可申请退款。如果发货后付款方逾期不确认收货,也没有申请退款,则默认交易成功,支付宝会自动将货款划拨给收款方。一些骗子为了规避支付宝的监管,设法引诱买家到其他网站或者使用支付宝之外的付款方式付款,借机行骗。因此,那些在实际交易中拒绝使用支付宝交易、要求直接打款的(买)卖家,十有八九是骗子。

(3)支付宝公司应加强对申诉环节的处理。买卖双方在使用支付宝过程中产生纠纷是一件很正常的事,然而对于占大多数的纠纷数额不大、没有达到刑事犯罪立案标准的纠纷来说,这时候最需要的就是一个公正的、能够解决纠纷的第三方。支付宝平台虽然也提供了纠纷处理的服务,但因为实际交易中取证困难等多种原因,许多交易都难以裁判,常会造成仲裁的拖延和错误裁决,让按照程序交易的一方蒙受不必要的损失,也给了骗子可趁之机。因此,作为提供支付平台的支付宝公司来说,应该加大技术方面的投入,运用技术手段、完整地记录交易等各方面细节,以应对可能发生的纠纷。同时,要提高处理纠纷的效率,缩短处理周期,在短时间内给交易双方一个公平满意的答复。

(4)防范钓鱼网站。当前网络技术越来越发达,钓鱼网站的制作越来越精美,其仿真程度也越来越高,让人难以辨别真假,但细心观察其中的细微差别还是能够被发现的。登录之前,一定要先检查浏览器中的网址,确保其在支付宝的网页上。如果要单击电子邮件中的链接,则要先确认浏览器中显示的网址和电子邮件显示的一致,如果支付宝登录网址中第一个斜杠前面没有立即出现"alipay.com",就不能输入支付宝用户名和密码,如果网址中斜杠前包含其他字符如@、下划线等,那么该网站就绝不是支付宝网站,对包含附件和链接的电子邮件也要多加小心。支付宝不会向用户发送包含附件的电子邮件,也不会要求用户在一个不能访问到支付宝的网页上输入信息。此外,支付宝公司联系用户一律使用公司的固定电话,对外电话显示区号为 0571,任何时候都不会使用手机联系用户,并且工作人员都会向用户报上自己的客服编号;支付宝向用户发出的电子邮件中只会称呼用户的会员昵称或者真实名字,而不会仅仅显示"亲爱的用户",知道这些细节并在使用中多加注意,就可以有效地防止假冒支付宝的电子邮件和网站了。此外,用户还可以采取访问控制、授权、身份认证、防火墙、加密存储及传送等各类手段,及时更新升级杀毒软件,以保证计算机的安全。

(5)职能部门加强监管。公安机关和相关职能部门更要加强对网站管理,对实施诈骗的店铺及时进行查封整顿,防止网民二次被骗。此外,还要督促淘宝网等严格网上开店的资格审查,准确采集店主的真实身份信息等,为今后的侦察破案提供线索。

任务评价

请填写支付宝案例学习任务评价表(见表 9-2)。

表 9-2 支付宝案例学习任务评价表

班级		学号		姓名	
角色	○ 组长　○ 组员		完成时间		
任务		完成情况记录			
		学生自评		生生互评	教师评价
评价占比(自设)		%		%	%
理论学习得分					

（续表）

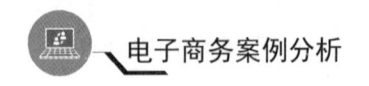

任务	完成情况记录		
	学生自评	生生互评	教师评价
技能训练得分			
任务完成得分			
任务创新得分			
总评			

拓展练习

1. 小郭在支付宝上的分期借呗、花呗一直没还款，一天突然收到短信，说合同违约，终止合同，要求全额还款。然后，一个律师事务所打来电话，说应支付宝委托，向他催款，限时几天内还款，同时芝麻信用分从 700 分一下子掉到 470 分。逾期还款对小郭以后还会有哪些影响？

2. "您注册支付宝时填写的是学生信息，现支付宝被国家银监会约谈，国家要求不能给学生使用支付宝，为了不影响您正常使用，请问您需要我这边帮您操作更改信息吗？"近日，张店的杨女士接到自称是支付宝客服的来电，被诈骗了 20 余万元。请问该如何识别并规避支付宝支付中的诈骗行为？

任务二

微信支付案例

任务描述

微信支付是由腾讯公司移动社交通信软件微信和第三方支付平台财付通联合推出的移动支付创新产品。作为当今主要的电子商务支付方式之一,有必要了解微信支付存在的风险,以及规避方法。

学习目标

1. 了解微信支付的基础知识;
2. 了解微信支付常见的诈骗套路和特点有哪些;
3. 掌握规避微信支付存在的风险的方法。

思政目标

掌握微信支付诈骗的方式及特点,坚持以人民为中心,建设法治中国。

任务分配

本任务分 3 组进行,每组由 1 位组长和若干组员构成,组员在组长的带领下,根据【任务准备】模块的引导问题进行任务分工,了解微信支付常见的诈骗套路和特点,微信支付中存在的风险,探讨如何规避微信支付存在的风险,并填写表 9-3。

表 9-3 微信支付案例学习任务分配表

班级		组号		组名	
角色	姓名		学号	任务分工	
组长					
组员					

任务准备

引导问题 1:微信支付常见的诈骗套路和特点有哪些?

引导问题 2:微信支付存在哪些风险?

引导问题 3:如何规避微信支付存在的风险?

任务实施

一、认识微信支付

微信支付是腾讯集团旗下的第三方支付平台，一直致力于为用户和企业提供安全、便捷、专业的在线支付服务。以"微信支付，不止支付"为核心理念，为个人用户创造了多种便民服务和应用场景，为各类企业及小微商户提供了专业的收款服务、运营服务、资金结算解决方案及安全保障。企业、商品、门店、用户已经通过微信连在一起，让智慧生活变成了现实。

微信支付已实现刷卡支付、扫码支付、公众号支付、App 支付，并提供企业红包、代金券、立减优惠等营销新工具，满足用户及商户的不同支付场景需求。

二、微信支付案例分析与应用

案例 1

案例描述

徐女士在微信群中认识的一个朋友向她介绍了一款抢红包神器，称可以设置自动抢红包及降低小包概率。徐女士听后很心动，就花 350 元购买了这个软件并安装到手机上。第二天徐女士登录微信发现一万多元余额被转走。作为当今十分普及的支付方式，微信支付常见的诈骗套路和特点有哪些？

案例分析

微信作为一种新兴的移动通信社交平台，自上线以来，因其具备社交、支付等多种功能，且操作简单便捷，迅速累积了数以亿计的用户。然而，社会上也有一些不法分子盯上了微信，利用其实施诈骗。

1. **几种常见的微信诈骗套路**

（1）情感诈骗。一般骗子都会把自己伪装成"高富帅"或"白富美"，加为微信好友后不断搭讪，慢慢骗取对方信任，然后以各种名义骗取其钱财。

（2）代购诈骗。骗子会伪装成低价代购或海外代购，等对方付款购买后，用各种理由让其继续加钱，而等受害者付完钱后，骗子、货、钱都会集体消失。

（3）二维码诈骗。通过赠送或购买低于市场价的产品等方式，吸引受害者扫描指定二维码。一旦扫描，病毒和木马程序就植入受害者的手机了。

（4）爱心传递诈骗。骗子一般会发布很多虚拟的扶贫爱心帖子，然后通过朋友圈、微信群传播，而他们留下的联系电话极有可能是吸费电话。

2. **微信诈骗案件有什么特点**

（1）借助微信进行情感诈骗。通过微信的社交功能或者线下互加号码等方式，骗子与受害人通过微信聊天，线下见面，逐步与受害人确立男女朋友关系后，打消受害人的防备心理，构建起情感"牢笼"，再伺机作案，骗取受害人钱财。犯罪嫌疑人刘某通过办理银行业务认识并添加了受害人杨女士的微信，经过频繁的微信聊天和线下见面，与受害人确立恋爱关系。恋爱期间，刘某借用受害人信用卡以编造开店、买设备等谎言，骗取杨女士的现金及 6 张信用卡总计消费人民币 70 万余元。

（2）以花样百出的身份"包装"诈骗。有的嫌疑人通过虚构高等学历、高薪职业等方式，将自己伪装成"高富帅"或"白富美"，"美化"身份骗取受害人的好感和信任，再实施诈骗。被告人张某以"张淼"的虚假身份与受害人王女士在微信聊天中谎称自己是研究生毕业，任某银行信贷部主任，获取王女士信任后，骗取其3万余元人民币及苹果手机一部。有的嫌疑人冒充外籍人士，如被告人张某某冒充外国人，谎称自己在中国当翻译。有的骗子为吸引男性，通过变声软件将声音变成女声，骗取对方钱财。如被告人崔某在与受害人李先生线上接触中，通过变声软件将自己的声音变成女声，先后冒充两名女性与受害人谈恋爱，以支付医疗费、交房租为由骗取受害人的钱财，都是通过银行转账、微信红包等方式向其转账。

（3）不法分子作案后多拉黑、删除受害人。不法分子多在诈骗成功后或通过注销账号，或通过设置黑名单、扔掉手机卡等形式删除受害人，给受害人维权带来很大难度。如被告人李某以理财名义骗取受害人田某人民币2万元后去了大连，田某试图用各种方法都联系不上李某。

2021年4月9日电，习近平总书记近日对打击治理电信网络诈骗犯罪工作做出重要指示，要坚持以人民为中心，统筹发展和安全，强化系统观念、法治思维，注重源头治理、综合治理，坚持齐抓共管、群防群治，全面落实打防管控各项措施和金融、通信、互联网等行业监管主体责任，加强法律制度建设，加强社会宣传教育防范，推进国际执法合作，坚决遏制此类犯罪多发高发态势，为建设更高水平的平安中国、法治中国做出新的更大的贡献。

案例 2

案例描述

胡女士和林先生是微信好友。2018年8月11日，胡女士按林先生的电话要求，以微信转账的方式向其汇出借款2万元。林先生到期不还款，甚至一口否认借款的事实，胡女士没有借条，只好以微信转账截屏为凭提起诉讼。鉴于胡女士无法提供原始页面，截屏显示的收款人是网名，该网名与林先生目前的网名不同，无法确认是林先生，法院最终以证据不足驳回了胡女士的诉讼请求。微信支付存在哪些风险及如何规避这些风险？

案例分析

微信支付的出现虽然方便了广大用户，但是其作为新兴的移动支付具有一定的风险，如信用卡套现、洗钱、网络诈骗等，这些风险都在制约微信支付的发展，因此必须引起重视。

1. 微信支付存在的风险

（1）操作风险。网络支付都是收货后再确认付款，而微信支付却是先付款再收货，所以微信支付与传统的网络支付不同，这样的方式可能导致监管不到位，或避开监管部门的监管，对于客户非常不利。所以，微信支付的用户一旦在支付过程中遇到问题或诈骗，极有可能无法得到应有的补偿。因为没有合理的证据也无法诉诸法律手段，只能哑巴吃黄连，有苦说不出。并且微信支付的合同内容也不是用户所能决定的，用户只能接受其中的条款，这必然导致用户成为弱势群体，一旦发生问题，无法主张自己的权益。而且微信支付主要通过手机进行，一旦用户的手机丢失，并且设置的是不用密码支付，可能造成无法估量的经济损失。

(2) 合规风险。

① 洗钱风险和信用卡恶意套现。作为一种时下流行的借贷工具，信用卡在担保条件上的限制并未做严格要求，这就为一些投机谋取不法利益的人提供了可钻的空子，例如，"恶意套现"行为就是一种不法方式。恶意套现是持卡者通过将个人信用卡的信贷额度变现并且不予还款的方式来变相实现个人收入增长的一种行为。其不良影响是显而易见的，一方面，恶意套现直接损害了银行的利益，降低了银行的收入，损害了金融机构的利益；另一方面，从长远来说，这种行为会间接导致许多虚假交易，进而影响交易安全，给支付机构带来不良影响，这对电子商务和社会诚信风气不利。

作为一种网络支付方式，微信支付对资金流向及交易对象的监测管理模糊而不明确，也没有做好详细的记录。这导致银行无法掌握资金去向，也给不法分子的资金转移和恶意套现提供了有利环境。

② 资金沉淀风险。在网络第三方支付中，有"资金沉淀"的说法，这是由于网络支付平台在交易过程中，会充当货款的暂时保存者的角色。买方在打支付款时，资金会先储存在平台中，等待买方确认卖方发货后或自己确认收货后，资金才会由第三方支付平台打给卖方。当业务单量较大时，就需要支付平台对这些资金建立有效的管理机制，否则就存在资金沉淀风险。

③ 信用风险。信用体系建设是市场经济中极为重要的环节，而我国仍存在各种问题，如信用体系没有实现社会的全覆盖、个别人信用意识淡薄、信用奖惩激励制度不全面、信用市场不完善等。而这种问题同样影响着第三方支付平台的交易，微信作为网络第三方支付平台，同样深受其扰，这就需要微信在这方面予以足够的重视，并采取完备的措施去积极应对。

④ 网络技术风险。利益经常会撬动一些人的道德底线。在移动支付普及的今天，越来越多的人会为了牟取个人私利铤而走险。虽然移动支付已经走进千家万户，但是它的风险防控相对于中央银行差了很多，而移动支付是基于互联网进行的，想要解决移动支付的安全隐患，就得从源头抓起，从网络安全抓起。安全的移动支付，依赖于安全的网络环境，这就需要每个人的共同努力，而微信能够做到的就是提高警惕和尽力维护这一片网络乐土。

2. 微信支付风险防范的对策

微信支付近年来崛起，和支付宝并列成为两大手机网络第三方支付方式。而随着微信用户的增多，微信支付的使用人次在逐年上升。随着使用总量的增加，微信支付的风险也在悄然增加，为了微信的持续发展，防范使用风险提上了议程。针对微信支付，应从运营主体、运营监管、用户及安全建设4个方面提出相关解决措施。

(1) 腾讯公司层面。作为微信的运营主体，腾讯公司应当做到以下两点。第一，全力构建有理有据的信用支付平台，具体措施体现为设立商家信用评级的相关制度和配套体系。借助于互联网和移动设备开展的移动支付，客户对支付安全的担忧是首位的，支付体系的安全性是保障客户使用率的首要基础。因此，应尽快构建值得信赖的信用体系。具体措施如下：腾讯公司应当使用完备、客观、公正的商家信用评价方法对在微信端口开通支付服务的各类商家的信息进行评估，借助于商家信息的分析和评估，来筛选信用等级较高的商家开展合作。第二，在设置较高准入条件的同时，还应对已存在的商家行为进行有效的监督和管理,主要集中于对其资金交易记录的实时监控。腾讯公司应当构建起智能、高效的计算机监控系统来进行设置支付接口的商家资金交易的监管,一旦发现存在信用风险的资金交易,应当立即自动采取一定的措施来保障微信支付者的利益,而这项操作需要依赖先进的互联网技术和计算机技术,腾讯公司应当为微信支付的安全配备专业计算机人才。

(2)国家监管层面。作为移动支付的监管主体,国家应当做到以下两点。第一,逐步完善关于移动支付层面的相关立法活动,集中力量进行反洗钱监管。"立善法于天下,则天下治;立善法于一国,则一国治。"习近平总书记高度重视法治建设,他强调,国际国内环境越是复杂,改革开放和社会主义现代化建设任务越是繁重,越要运用法治思维和法治手段巩固执政地位、改善执政方式、提高执政能力,保证党和国家长治久安。国家相关移动支付监管机构应做到对全国范围内的任一时段、任一主体的资金交易进行完整的记录,并将可疑的资金交易汇报给公安部门和反洗钱机构,进而由公安部门和反洗钱机构进行下一步的处理。国家相关部门应当不断加强对微信支付安全的监督和管理,尽全力维护微信用户的支付安全。第二,有关部门应当尽快出台微信支付风险准备金制度,强制腾讯公司进行微信支付风险准备金的交付,作为应对移动支付风向的储备金。具体而言,微信支付必须严格区分客户资金、微信支付平台及商户自有资金,并在商业银行开立专门账户来存放移动支付风险准备金。国家可以赋予商业银行制定微信支付风险准备金缴存比例的权力,并赋予商业银行监管风险准备金的权力,进而保障微信用户的支付安全。需要注意的是,国家应当对移动支付做到监管适度,但绝不可监管过度,更为重要的是,有时国家应当做到适度放开监管,具体做法为,国家逐步将一些政府数据放在微信平台上,使有关部门进行信息采集与合作。

(3)个人层面。作为移动支付使用者的社会公众,应当从自身出发,增强自身识别风险、应对风险的能力。具体而言,首先,社会公众应当不断增强关于移动支付安全相关的法律知识和社会热点问题,了解微信支付的现状和发展。其次,社会公众应当提高警惕,对于存在风险商家的支付要求,识别并拒绝。最后,社会公众应当增强维权意识,加强对维权手段的了解,当遇到移动支付骗局时,合法维护自身权益。

(4)安全建设层面。手机制造商、通信运营商、银行机构、支付机构等各参与主体都应该加强各自系统的安全建设,紧跟技术发展步伐,研究木马病毒专杀技术及完善相应的业务系统,提高系统软硬件安全性能,建立完备的异常、突发情况处理机制等,真正保障微信支付在传输、校验、核对等各环节的安全。

任务评价

请填写微信支付案例学习任务评价表(见表9-4)。

表9-4 微信支付案例学习任务评价表

班级		学号		姓名	
角色	○ 组长 ○ 组员		完成时间		
任务	完成情况记录				
	学生自评		生生互评		教师评价
评价占比(自设)	%		%		%

(续表)

任务	完成情况记录		
	学生自评	生生互评	教师评价
理论学习得分			
技能训练得分			
任务完成得分			
任务创新得分			
总评			

拓展练习

1. 小琳的微信收到好友消息，称手机刷机后联系人号码没了，要重新保存联系方式。得到小琳手机号码后，对方又发来微信称登录微信需要好友验证，需小琳把收到的验证码发给他。小琳将验证码发过去后却登不上自己的微信，在修改密码登录后，微信中的零钱已没有了。你能告诉小琳微信诈骗的方式和特点有哪些吗？

2. 2018 年 9 月 7 日，肖女士用微信转账向好友刘某支付 5 万元款项时，因一时疏忽，操作失误，而错转给了李某。肖女士多次要求李某返还，李某以其并没有向肖女士索要，是肖女士主动给他的，他也愿意接受且已实际收取为由，一再拒绝。请问如何避免微信支付存在的风险？

任务三

天威诚信案例

任务描述

随着新业务的不断推出和网络应用的不断推广,网络安全和信息安全逐渐成为影响当前广大企业、行业信息化发展的关键问题。天威诚信凭借自身技术优势有效防止了电子商务中可能出现的安全问题。

学习目标

1. 了解天威诚信的基本知识;
2. 掌握申请SSL证书的基本方法。

思政目标

从天威诚信的优势中领会科技创新是发展的第一动力。

任务分配

本任务分3组进行,每组由1位组长和若干组员构成,组员在组长的带领下,根据【任务准备】模块的引导问题进行任务分工,了解电子商务面临哪些安全问题,了解天威诚信的优势及掌握申请SSL证书的方法,并填写表9-5。

表9-5 天威诚信案例学习任务分配表

班级		组号		组名	
角色	姓名		学号	任务分工	
组长					
组员					

任务准备

引导问题1:天威诚信的优势有哪些?

引导问题2:什么是SSL证书?为什么要使用SSL证书?

任务实施

一、认识天威诚信

北京天威诚信电子商务服务有限公司（iTruschina）是经原信息产业部批准的全国性 PKI/CA 公司，是专门从事数字信任服务、PKI/CA 建设服务、PKI/CA 应用服务、PKI/CA 运营管理咨询服务和 PKI/CA 体系整体规划服务的专业化信息安全技术与服务公司。

天威诚信依照我国国情和密码管理政策，借鉴国外先进技术及管理方法，依据 BS7799 建设和运营政府认可的、权威、可信、公正的 PKI/CA 认证中心，研制了具有自主知识产权的 PKI 产品及应用，对外提供全面的数字信任服务。公司在开展自身业务的同时，参与了国家有关 PKI/CA 体系规划、建设和运营管理等方面的工作，并积极参与中国电子签名法立法。天威诚信正以其领先的技术、先进的管理方法和全面而精湛的产品与服务，为中国的信息安全服务。

二、天威诚信案例分析与应用

案例 1

案例描述

联想集团对分销环节的电子化管理有明确的需求，并逐渐意识到第三方认证方式是解决电子化管理分销渠道的一个可行方案。因开放的互联网应用的电子订单系统存在很多安全隐患，为了彻底解决电子订单系统存在的安全信任问题，真正发挥电子商务所带来的快捷高效低成本的优势，联想电子商务部决定对电子订单系统进行改造，建立基于 PRI/CA 技术的安全认证平台，最终与天威诚信达成合作，有效解决了电子商务中的安全问题。请问天威诚信有何优势能够与联想达成合作？效果如何？

案例分析

2005 年 4 月 1 日实施的《中华人民共和国电子签名法》确立了可靠的电子签名的法律效力，明确了经可靠电子签名的电子文件与纸质签名文件具有同等的法律地位，这就为联想电子订单的有效性提供了法律的保障。同时，《中华人民共和国电子签名法》明确了只有经过信息产业部认证的第三方电子认证服务的机构才能提供可靠的电子签名服务。

天威诚信凭着优秀的技术能力和突出的服务意识，在激烈的联想项目投标过程中脱颖而出，成为联想首选的服务提供商。联想最终进行了电子订单系统可信平台项目招标，招标目的是选择权威、可信、公正的第三方认证中心，为电子订单系统构建基于 PRI/CA 技术的信任基础平台。通过第三方认证中心为联想各分销商发放企业证书，各分销商访问安全电子订单系统时使用企业证书，实现身份认证和访问控制；利用数字证书对电子订单进行加密和签名，实现电子订单的机密性、完整性和抗抵赖性，为电子交易提供安全保障。

此次招标，有国内多家大型、专业的 CA 认证运营中心参加了投标，天威诚信凭借着如下 5 点优势最终脱颖而出。

（1）天威诚信是首批获得信息产业部颁发的《电子认证服务许可证》企业之一。

（2）天威诚信是信息产业部批准的第一家开展商业 PKI/CA 试点工作的企业，是国内首家通过 ISO/IEC17799—2000 信息安全管理体系认证的商业 PKI/CA 认证中心。

（3）天威诚信采用了国际先进的、商业化的运作模式，从而使客户可以顺利地与国际接轨,并且将服务收费与客户赔付机制结合起来,以商业利益关系为基础建立高公信度,将用户承担的风险降到最低。

(4) 完善的运营机制。天威诚信在北京建有 1 000 平方米的国际一流水准的数据中心,是国内唯一一家建立 7 层物理安全防护等级的高安全性 PKI/CA 认证中心。同时,公司内部在管理上有包括员工可信度调查、安全事件分析等健全的安全审计制度。

(5) 专业的服务体系。天威诚信拥有在国内 CA 运营领域从业多年的一批专业人员,拥有了完善的用户鉴证流程体制,提供 7 天×24 小时的服务等。

最终,联想确定选择天威诚信作为电子订单系统的权威、公正、可信的第三方认证机构。

天威诚信和联想团队紧密结合,设计出了最适合联想要求的解决方案。联想电子系统使用天威诚信成熟的验证方法确认联想各分销商的真实身份,并签发企业证书,采用天威诚信开发的证书应用接口,对电子订单系统进行了集成,开发了安全的电子订单系统。

1. 完善的技术方案

联想电子订单系统集成数字证书应用的安全功能,各经销商和渠道分销商访问联想电子订单系统时,必须使用数字证书才能登录系统,系统通过验证提交的数字证书来验证联想各经销商和渠道分销商的身份,实现身份认证和访问控制。在各经销商和渠道分销商给联想发送电子订单时,使用数字证书对电子订单进行数字签名,并通过加密通道进行传输。联想对电子订单处理后,在给各经销商和渠道分销商返回确认回执时,也会通过上述流程进行传输,保证确认机密性、完整性和抗抵赖性。

由于联想电子订单系统用户,包括联想各大区及其经销商和渠道分销商等,都属于企业用户。因此,本方案颁发给电子订单系统用户的数字证书都采用安全级别较高的企业证书,由天威诚信的 PKI/CA 系统颁发,并负责完成对用户的认证,为用户签发企业证书。用户访问天威诚信为联想设计的证书申请页面,在线提交证书申请请求;天威诚信根据为联想设计的证书申请认证流程,完成用户证书申请请求的认证;认证通过后,天威诚信批准用户的证书申请请求,为用户签发数字证书。

2. 严谨、高效的认证流程

天威诚信科学地设计了面向大规模用户的高效率的认证流程,顺利地完成了联想要求的在短短的几个月内认证和发放数千张证书的任务。在整个联想电子订单系统安全体系中,天威诚信提供的第三方数字证书与联想电子订单系统的集成只是建立在技术层面,是天威诚信提供专业第三方认证服务中最基础的环节,接下来的流程更加专业和复杂,是第三方认证中最为重要的一步——认证环节。凭借天威诚信多年来建立起来的专业认证体制,依靠联想和各地分销商对天威诚信充分的信任和支持,天威诚信在很短的时间内就完成了对联想数千家各地分销商全面、细致、准确的认证工作。

事实证明了这个项目为联想集团带来了可观的经济效益,通过提高分销管理能力,帮助联想集团在竞争越来越激烈的国内市场保持其领先地位。

联想通过与天威诚信认证中心的合作,有效地解决了电子订单系统的信息安全问题,并极大提高了联想的业务效率,具体表现在以下 11 个方面。

(1) 项目实施 6 个月后,签署了 15 万份合同,合同金额几十亿元(其中峰值为一天接到 9 万份订单)。

(2) 合同平均处理时间从过去的 14 天缩短到了半个小时,其中 85%是在 1 分钟内完成的，商务人员称没有了过去加班加点处理合同的辛苦。

（3）降低订单处理的压力，目前平均日接单 1 万份，可以按时处理完成。

（4）减少了合同处理的商务人员，降低了人力成本。

（5）降低了合同的存储成本。

（6）减少了合同在生效过程中的成本。

（7）加快了交货过程，有效降低了成品库存和生产部件的库存。

（8）平均每年处理电子合同 30 万～40 万份，占订单总量的 90%。

（9）直接降低交易成本，每年直接节省费用约 140 万元。

（10）联想本身只进行了很少的资金投入，而获得了几百倍甚至上千倍的收益。

（11）联想电子签名应用的范围不断扩大，现在已经不只在电子订单中使用，而进一步应用在分销商合约签署中。

联想通过选择天威诚信的认证服务体系，建立了真正意义上的电子商务平台，再一次走在了国内众多 IT 企业电子商务应用的前面。2016 年 5 月 30 日，习近平总书记在全国科技创新大会、两院院士大会、中国科协第九次全国代表大会上的讲话中提到科技是国之利器，国家赖之以强，企业赖之以赢，人民生活赖之以好。中国要强，中国人民生活要好，必须有强大科技。新时期、新形势、新任务，要求我们在科技创新方面有新理念、新设计、新战略。同时，联想集团通过与天威诚信认证中心的合作，有效地解决了电子订单系统的信息安全问题，建立了虚拟可信网络。与采用第三方认证中心之前相比，原来在运行电子订单系统时由于担心安全性保留传统的订单确认方式，相当于联想维持了新老两套订单系统同时运行，反而使业务流程更加烦琐。每月工作人员要接收多达几千份的传真订单，然后又要在电子订单系统里一一核实，既浪费办公资源，增加了办公成本，又使得工作人员对同一订单要进行多次确认，工作效率低下。使用天威诚信提供安全服务的电子订单系统后，订单实现了一次确认。无纸化，有效降低了与经销商之间的沟通成本，简化了商务流程，提高了商务效率，使电子商务的即时性、高效性、准确性得以充分展现。因此可以认为，天威诚信的认证服务体系在联想电子订单系统中的应用是《中华人民共和国电子签名法》成功应用的一个典型案例。

案例 2

案例描述

安徽的小张最近创办了一家电子商务公司，他发现他的产品价格比同行产品的价格低，产品质量也很好，但是销量仍很低，没什么订单，这令他百思不得其解。向有经验的前辈学习后，于是在网上申请了 SSL 认证，获得 SSL 身份认证后，果然减少了客户的丢失率，以及提升了公司的品牌形象和客户信任度。请问什么是 SSL 证书？如何申请 SSL 证书？

案例分析

1. 什么是 SSL 证书

SSL 证书提供了一种在互联网上身份验证的方式，是用来标识和证明通信双方身份的数字信息文件。使用 SSL 证书的网站，可以保证用户和服务器间信息交换的保密性，具有不可窃听、不可更改、不可否认、不可冒充的功能。SSL 证书由权威认证机构（CA）

颁发。Entrust 正是全球知名 CA，中国大多数金融行业网站正在使用 SSL 证书。

2. 为什么要使用 SSL 证书

网络已经成为人们生活中不可缺少的一部分，相对于在街头漫步、传统购物，如今的人们更习惯在网络上进行消费。然而，钓鱼网站、盗号木马、信息拦截、资料泄露等层出不穷的网络犯罪警示我们：在享受便利的同时，你正面临将信息完全暴露在互联网上的风险。而通过 SSL 证书，在网友的计算机和正在查看的网站间提供一个加密通道，防止第三方干预通过该通道传输的信息。

3. SSL 证书让网站变为可信网站

通过 SSL 证书标识网站，让网站链接变成安全链接。一般而言，通过安全或加密的网站地址将以 HTTPS（而不是 HTTP）开头，并且在浏览器中出现某类图标，例如，挂锁图标，它表示该网站是安全的。SSL 证书对链接进行加密，以使黑客更难查看。藉此，网友将对该网站产生绝对信心，从而放心提交任何机密信息。

4. 绿色地址栏，让可信网站一目了然

通过顶级 SSL 数字证书技术，激活地址栏，如同在地址栏上添加了网站身份证。

5. 绿色地址栏的变色技术

因网络诈骗的日益猖獗，造成客户对网上交易信心减少。网友在网上分享机密资料之前，都希望能够先取得信任来源的识别证明。增强型 SSL 数字证书提高了数字证书的验证标准，也让高安全性浏览器产生醒目的视觉效果。如果网站使用了扩展验证增强型数字证书（EVSSL），则组织的名称将会以绿色字体显示在该图标旁，是目前最具前瞻性及预防网站遭钓鱼应用的方式之一。

通过小张的案例不难发现，SSL 证书具有以下 3 点优势。

① 提升企业形象。当企业网站安装了一个权威证书签发机构签发的 SSL 证书，能够突显网站的专业性，而且还能提升网站访问者的信任度，大大提升企业的形象和可信度。

② 提升网站访问者的信任度。若网站需要使用个人信息来登录，那就必须要安装 SSL 证书，访问者看到他们的个人信息能够被很好地保护，会加深对网站的信任。

③ 吸引更多的顾客。当在线销售网站安装了 SSL 证书之后，肯定会吸引更多的顾客前来购买，因为对于他们来说，SSL 证书也算是一重保障。那么商户们应该如何申请 SSL 证书？

（1）申请 SSL 证书前期准备工作。

① 用户域名管理权（域名验证），CA 颁发的 SSL 证书基本建立在域名审核验证基础上。域名验证方式有邮箱验证、DNS 验证、文件验证 3 种。

② 需要提供一个接收签发证书的邮箱。

③ 注册账号到 CA 机构去申请证书，以数安时代 GDCA 为例。在搜索引擎上查到数安时代 GDCA 官网，并在数安时代 GDCA 官网上注册新账号，填写常用邮箱（用于注册验证），设置登录密码，注册后完善相应信息，如图 9-1 所示。

图 9-1 GDCA 官网注册页

填写好资料后单击"发送验证码"按钮，登录邮箱查看验证码，在认证页面填写验证码，进行邮箱认证，如图9-2所示。

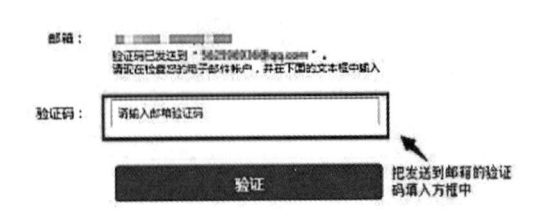

图9-2　GDCA认证页面

（2）申请证书。

① 登录数安时代GDCA已注册的账户如图9-3所示。

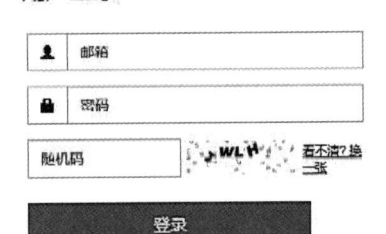

图9-3　GDCA登录页面

② 选择证书客服协助下单。

a. 登录后，浏览SSL证书产品。选择想要购买的证书，如果选择GDCA自主品牌SSL证书可单击"立即购买"按钮，如果选择国际其他品牌SSL证书可单击"联系申请"按钮，客服会协助我们下单购买，如图9-4所示。

图9-4　GDCA购买页面

单击"联系申请"按钮后,在弹出的咨询窗口,根据客服引导申请证书,如图 9-5 所示。

图 9-5 证书申请页面

b. 单击"立即购买"按钮,在弹出的"GDCA 域名型 DV SSL 证书"页面中的下单页面,输入域名或 IP 地址(可单击"添加域名"按钮申请多个域名),选择验证方式,选择证书有效期,输入联系电话,单击"立即购买"按钮,如图 9-6 所示。

图 9-6 GDCA 订单提交页面

c. 在 GDCA 域名型 DV SSL 证书的"确认订单"页面中,单击"返回"按钮可修改订单信息,如需发票,请选择需要发票。确认信息无误,单击"确认订单"按钮,如图 9-7 所示。

图 9-7　GDCA 订单信息页面

d. 下单成功，单击"立即支付"按钮，选择支付方式，单击"确认"按钮，登录账户或扫描二维码进行支付，如图 9-8 所示。

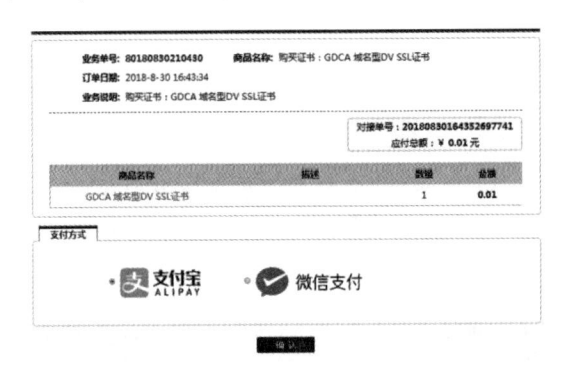

图 9-8　GDCA 订单支付页面

③ 生成 CSR 内容。

根据客服引导打开证书申请页面，下载数字签名工具，以普通模式为例，双击运行软件，填写要申请证书的域名—创建 CSR，如图 9-9 所示。

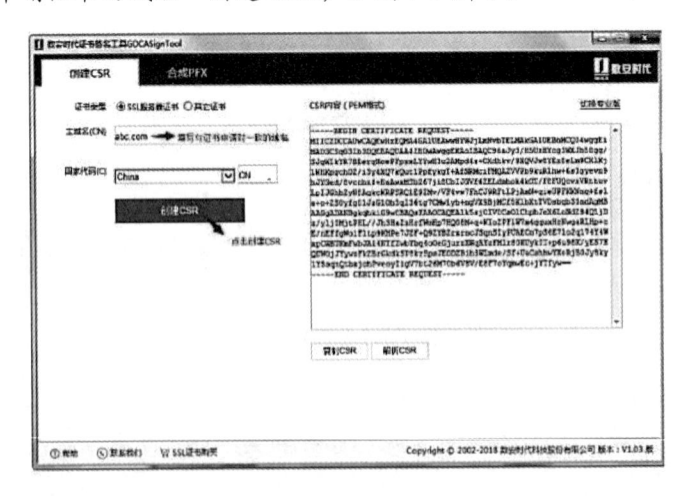

图 9-9　创建 CSR 页面

单击"确定"按钮，选择一个路径存储文件，如图 9-10 所示。

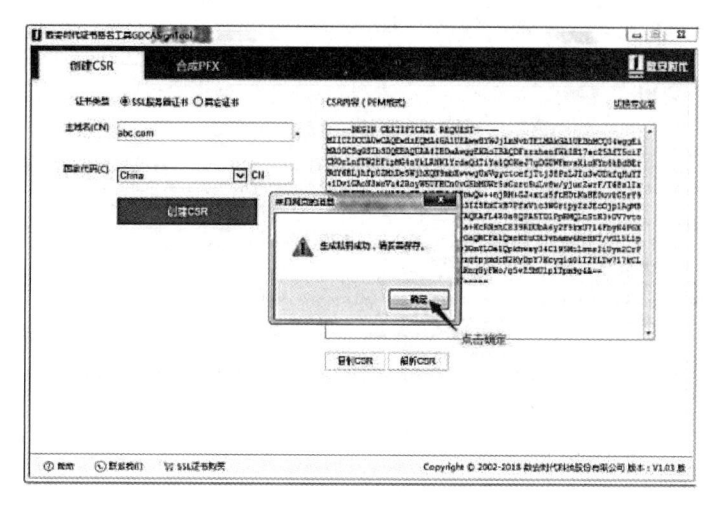

图 9-10 CSR 存储路径页面

将生成好的 CSR 文件提交给数安时代，等待证书的签发，一定要保存好证书的私钥文件，如图 9-11 所示。

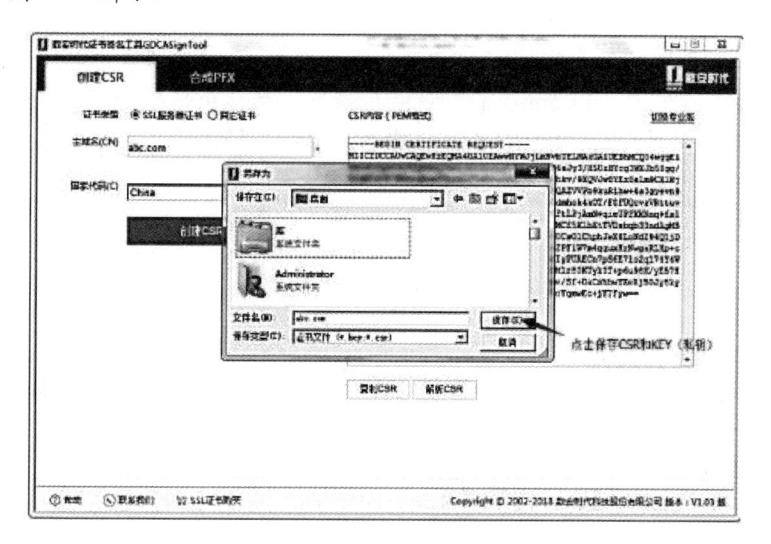

图 9-11 CSR 提交页面

注意：证书请求（CSR）提交给证书颁发机构（CA），将内容复制保存成.csr 或.pem 文件即可，请保存好证书私钥（Private Key），若丢失私钥，证书将不能安装，将内容复制保存成.key 或.pem 文件即可。

④ 域名验证。

生成 CSR 内容后要进行域名验证。域名验证有 3 种方式，选择以下其中一种方式验证即可，并将选择的方式告诉客服。用二级域名申请证书，同时会收到主域名和二级域名的验证邮件，只需按照其中一封邮件进行验证操作即可。

a. Email（Whois 验证）。

数安时代 GDCA 通过验证域名的 Whois 信息，发送验证码到域名注册者或管理者，

Email 收到邮件后单击邮件中的"Verify email of domain administrator",再单击"Verify",提示 successful,表示验证成功,如图 9-12 所示。

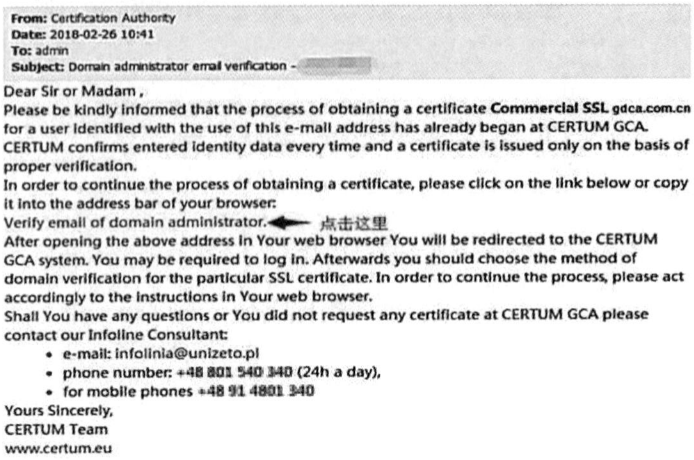

图 9-12　Whois 验证

b. DNS（DNS 验证）。

证书申请人邮箱将收到含有 TXT 值的邮件,按照以下要求,在网站域名解析后台,新增一条 CNAME 记录。记录类型：TXT。主机记录：@（如果是二级域名验证,请填二级域名前缀,如 mail.gdca.com.cn）。记录值填写：邮件中的 TXT 值。添加解析值后,单击含有 TXT 值邮件中的"Verify domain",再单击"Verify",提示 successful,表示验证成功,如图 9-13 所示。

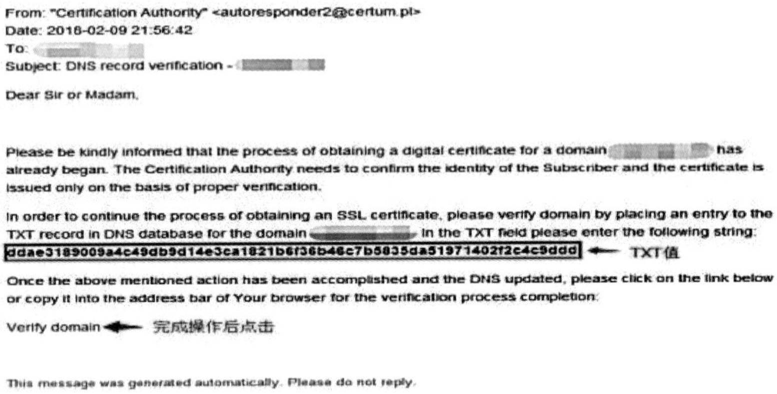

图 9-13　DNS 验证

c. 文件（File 验证）。

下载并解压指定文件".well-known.rar",用记事本方式打开"test.html"文件,将证书申请人邮箱收到的验证邮件里面的 code 值复制粘贴到"test.html"文件内,把"test.html"重命名为与 code 值一致的文件名并保存。将修改过后的".well-known"文件夹放到域名的根目录下,打开 URL 进行验证。具体路径为 http(s)://你的域名/.well-known/pki-validation/code 值.html,并保证能成功访问到 code 值内容,成功建立带有 code 值的页面后,单击邮件中的"Verify domain",再单击"Verify",提示 successful,表示验证成功。

⑤ 颁发证书。

登录官方网站后台单击"订单管理"按钮，找到对应订单，单击"下载证书"按钮，复制网址，打开网站，根据 Web 服务器类型选择对应文档部署证书，如图 9-14 所示。SSL 证书有 3 种，分别是 DV SSL 证书、OV SSL 证书和 EV SSL 证书。DV SSL 证书适用于中小型企业官网、中小型商务网站、电子邮局服务器、个人网站等；一般大中型网站，如网上银行、购物网站、金融证券、政府机构类的网站建议申请安全级别更高的收费证书，如 OV SSL 证书或 EV SSL 证书。数安时代 GDCA 不仅拥有通过 WebTrust 国际认证的自主 SSL 证书品牌，还有代理 GlobalSign、Symantec、GeoTrust 等国际品牌的 SSL 证书，满足各种用户对 SSL 证书的要求，广大用户可根据自身的需求向数安时代 GDCA 申请合适的 SSL 证书。

图 9-14 CDGA 证书下载页

任务评价

请填写天威诚信案例学习任务评价表（见表 9-6）。

表 9-6 天威诚信案例学习任务评价表

班级		学号		姓名	
角色	○ 组长	○ 组员	完成时间		
任务	完成情况记录				
	学生自评		生生互评		教师评价
评价占比（自设）	%		%		%
理论学习得分					
技能训练得分					
任务完成得分					
任务创新得分					
总评					

拓展练习

1. 天威诚信凭借哪些优势成功中标？
2. 哪些技术是天威认证系统的重要支撑？

项目十
电子商务金融案例

电子商务金融是传统金融行业与互联网精神相结合的新兴领域。电子商务金融基于互联网"开放、平等、协作、分享"的精神向传统金融业渗透,对金融模式产生了根本影响。电子商务金融以互联网技术为核心,拓展小微企业融资渠道。本项目以阿里金融和网商银行为例,对两者的发展历程和业务模式进行阐述,并针对两者使用中的典型案例进行解析。

任务一

阿里金融案例

> **任务描述**

阿里金融是以互联网为代表的现代信息科技与金融领域成功结合的典型,对金融模式产生了根本性的影响。要想更好地使用阿里金融,首先要了解阿里金融小贷的优势及社会意义,其次研究阿里金融小贷存在不足及解决措施。

> **学习目标**

1. 了解阿里金融基础知识;
2. 了解阿里金融小贷的优势及社会意义;
3. 掌握阿里金融小贷存在不足及解决措施。

> **思政目标**

鼓励当代大学生自主创业,建立中小企业,树立自强不息的品格。

> **任务分配**

本任务分3组进行,每组由1位组长和若干组员构成,组员在组长的带领下,根据【任务准备】模块的引导问题进行任务分工,了解阿里金融的发展历程和业务模式,掌握阿里金融发展的机遇、问题及解决策略,并填写表10-1。

表10-1 阿里金融案例学习任务分配表

班级		组号		组名	
角色	姓名	学号		任务分工	
组长					
组员					

> **任务准备**

引导问题1:阿里金融小贷的优势及社会意义有哪些?

引导问题2:阿里金融小贷存在哪些不足?应当如何解决?

任务实施

一、认识阿里金融

阿里金融也称阿里巴巴金融,是阿里巴巴旗下独立的事业群体,主要面向小微企业、个人创业者提供小额信贷等业务。目前阿里金融已经搭建了分别面向阿里巴巴 B2B 平台小微企业的阿里贷款业务群体,以及面向淘宝网、天猫平台上小微企业、个人创业者的淘宝贷款业务群体,并已经推出淘宝网(天猫)信用贷款、淘宝网(天猫)订单贷款、阿里信用贷款等微贷产品。

二、阿里金融案例分析与应用

案例 1

案例描述

王总创办了一家中小型企业,由于资金周转困难,平时只能接一些小额订单,错失了很多大订单和大客户,这让他非常苦恼。尽管有民生银行、平安银行等多家机构提供贷款服务,但经过多方考察,他最终选定了阿里金融。正是通过阿里贷款得到的这笔周转资金,让王总敢接大订单,生意做得红红火火。请问阿里金融有何优势及社会意义是什么?

案例分析

阿里金融中的小额金贷款(下称阿里小贷)成立前期,阿里巴巴集团于 2007 年选择同中国建设银行进行合作,共同提供资金融通服务,但是此后因各种原因合作被迫中止。之后,阿里巴巴集团于 2011 年在浙江与三大集团联合成立了浙江小贷和重庆小贷公司。阿里小额贷款业务包括两个部分:订单贷款和信用贷款。贷款对象一方面针对淘宝网和天猫这种类型的 B2C 平台用户,另一方面针对阿里巴巴中国站这种类型的 B2B 平台用户和会员。

阿里小额贷款在 B2B 平台上的信用贷款服务对象是中小商户。贷款申请人必须是企业的法定代表人,申请人在网上进行贷款申请,同时提供企业流水、个人支付宝账户及银行卡号和信用报告授权查询委托书。之后,阿里小贷会对申请人进行审核,通过审核之后即可放贷。信用贷款从申请到审批结束,一般需要 3 个工作日,而最快的则只要 2 个工作日。

阿里小贷在 B2C 平台上提供的贷款分为订单贷款和信用贷款两种。其中订单贷款即淘宝网卖家以订单收款权充当"抵押物",依据订单金额可拿到全额贷款。订单贷款的利息是 0.05%元/天,最长使用期限是 7 天。以"信用"为保证的信用贷款则根据淘宝网用户在平台上的交易信用进行贷款,无须抵押物。

1. 阿里小贷模式的优势

(1)成本低廉。阿里小贷运用技术工具可以从阿里电子商务平台的后台数据中轻松地寻找到最优质最有潜力的客户,从而精确定向营销,并能快速做出授信判断,节省了与客户反复沟通的成本。此外,贷款产品也作为阿里巴巴 B2B 平台的一项极具吸引力的服务,节约了大量的营销成本。

（2）流程创新。阿里小贷运用信贷工厂的运作方式，极尽所能地简化贷款申请和审核流程，从客户申请贷款开始到贷款的发放全程实现网络化。淘宝网卖家和阿里巴巴中国站诚信通会员均可以在网上完成所有操作步骤，且最短只需3分钟即可获取贷款。

（3）能有效降低贷款风险。阿里巴巴电子商务平台正是运用了阿里巴巴诚信通、支付宝、淘宝信用评价体系等使市场的交易信用真正成为即时运用的工具，极大地降低了交易的风险和成本，提高了交易的效率。

2. 阿里小贷相对商业银行的竞争优势

首先，阿里小贷的核心竞争力是其电子商务平台的客户交易信息。阿里小贷根据其客户的交易信息，借助互联网技术，准确迅速地分析客户的信用程度，大大提高了贷款审批效率，节省了贷款审批成本。数据显示，阿里小贷每笔贷款发放的成本仅2.3元，远低于商业银行贷款发放成本。

其次，阿里小贷的网络借贷方式，其操作性和便利性相比商业银行具有无可比拟的优势。阿里小贷贷款审批流程简单，无抵押、无担保要求。对于申请贷款的小微企业，只需要在网上提交贷款申请和自己企业的财务信息，从申请到审批完毕，只需要2~5个工作日即可获得贷款，而商业银行的个人贷款审批流程一般需要数周，流程复杂、审批门槛高，阿里小贷在此方面具有明显优势。

再次，未来网络借贷也可能在存款来源、贷款需求及利差上对商业银行传统信贷模式产生巨大冲击。在存款来源上，由于商业银行所能给出的存款利率比较低，资金富裕者更多地通过民间借贷或网络借贷来获得更高的利息回报。在贷款需求上，网络借贷P2P模式的一部分客户主要是由于信用等级达不到银行借款的信用标准，因此转向网络借贷。

最后，阿里小贷计划推出的信用支付功能，也将抢占商业银行信用卡业务的客户。尽管目前阿里小贷的支付宝信用支付，相较商业银行信用卡业务并无明显优势，但是随着网络消费的不断发展，支付宝用户的数量也不断攀升，这是一块巨大而充满潜力的市场，这部分用户很可能逐渐产生对于支付宝信用支付功能的消费惯性。一旦支付宝用户逐渐树立起其对于支付宝信用支付功能的忠诚度，将造成商业银行信用卡客户的流失。

3. 阿里小贷的社会意义

（1）为中小企业融资提供了新渠道。阿里小贷的出现增强了我国融资体系的多样性，完善了我国金融体系，促进了电子商务的发展，更能有效缓解中小企业融资难的问题。阿里小额贷款凭借阿里巴巴电子商务平台，为中小企业用户提供了一个更灵活的融资渠道。习近平总书记高度重视中小企业发展，明确指出"我国中小企业有灵气、有活力、善于迎难而上、自强不息"，强调"中小企业能办大事"。被称为经济"毛细血管"的中小企业，是扩大就业、改善民生、促进创业创新的重要力量。中小企业和民营经济高度重叠，是保市场主体、保就业的主力军，是提升产业链供应链稳定性和竞争力的关键环节，是解决关键核心技术"卡脖子"问题的重要力量，是构建新发展格局的有力支撑。此外，网络融资的出现与传统商业银行形成了激烈的竞争，这种良性的市场竞争能够让国内的中小企业从中获益，加速其发展。

（2）产业链融资的创新。产业链融资是由产业巨头成立的小贷公司，通过向产业链中的具有资金需求的上下游各环节提供资金融通服务。这种模式不仅能够为上游供应商解决资金问题，也为下游消费者消费提供资金支持，从而使得整个产业链的配套服务更加完善。

案例 2

案例描述

2018年6月25日,杭州的小郑通过阿里信用贷款网站申请阿里信用贷款,同年6月29日,阿里巴巴审查通过小郑的贷款申请,并与小郑在线订立《阿里信用贷款合同》,授信额度为人民币35万元,约定额度占用费为人民币1750元,日利率为0.047%元/天,还款方式为按月付息,到期还本,即每月偿付当月实际产生的利息,到期归还全部贷款本金。然而,小郑多次出现贷款利息和本金的逾期。阿里金融多次以电话、上门催收等方式催款,但小郑至今仍未清偿。请问阿里金融小贷存在哪些不足?如何解决不足之处?

案例分析

当前是互联网的时代,互联网金融也在不断发展创新,阿里小贷基于互联网这一平台,利用自身所掌握的交易客户的信用情况,为中小微企业提供无抵押贷款,随着阿里小贷的不断发展,逐渐被公众所接受,贷款量也越来越多。但与此同时,阿里小贷也暴露出了发展过程中的一些缺陷与局限,还需进一步完善与优化才能跟上时代发展的脚步,立于不败之地。

1. 阿里小贷模式存在的问题

(1) 有效资金来源不足。作为一家小额贷款公司,阿里小贷不允许从公司内外筹集资金,也不允许以任何方式吸收低利率公共存款。这一规定限制了阿里小贷正常获得资金的方式,致使其后续运营资金不足,从而制约了阿里小额信贷的稳定发展。此外,根据相关政策,阿里小贷被定位为一家工商业企业。阿里小贷只能用自己的资金来经营业务,贷款资金的有效来源已成为其发展的桎梏。虽然阿里金融获得了第三方支付许可证,但阿里的支付宝积累了大量闲置资金,而且根据监管部门的规定,第三方支付机构需要凭借一家商业银行来托管其备付金。因此,目前阿里金融小额信贷公司无法利用支付宝积累的客户资金。

(2) 贷后风险控制能力弱。由于其风险控制体系和对客户交易的掌握程度,且在贷款前严格筛选企业,到目前为止,阿里小贷已经取得了良好的效果,并有效地控制了坏账率。然而,由于没有任何信贷约束或抵押品担保,贷款发放到账之后,一旦风险发生,损失将无法弥补。随着贷款规模的不断扩大,潜在的风险也在不断积累,因此,如何通过贷款发放后的背景,对阿里巴巴进行实时控制是个很大的挑战。阿里金融通过自身对中小企业的认识,引进国外一流的风险控制核心技术,自主开发了一套风险控制系统,不断规范贷款客户行为,合理控制贷款风险。然而,阿里巴巴金融是一家互联网企业,其风险控制模式是全新的,需要在动态中不断探索和完善。

(3) 违约风险较高。阿里金融自开创以来,就以其海量用户数据并能宏观掌握用户基本情况为优势,在市场中具有很强的竞争力,但是这种模式也存在一定弊端,就是线上线下同时展开经营活动,无法解决经营方、用户信息合理对接的问题。阿里巴巴集团虽然在短时间内日益强大,但是对违约订单的把控还是做不到像传统经营方式那样经验丰富且可以随时追查,对违约订单的处理只能在发展的过程中逐渐摸索,所以近年来,阿里金融的坏账率呈逐年增长的趋势,该方面问题亟待解决。

2. 阿里小贷模式发展对策

（1）扩大有效资金来源。

① 加强金融机构合作。

阿里小贷可以与银行金融机构进行合作，以联合贷款的形式，满足优质客户的资金需要，同时也可以向银行金融机构推荐中小型企业的客户。交易三方可以达成协议：银行和阿里小贷分阶段依次向借款方发放贷款，而银行金融机构是第一阶段的债权人，并在该期间获得利息。阿里信贷公司是第二阶段的债权人，并在该期间获得费用。阿里小贷与银行金融机构共同建立风险模型，并通过大量数据分析来挖掘企业在平台上的信用，从而为企业提供了良好的业绩，没有担保的纯信贷贷款则由银行发行。还可以适当引进联合担保贷款、收入抵押贷款等小额贷款产品，还可以开发个人金融、信息咨询等中介业务，阿里小贷仅提供信用管理服务，也可以从中收取一定金额的咨询服务费。

② 加强业务创新力度。

首先，阿里小贷可以向新雇佣的小额信贷公司提供信贷管理咨询服务，利用丰富的经验，帮助他们定位目标市场和贷款客户，同时依靠自己相对完善的风控机制，帮助他们控制信贷业务的风险，通过这些信贷管理咨询服务收取一定的咨询服务费用。其次，阿里小贷还应当不断提高自身的实力，为用户提供更便捷、更优惠、更广泛的金融服务，满足农业、农村、农民多元化发展的需要，充分发挥金融服务在支持社会主义新农村建设中的积极作用。最后从战略的角度，加快建设金融基础设施的步伐，改善阿里的小额贷款金融服务信息化，完善启动中间业务所需的硬件设施，开发新的软件系统，以满足阿里小额贷款创新业务发展的需要。

③ 开发资产证券化产品。

首先，开发资产证券化产品，以小额信贷盈利凭证（或资产支持证券）的形式在交易所上市和交易。其凭证是由相关部门批准的阿里小贷发行的债权人权利投资产品，由交易所认可的 AA 级担保公司保证，到期时偿还本金和利息。其次，发行人可以发行盈利凭证（或资产支持证券）以获得资金。同时，根据发行标准，可以打包和安排小额贷款，以确保资金的可靠性、合法性和有效性，接受有关机构的调查和核心资产的日常管理，以及借款人的还款。最后，担保人可以审查发行人打算发行的资产证券化产品。同时，担保人应保证盈利凭证（或资产支持证券）的到期。当发生非正常到期时，担保人应进行代理还款，并在发生代理还款时从发行人寻求还款。

（2）提高风险控制能力。

① 构建风险评估体系。

可以借鉴大银行的实践成果，构建适用于阿里小贷的风险评估体系，具体实施时再根据阿里小贷的特点，采用定性与定量相结合的方法对风险评估体系做出适当的个性化。首先，阿里金融小额融资可以通过阿里巴巴、淘宝网和支付宝平台形成的基本数据进行处理。通过对交易数据、财务数据的拟合，可以很容易地评估中小型企业的风险情况。其次，根据阿里小贷的订单贷款和信用贷款两种主要贷款形式，分别对申请贷款的企业进行信用评价。订单贷款信用评价应以中小企业融资需求为基础，符合高频、小额、强需求的特点，简单的评价指标可以用来使债权人清楚地看到他们的信用水平。

② 实施贷后动态监控

贷款人可以使用自动还款与提前还款相结合的方式进行还款，避免因客观原因逾期，可在贷款到期日前自行偿还贷款。同时，当支付宝余额充足时，借款人可在到期日自动从小额贷款公司中扣除贷款本息。此外，阿里的小额贷款平台交易的最终结算将由支付宝来进行，因为支付宝有第三方支付工具。贷款后，可以很容易地跟踪和监控贷款人的贷款流程，以确定贷款人的还款能力和还款方式。如果贷款人违约，则在信贷和制度双重职能下，可以有效地惩罚阿里的小额贷款。对于淘宝商圈贷款，如果有违约，立即关闭其在阿里巴巴平台上的贷款，可以默认通知整个贷款人网络。

③ 接入央行征信体系。

首先，阿里巴巴集团旗下所有平台都使用一个数据报告平台来集中管理所有管理公司的信息，包括客户信息、客户保证信息等。访问中央银行信用信息数据库，中央银行信用信息中心负责设备统一安装、统一维护系统和统一安全管理。其次，在网络接入模式下，小信用公司可以通过数字证书认证和虚拟专用拨号连接电信专用网络。聚合后，通过数字专线接入金融区域网络，然后通过互联网平台访问中心银行的信用信息系统，实现银行和金融机构的实时在线查询。最后，阿里小贷可以将贷款后的信用合同信息和默认信息连接到中央银行的信用信息系统，更有利于阿里小贷的风险控制。

阿里金融得以快速发展的因素之一就是掌握大量用户数据库及其独具匠心的云计算平台，但在针对解决违约风险高方面，云计算平台并没有被充分利用，故而可以应用大数据分析，提高经营方、用户的信息对等率，降低违约单发生概率。具体实施过程为应用掌握的海量用户信息，收集大批量用户相关多维信息，开发相关云计算风险系统，分析模块处理收集的大批量数据并做出风险等级划分。根据风险等级划分的结果对有意向贷款的客户提前做出相关建议，并对信用等级差的用户增加担保抵押形式。

任务评价

请填写阿里金融案例学习任务评价表（见表 10-2）。

表 10-2 阿里金融案例学习任务评价表

班级		学号		姓名	
角色	○ 组长　○ 组员		完成时间		
任务	完成情况记录				
	学生自评		生生互评		教师评价
评价占比（自设）	%		%		%
理论学习得分					
技能训练得分					
任务完成得分					
任务创新得分					
总评					

拓展练习

1. 阿里金融小额贷款模式存在哪些问题？
2. 以阿里金融为代表的电子商务信用贷款具有什么时代意义？

任务二

网商银行案例

任务描述

了解网商银行出现的时代背景，网商银行与微众银行的异同点。明晰网商银行在发展过程中存在哪些困境，它的发展对传统银行有哪些影响。

学习目标

1. 了解网商银行基础知识；
2. 了解网商银行采取了哪些举措帮助码商发展；
3. 掌握网商银行发展面临的困境。

思政目标

结合"建设网络强国"目标，让学生深刻领会科学技术安全对建设网络强国的保障作用，提升自己防范科学技术风险的能力。

任务分配

本任务分3组进行，每组由1位组长和若干组员构成，组员在组长的带领下，根据【任务准备】模块的引导问题进行任务分工，了解网商银行与微众银行的异同点及网商银行发展中所面临的困境，并填写表10-3。

表 10-3 网商银行案例学习任务分配表

班级		组号		组名	
角色	姓名	学号	任务分工		
组长					
组员					

任务准备

引导问题1：为了帮助码商更好的发展，网商银行采取了哪些举措？

引导问题2：网商银行的发展面临哪些困境？

任务实施

一、认识网商银行

浙江网商银行是中国首批试点的民营银行之一,由浙江蚂蚁小微金融服务集团有限公司、宁波市金润资产经营有限公司、万向三农集团有限公司、上海复星工业技术发展有限公司、金字火腿股份有限公司等共同发起设立。注册资本40亿人民币,于2015年5月28日成立。主要经营范围:吸收公众存款,发放短期、中期、长期贷款,办理国内外结算,办理票据承兑与贴现,发行金融债券,代理发行、代理兑付、承销政府债券,买卖政府债券、金融债券,从事同业拆借,买卖、代理买卖外汇,从事银行卡业务,提供信用证服务及担保,代理收付款项及代理保险业务,证券投资基金销售业务,资信调查、咨询、见证业务,企业、个人财务顾问服务,经银行业监督管理机构及中国人民银行、证券监督管理机构等有关部门批准的其他业务。

网商银行将普惠金融作为自身的使命,基于金融云计算平台,网商银行拥有处理高并发金融交易、海量大数据和弹性扩容的能力,可以利用互联网和大数据的优势和渠道创新来帮助解决小微企业融资难融资贵、农村金融服务匮乏等问题,给更多小微企业提供金融服务,促进实体经济发展。

知识链接:
浙江网商银行成立的背景

二、网商银行案例分析与应用

案例1

案例描述

码商毛海每到旺季备货时,都要把家里的房本车本拿出来,打印各种资料,随时准备抵押筹钱周转,而网商银行的贷款不需要抵押,在支付宝内填写申请资料,不到3分钟贷款就能到账,非常方便,而且网商银行为了帮助小微企业降低资金成本,还提供了免现服务。请问网商银行采取了哪些举措帮助码商发展?

案例分析

1. 支持码商,服务小微企业和商户

自2015年开业以来,网商银行从服务淘宝网、天猫线上的商户,发展到服务线下未被金融服务覆盖的街头店、路边摊等。通过一个支付宝收款码,解决了线下小微商户数字化难题。网商银行将通过支付宝收款码来收款的小微经营者称为"码商"。基于新的数字风控技术,网商银行一年就可以服务300万线下"码商"。

正是基于移动支付的普及和"码商"的支持,网商银行完成了服务1 000万小微企业的"小目标"。从创新的"310"模式(3分钟申请,1秒放款,0人工干预)到智能风控,网商银行通过实践探索,利用网络科技赢得了服务小微企业的巨大市场。大数据、人工智能等技术大幅拓宽了小微金融服务范围,提升了运营效率,发展了普惠金融。

2. 数据建模，科技风控

数据是信贷评估体系的基础，归功于互联网。在"全面了解客户"这点上，网商银行从一开始就拥有了数据的优势。网商银行可以采集商家在销售哪些商品、商品是否畅销、商家是否有过不诚信行为等方面的丰富数据，其丰富度、准确度远高于传统银行能采集到的贷款者信息。随着移动支付的线下普及，每个人的支付、消费、交易等点滴行为都能形成记录，哪怕是路边的煎饼摊、菜市场的蔬菜铺，都可以通过移动互联网积累起自己的信用。

网商银行依托网络信息技术，汇总出 10 万多项指标，创建了 100 多个预测模型和 3 000 多种风控策略。针对线下小微经营者，又创建了 20 多个线下模型、500 多个风险策略，能有效识别经营属性、判断交易有效性、预测商家经营能力。这些风控技术，一方面可以让小微企业不用担保和抵押，凭借信用就能贷款；另一方面可以将网商银行的不良贷款率控制在 1% 以内。正是在这一系列技术的支持下，金融服务线下小微企业不仅成为可能，成本也大幅降低。相关数据显示，过去金融机构发放 1 笔小微贷款的平均人力成本在 2 000 元左右，而网商银行每笔贷款的平均运营成本仅为 2.3 元。

3. 融入场景，快速贷款

网商银行针对小微企业资金需求高频、小额等特点，依托大数据，批量化、自动化授信，实现极致的"310"服务体验，满足了小微企业对提款用款效率的要求。

网商银行通过打通交易链、物流链和资金链的方式，帮助小微企业解决资金问题。以电子商务平台的小微商户为例，网商银行的服务已融入电子商务交易的各个场景。商户从入驻电子商务平台开店开始，网商银行就可以提供从备货、营销、仓储物流、收款到现金管理的全面金融服务，让小微企业主的贷款，像"自来水"一样，什么时候要、要多少、要多长时间，"打开水龙头即可随开随用"，在最需要资金的时候满足他们。同时，网商银行还结合消费周期，运用大数据、云计算等技术，满足小微企业金融需求的"弹性洪峰"。

4. 结合支付，创新服务

网商银行的数据显示，晚上 11 点至次日凌晨 4 点，有 7.1% 的"码商"在营业，8.66% 的商户在午夜贷款成为移动互联网时代的新风景。网商银行通过多种方式将支付和银行贷款服务有机结合，为使用支付宝二维码进行收款的"码商"客户提供了便利的金融服务。

支付宝对使用支付宝收款的码商进行补贴，支持码商免费提现。网商银行通过"多收多贷"服务，为商户周转资金、扩大经营规模提供助力。该服务根据商家的交易流水来确定提供给商家的预授信贷款额度，需要贷款的时候，通过手机操作就能获得贷款，几秒就可以到账。通过支付宝提供的"多收多赚"业务，网商银行与阿里巴巴旗下、国内最大的 B2B 网站 1688 合作，为码商进货提供便利。在支付宝收单多、流水高的客户，可以在 1688 网站上获得更大的赊账采购额度。同时，通过支付宝的"余利宝"服务，可以在商户扩店升级的过程中提供理财服务，帮助商户增加收益。通过支付宝提供的"多收多保"服务，码商每增加一份支付宝收单即可获得一定的保额，如果发生意外或疾病，可以通过拍照上传医疗凭据，自主获得保险理赔，让码商消除后顾之忧。

网商银行还通过与中国人民大学等知名高校合作成立的蚂蚁小微大学，让所有小微经营者都能免费读 MBA，帮助提升经营能力。2019 年，网商银行率先开放合作，宣布推出"凡星计划"，向行业开放所有能力和技术，与金融机构共享"310"模式，即希望未来与1 000家金融机构一起，共同为3 000万小微经营者提供金融服务。

案例2

案例描述

小朱高价收购实名认证的淘宝店铺，以此获得店铺的经营控制权。随后，以淘宝店铺的名义，向网商银行的渠道申请专款用于经营的信用贷款。然而，小朱并没有按照规定合规用贷，而是将贷款用于个人消费等方面，事后拒不还贷，还让店铺"自生自灭"。请问网商银行的发展面临哪些困境？

案例分析

1. 系统性风险

与其他银行一样，浙江网商银行也面临系统性风险，但是在这些风险当中最重要的是银行系统的安全性风险和银行资金的流动性风险。安全性风险是指网商银行随时可能受到互联网上黑客的攻击，以及无孔不入的计算机病毒的入侵，这也是银行客户对网络银行的安全性提出质疑的主要原因。如果浙江网商银行的银行系统被入侵，那么银行和用户都将面临不堪想象的后果，如果网商银行不能保证银行系统的安全，那么将会直接导致客户的迅速流失。此外，互联网对网商银行的流动性风险存在放大的作用，因为网商银行是纯网络银行，那么一旦银行出现流动性风险，其影响扩散的速度可能会非常快。

2. 道德风险

由于国家尚未针对互联网银行建立起完善的金融监管体系，再加上单纯的互联网银行是完全的网络化经营，如果监管缺乏力度，不能确保银行信息披露的准确性，就有可能加剧道德风险产生危害，不能有效制约在银行经营的过程中非法利益的输送及其他不合规定的投机行为，最终必然会损害银行客户的利益和公司股东的权益。当银行发生道德风险时，客户在银行的资金就会处于风险当中，一旦违规的消息传出，就极易引起银行挤兑事件的发生，严重时还可能引起流动性风险，造成银行倒闭。道德风险的存在威胁了金融秩序的和谐稳定与银行的健康发展。浙江网商银行虽然明确了小存小贷限额和趋于扁平化的公司治理结构，希望依靠小额贷款的方式和更加直接的公司管理方式来分散和规避风险，但因为目前相关的法律法规还不够完善，仍存在一些潜在的道德风险。

3. 客户流失的风险

银行在公众当中的形象将会直接影响网商银行的经营状况，由于浙江网商银行由民营企业控股，并且是风险自担的银行，所以相比国有商业银行来说，网商银行是缺乏品牌知名度和信誉基础的，加之民企的资本实力有限，这就使得客户容易对网商银行产生不信任。同时，互联网银行具备较强的互联网特性，非常强调发展平台的作用。目前，平台发展已经成为互联网银行与传统商业银行之间竞争的核心环节，而浙江网商银行的客户资源主要是支付宝平台的用户和淘宝网站上的卖家等，这些客户都是电子商务平台的客户，网商银行借助蚂蚁金服的优势也就体现在平台内的客户数量，以及客户对平台的认可上。因为网商银行对于跨平台的客户挖掘仍力有未逮，所以通过不同平台之间的不断竞争，网商银行的客户也会有流失的风险。

4. 风控方式有效性风险

大数据风险控制的成功有两个关键点，一是，获取关于信贷个体的大量数据并且真实可靠；二是，大数据风险控制模型的宽度和深度能跨过多行业，并跨周期进行校准验证。数据的真实性直接影响变量的选取和模型的建立，这是基于构建信贷模型首先要考虑的问题。因此，浙江网商银行虽然通过大数据征信的方式来控制风险，但仍存在一定的有效性风险。

任务评价

请填写网商银行案例学习任务评价表（见表 10-4）。

表 10-4 网商银行案例学习任务评价表

班级		学号		姓名	
角色	○ 组长　　○ 组员		完成时间		
任务	完成情况记录				
	学生自评		生生互评		教师评价
评价占比（自设）	%		%		%
理论学习得分					
技能训练得分					
任务完成得分					
任务创新得分					
总评					

拓展练习

1. 丘丘由于"速冻水饺"订单，物流生意失败，客户流失殆尽，还欠下了 20 万元人民币的债务，她没有感叹命运的不公，用了一年的时间，一天打 3 份工，靠着从网商银行贷来的 8 万元人民币，不但将物流公司拉回了"生死线"，还成功运营了一家便利店、一家网店。请问网商银行采取了哪些举措帮助码商的发展？

2. 针对网商银行发展中存在的困境，你有什么好的建议？

项目十一
电子商务物流案例

电子商务物流就是在电子商务的条件下,依靠计算机技术、互联网技术、电子商务技术及信息技术等进行的物流活动。电子商务物流具有3个主要的标志,即商业模式的合理性、科学技术应用的先进性和管理方法的科学性。近年来,随着电子商务的蓬勃发展,物流市场热闹非凡,本项目以联邦快递、京东物流和菜鸟网络3种物流模式为例,对各模式的特点和优势、劣势进行分析,并针对典型案例进行解析。

任务一

联邦快递案例

▶ 任务描述 ▶▶

本案例介绍了联邦快递是如何发展成全球一流的快递集团的，重点分析了联邦快递管理模式及其核心竞争力，为国内快递产业发展提供借鉴。

▶ 学习目标 ▶▶

1. 熟悉联邦快递的运作模式；
2. 掌握联邦快递有哪些的核心竞争力。

▶ 思政目标 ▶▶

1. 学会从联邦快递的核心竞争力中体会创新、信息科技研发的必要性并明确努力提升自身核心竞争力的关键性；
2. 学会从案例中体会明确的目标和精确的做法的重大意义；
3. 学会从案例中体会节能环保的重要性并努力践行绿色低碳生活。

▶ 任务分配 ▶▶

本任务分 3 组进行，每组由 1 位组长和若干组员构成，组员在组长的带领下，根据【任务准备】模块的引导问题进行任务分工，理解联邦快递的运作模式，并掌握其核心竞争力，并填写表 11-1。

表 11-1 联邦快递案例学习任务分配表

班级		组号		组名	
角色	姓名	学号	任务分工		
组长					
组员					

▶ 任务准备 ▶▶

引导问题 1：联邦物流的运作模式有哪些？
引导问题 2：联邦快递有哪些的核心竞争力？

任务实施

一、认识联邦快递

联邦快递由前美国海军陆战队队员弗雷德里克·W. 史密斯于 1971 年在阿肯色州小石城创立。作为全球快递业巨头,为全世界的顾客和企业提供涵盖运输、电子商务和商业运作等一系列的满意服务。联邦快递屡次获选全球最受尊崇和信任的雇主,旗下 27.5 万多名员工和承办商均以"绝对、正面"的态度,秉持最严格的安全、道德和专业标准,并且以满足客户和社区的需要为本。

1. 联邦快递简介

联邦快递是一家国际性速递集团,提供隔夜快递、地面快递、重型货物运送、文件复印及物流服务,总部设于美国田纳西州。其品牌商标 FedEx 由公司原来的英文名称 Federal Express 合并而成。其标志中的 E 和 x 刚好组成一个反白的箭头图案。

联邦快递集团为遍及全球的顾客和企业提供涵盖运输、电子商务和商业运作等一系列的全面服务。作为一个久负盛名的企业品牌,联邦快递集团通过相互竞争和协调管理的运营模式,提供了一套综合的商务应用解决方案,年收入高达 320 亿美元。

联邦快递是全球最具规模的快递运输公司之一,为超过 235 个国家及地区提供快捷、可靠的快递服务。联邦快递设有环球航空及陆运网络,通常只需 1~2 个工作日,就能迅速运送时限紧迫的货件,而且确保准时送达。

2. 联邦快递运作模式——专门服务提供商

专门服务提供商提供标准的运输或仓储服务给各个行业的用户,通常以资产为基础。那些没有感到市场压力及没有准备好整合或改变供应链结构的企业可以使用专门服务提供商,以解决功能性问题。

(1) 以顾客服务驱动物流运作。以顾客为核心的服务观念几乎是美国企业国际物流运作模式成功的关键。

(2) 建立综合供应链系统。供应链系统包括对供应链中其他合作伙伴如供应商、分销商、分类包装商、承运商和仓储商的综合协调管理。联邦快递在跨国合作中与合作伙伴结成国际联盟。

(3) 运用信息技术支持物流系统。经验表明,整个供应链成员同时分享物流作业的关键信息是高效物流运作的保障。

(4) 利用第三方物流运作。这么做的目的是降低物流成本、提高企业核心竞争力。

3. 核心竞争力

(1) 航空运输能力。FedEx 拥有 672 架自有货机,为全球阵容最庞大的专用货机群之一,航空运输能力非常强大,再加上 FedEx 积极扩展全球的范围、争取航权,其航空运输网络几乎覆盖全球。例如,FedEx 在 1989 年借由并购增加了亚洲 21 个国家的航权,这对于以航空货运为主力的 FedEx 来说,是其最主要的核心竞争力。另外,由于 FedEx 拥有自有机队,可以让清关时间延后,这让 FedEx 在通常以小时为单位做比较的快递业中,大幅提升了自身优势,因此,FedEx 的清关能力与效率亦是其核心竞争力之一。

(2) 创新服务。FedEx 始终秉持开放的态度、持续不断创新成长的精神,并且在挫败中快速学习与改进,给人的感觉总是充满了活力与朝气,这些都归因于其不断尝试创新的精神。举例来说,创业初期 FedEx 创始人弗雷德里克就设计了一套轮辐状的全国空运服务网络,并且以孟菲斯(Memphis)为该轴辐的轮轴,将其作为所有包裹的中央处理中心。借由该网络，FedEx 率先开展隔夜送达（Overnight Delivery）和全球准时送达（World on Time）两项服务，颠覆快递业长期以来的惯例，成为快递业的领先者。

（3）信息科技研发能力。FedEx 拥有 6 000 多名 IT 工程师，因为 FedEx 不仅提供货运服务，更提供信息相关服务，FedEx 的资讯工程能力非常强大，常推出许多创新技术来提升 FedEx 的自身能力，包括 1979 年提出的 COSMOS 系统及后续推出的货件实时查询系统（Real Time Tracking）等，显示了 FedEx 强大的信息科技能力。FedEx 的 IT 工程师还可以替顾客写软件，例如，顾客的 ERP 系统通常是非常昂贵的，而 FedEx 的 IT 工程师能够研发一个接口，让其顾客的 ERP 系统与 FedEx 的计算机系统相链接，用户就可以直接在网络下单、查询；若有顾客需要从事电子商务，FedEx 亦能够帮助顾客规划与建置，只要将物流运输部分交由 FedEx 负责即可，如此，顾客不仅不需要花费更多的人力、建设等成本，同时亦能提升服务质量、创造更高的价值。

二、联邦快递案例分析与应用

案例1

案例描述

尹经理是联邦物流的一名资深员工，近些年来，他发现电子商务风潮在全球的崛起，电子商务企业对物流服务的需求越来越大。尹经理和公司高层一致认为，快递从业者应该增加自己对顾客的附加价值。特别是对企业用户来说，联邦快递要扮演全球物流专家角色，可以提供企业增值的服务。那么，联邦快递怎样才能成为顾客的"全球物流专家"呢？

案例分析

要成为顾客的"全球物流专家"，联邦物流需要有明确的目标、理想和精确的做法。

（1）联邦快递的目标是做顾客的"物流专家"。联邦快递认为，快递从业者应该增加自己对顾客的附加价值，朝着做顾客的"全球物流专家"的角色迈进。这个角色的实现要求联邦快递必须增加自己对顾客的附加值并与顾客建立良好的互动与信息沟通模式。其业务内容应包括：一是，提供整合式维修运送服务。联邦快递提供货件的维修运送服务，如将损坏的计算机或电子产品送修后送还使用者。二是，扮演顾客的零件或备料基地。联邦快递可扮演零售商的角色，提供诸如接收订单、客户服务处理及仓储服务等。三是，协助顾客合并分销业务。联邦快递可协助顾客协调数个地点之间的产品组件运送过程。过去，顾客必须自己设法将零组件由制造商处送到终端用户手上，现在的快递从业者则可全程代劳。

（2）联邦快递的愿望是成为全球物流业的领头人。联邦快递以其广阔的业务范围、最先进的电子方案、优质的服务，力求成为全球物流业的领头人。其成功的关键是让顾客节省成本。应用 WAP 功能货件追踪服务电子方案是联邦快递应用高科技给顾客带来更多便利、使顾客放心的明智之举。

（3）联邦快递的理想是成为全球物流业管理的坚强后盾。联邦快递一流的运输设备和遍及各地的服务中心是其成为"全球物流专家"的坚强后盾。要成为企业全球物流管理的后盾，联邦快递势必要与顾客建立良好的互动与信息沟通模式，企业才能掌握货品的所有配送过程与状况，就如同掌握企业内部的物流部门一样。

（4）联邦快递的最大特点是为顾客节省成本投资。为顾客节省成本投资是对联邦快递的全球物流业务最强有力的支持。这样做的目的在于利用其快递物流中心，协助顾客节省仓储系统的大笔固定成本投资，同时，顾客还能享受变动成本的便利。

（5）联邦快递最精明的做法是帮顾客规划物流路线与方案。顾客的订单，可以通过联邦快递的系统管理加以优化，这样联邦快递就可以帮助顾客规划最佳的全球物流路线与方案，进一步协助业者简化与缩短货品分销全球的流程。

案例 2

案例描述

FedEx 每天向世界 200 多个国家和地区发送几千万个包裹，飞行里程约为 70 万千米，行驶近 280 万千米。假设在这一过程中忽略了节能和环保，那么这一系列的高强度物流活动将会对气候和环境造成严重的污染及破坏。作为世界快递巨头的联邦快递（FedEx）在发展自身业务的同时，也应致力于节能和环保事业，树立其履行企业责任的良好形象。联邦快递公司总部的文斯先生准备在一次国际会议上就 FedEx 的绿色物流进行主题报告，作为他的助理艾米丽该为文斯先生准备哪些材料？

案例分析

此案例中的艾米丽作为助理，应从多渠道收集、整理 FedEx 在节能和环保领域进行的积极探索和取得的一系列令人瞩目的成果，例如，大规模采用高效飞机，提倡建立轻型车辆运输系统；增加对电力的使用，减少对石油的依赖；开发新技术，使物流系统、运输工具和线路效率更高等，这些措施既体现了 FedEx 在保护环境、提高人类生存质量方面的社会责任，更在行业内树立了标杆，为其他企业在此方面做出了榜样。

（1）大规模采用高效飞机。近些年来，FedEx 注意到现代飞机技术发展日新月异、新型飞机层出不穷、飞机燃油效率不断提高的现实，开始引入一些新机型，如波音 777F 和波音 757。新机型拥有更高的燃油效率和更大的载货量，能够显著降低货运燃料消耗。

在大量购置波音 777F 的同时，FedEx 也提高了用新型飞机替换旧有飞机的数额，如，开始使用波音 757 替换波音 727，进而使每磅载货量的燃料消耗减低了 47%，并减少了维护费用。在飞机更换一项上，就为 FedEx 节约了大量燃油，减少了大量经营成本。

（2）使用电动汽车。电动汽车指以车载电源为动力、电机驱动车轮行驶的车辆。混合动力电动汽车指车上装有两个以上的动力源，包括由电机驱动的汽车。车载动力源有多种，例如，蓄电池、燃料电池、太阳能电池、内燃机车的发电机组。这种汽车能显著减少汽油的使用，进而减少碳排放。经过 FedEx 的计算，43 辆电动汽车或者 365 辆混合动力电动汽车的二氧化碳的排放量与 10 辆燃油卡车相当。

正因为如此，FedEx 在过去的几年中加大了对电动汽车和混合动力电动汽车的购置力度，新能源汽车在车队中的比重不断提高。

（3）降低燃油消耗。尽管 FedEx 大量采用了电动汽车和混合动力电动汽车，但是在 FedEx 车队中仍有大的燃油卡车。针对这种情况，FedEx 致力于汽车燃油效率的提高，通过新技术研发改善燃油效率。

除了提高汽车燃油效率，FedEx 还从细节入手减少燃油消耗。就如何使用送货车来说，FedEx 通过试验和经验积累，清楚地知道驾驶时有 3 种情况会影响能源消耗，分别是开什么车、到哪里和由谁来开。因此，FedEx 每年都会选用一批更高效的车辆上路，每天都会根据交通情况的变化通过技术改变线路，此外，FedEx 还会不断向团队成员传授最优驾驶方法。

FedEx 在亚太地区推行了一项名为"节能驾驶"(Eco-Driving)的项目,这个项目旨在通过改变司机日常的驾驶习惯,减少碳排放以减少对环境的影响。一位日本的 FedEx 代理商就是该项目中的数百名团队成员之一,当时他作为速递员加入 FedEx,现在为所有日本驾驶员管理燃料消耗。这位代理商清楚地知道驾驶对环境的影响,因此,他一直致力于降低燃油消耗。

现在,他每天总是先浏览东京街道的交通状况之后再去上班,以便为送货车提供最佳的行车路线。其他为数众多的 FedEx 成员也在为改善环境质量而不懈努力。

FedEx 还与五十铃汽车公司合作制定了节能驾驶方案。五十铃汽车公司对日本速递员的驾驶情况进行了详细的统计,发现日本的速递员有约 70% 的时间待在车里,每天驾驶约 60 英里(1 英里≈1.609 千米),停车 30 次。根据五十铃汽车公司的调查结果,FedEx 发现了 20 种行为可以减少车辆废气排放,其中包括缓慢加速、匀速、提前加速、慎用空调和减少空转时间等。

FedEx 认为,减少废气排放的责任首先落在驾驶员身上。因此,FedEx 将节能驾驶提示于车内的醒目位置,而驾驶员用的钥匙链上也标记着节能驾驶五项原则。自 18 个月之前开始实施计划以来,在日本拥有 150 条线路的最大操作站的燃油效率提高了 14%。

目前,FedEx 还在社区内指导节能驾驶,为所有有条件实施计划的操作站里的团队成员举办节能驾驶讲座,并邀请社区人士参与,为整个地区的节能降耗做出了贡献。

任务评价

请填写联邦快递案例学习任务评价表(见表 11-2)。

表 11-2 联邦快递案例学习任务评价表

班级		学号		姓名	
角色	○ 组长　○ 组员		完成时间		
任务	完成情况记录				
	学生自评		生生互评		教师评价
评价占比(自设)	%		%		%
理论学习得分					
技能训练得分					
任务完成得分					
任务创新得分					
总评					

拓展练习

1. 各小组分配任务,浏览以下 4 大物流网站:UPS、FedEx、DHL 和 TNT。
2. 各小组选择两个或两个以上物流,并对它们进行 SWOT 分析,如图 11-1 所示。

图 11-1　SWOT 分析

任务二

京东物流案例

任务描述

本案例介绍了京东物流是如何发展成全球一流的快递集团的，重点分析了京东快递管理模式及其核心竞争力，为国内快递产业发展提供借鉴。

学习目标

1. 了解京东物流的运作模式及特点有哪些；
2. 掌握京东物流成功的因素；
3. 掌握京东物流目前发展中存在哪些问题及解决策略。

思政目标

1. 学会从京东物流成功的因素中体会科技创新、合作发展的重要性；
2. 学会从案例中体会京东物流在发展中所体现的社会责任感并努力提升自身的社会责任感；
3. 学会从案例情景中发现问题，掌握科学分析问题、解决问题的辩证方法。

任务分配

本任务分3组进行，每组由1位组长和若干组员构成，组员在组长的带领下，根据【任务准备】模块的引导问题进行任务分工，理解京东物流的运作模式及特点，学习京东物流成功的因素及发展中存在的问题及解决策略，并填写表11-3。

表11-3 京东物流案例学习任务分配表

班级		组号		组名	
角色	姓名	学号	任务分工		
组长					
组员					

任务准备

引导问题1：京东物流的运作模式及特点有哪些？
引导问题2：京东物流成功的因素是什么？
引导问题3：京东物流在目前发展中存在哪些问题？针对这些问题的解决策略是什么？

任务实施

京东物流主要致力于为商家提供软硬件高度协同的、有价值的、值得信赖的、服务可承诺的、全托管式的供应链一体化服务。京东物流服务主要包括到仓服务、商务仓、经济仓、大件商务仓、售后仓,以及库内包装定制、盘点服务等特色增值服务。京东物流贯穿商品从工厂到消费者的 B2C 正逆向全业务场景,提供满足用户需求的供应链解决方案。用户可以根据实际需要选择仓配服务模式。

京东物流区别于单纯的仓储、运输和配送物流服务模式,它集合收货、仓储、拣选、包装、分拣、配送等功能于一身,贯穿整个供应链。比起传统的、独立运行的物流服务模式,京东物流供应链模式缩短了配送周期,连接了服饰、消费品、家电等重点行业,帮助商家优化库存、提高效率、提升用户体验、提高销量,实现价值最大化。

一、认识京东物流

1. 京东物流简介

京东集团于 2007 年开始自建物流,2012 年正式注册物流公司,2017 年 4 月 25 日正式成立京东物流集团。京东物流以技术驱动,引领全球高效流通和可持续发展为使命,致力于将过去十余年积累的基础设施、管理经验、专业技术向社会全面开放,成为全球值得信赖的供应链基础设施服务商。

京东物流是全球唯一拥有中小件、大件、冷链、B2B、跨境和众包(达达)6 大物流网络的企业,凭借这 6 张大网在全球范围内的覆盖及大数据、云计算、智能设备的应用,京东物流打造了一个从产品销量分析预测,到入库、出库,再到运输配送各个环节无所不包、综合效率最优、算法最科学的智能供应链服务系统。

同时,京东物流着力推行战略级项目青流计划,从环境、人文社会和经济 3 个方面,协同行业和社会力量共同关注人类的可持续发展。

知识链接:
京东物流发展历程

2. 京东物流运作模式及特点

综合型电子商务的物流运作模式一般为,供应商预先将产品存放于综合型电子商务的自有仓库,一旦有顾客在综合型电子商务网上下订单订购商品,则由仓储操作,之后其配送环节可根据配送目的地,选择自营或外包给第三方物流服务商。

京东商城的物流运作模式是自建物流与外包给第三方物流相结合的方式。京东商城采用这一物流运作模式,而不完全依赖第三方物流的原因是,第一,京东商城认为最后一公里是直接与顾客面对面的时机,第三方物流无法完成品牌传播和售后服务等工作,而个性化的需求,如以旧换新等服务难以借助第三方完成。第二,由于京东商城需要压品牌商品供应商的库存,因此需要快速的资金流转,但是如果将代收货款业务交给第三方物流操作,账期太长,资金的周转速度被限制。通过自建物流体系和自建信息系统,京东商城有效提高了货物周转率。

综合来看,京东物流运作模式的特点是,配送实效性强,货物周转率高,服务质量高;返款准时安全,资金流周转速度快;信息系统无缝对接,能形成畅通的信息闭环;能满足顾客的个性化需求;品牌效应强。

3. 京东物流成功的因素

（1）全网覆盖——拥有全球唯一高效协同的六大物流网络。京东物流是全球唯一拥有中小件、大件、冷链、B2B、跨境和众包（达达）6大物流网络的企业。截至2020年9月30日，京东物流在全国运营超过800个仓库，包含云仓面积在内，京东物流运营管理的仓储总面积约2 000万平方米。京东物流已投入运营的30座"亚洲一号"智能物流园区及超过70座不同层级的无人仓，形成了目前亚洲规模最大的智能仓群之一。京东物流大件和中小件网络已实现大陆行政区县近100%覆盖，90%区县可以实现24小时达，自营配送服务覆盖了全国99%的人口，超90%自营订单可以在24小时内送达。

（2）全景智能——推动物流成为科技创新最佳应用场景。作为技术驱动、数据智能的科技物流企业，京东物流已经搭建起软硬件一体智能物流体系，在数字化仓储、运输、配送等全环节实现AI驱动、智能规划、高度协同和高效履约，提供全渠道+全链条的数字供应链服务。同时，京东物流在无人机、无人车、无人仓、人机交互等智能物流设施上进行了大量的前瞻性布局，用创新驱动物流智能化迭代，推动物流成为人工智能、大数据、IoT、5G等技术最佳的应用场景。

（3）全链共生——携手全球合作伙伴共同发展。京东物流已经与全球200多家行业领军企业达成共生战略伙伴关系，通过开放、融合、协同发展的行业生态，建设包括商家、行业和整个社会在内的共生价值体系，共同提升物流服务能力，为社会全面创造价值。

（4）全球互通——逐步构建全球"双24小时"通路网络。京东物流将通过在全球构建"双24小时"通路，实现中国24小时通达全球，并提升世界其他国家本地物流时效，实现当地24小时送达，帮助中国制造通向全球，全球商品进入中国。

（5）高品质的物流体验。京东物流的仓配一体化模式大大缩短了物流时间，使绝大部分商品可以实现当日达或次日达，其服务增加了消费者的认可度，提升顾客留存率。安全性高、配送速度快、服务质量好的物流服务是京东物流的优势，也是京东的核心竞争力。

（6）自身的品牌和广告效应。京东物流在承担物流业务的同时，也起到了帮助京东商城树立品牌和企业形象的作用。在运输车辆方面，京东拥有自己的车辆，标准统一的运输货车在城市中穿梭发挥了广告效应；在员工制服方面，快递员统一穿着印有京东logo的制服，在配送快递的同时间接地为企业做宣传。同时，在京东全面对社会开放后，这种品牌和广告效应会进一步增大，为京东商城带来更多潜在消费者。

二、京东物流案例分析与应用

案例1

案例描述

在2020年初的新冠肺炎疫情中，许多企业和个人捐款捐物，体现出在灾难面前的强大凝聚力。然而，大家都忽视了一个问题，那就是所有的捐赠物资，需要物流企业才能顺利运抵湖北。

1月31日，广州医科大学附属第一医院钟南山院士团队打电话咨询京东物流驰援武汉特备通道，想捐赠100台制氧机给武汉汉口医院，希望京东物流帮忙运输。2月2日上午，这批物资顺利抵达武汉汉口医院，仅用36小时。听到这个消息，钟南山院士亲自挥笔写下"感谢京东心系医疗救助一线,以最快的速度将急需医疗物资送达武汉。"事实上,这只是京东物流在这次防控疫情上的一个缩影。毕业后有志于从事物流相关行业的小李,很想知道京东物流是如何在如此短的时间里完成这一运输任务的。京东物流到底有哪些优势和劣势呢?

案例分析

从该案例中可以体会到京东物流在发展中所体现的社会责任感。京东物流能在如此短的时间内完成这一紧急任务主要归功于京东物流所具备的"三大实力"。第一,遍布全国的仓储中心,以及强大的干线、支线配送能力;第二,快捷的反应机制和资源统筹调配能力,前方拥有很强的决策应变权;第三,大数据备、发货,供应链物流和无人物流的科技赋能。

京东自建物流体系如图11-2所示,以打造客户体验最优的物流履约平台为使命,通过布局全国自建仓配物流网络,为用户提供一体化的物流解决方案。作为互联网新商业自建物流体系的代表,京东物流建立了包括京东物流供应链、京东快递、京东快运、京东冷链、京东云仓等在内的物流体系,不管是大件物流还是中小件物流、冷藏冷链物流、短距离配送O2O物流,京东物流实现了遍及全国的物流网络全覆盖。

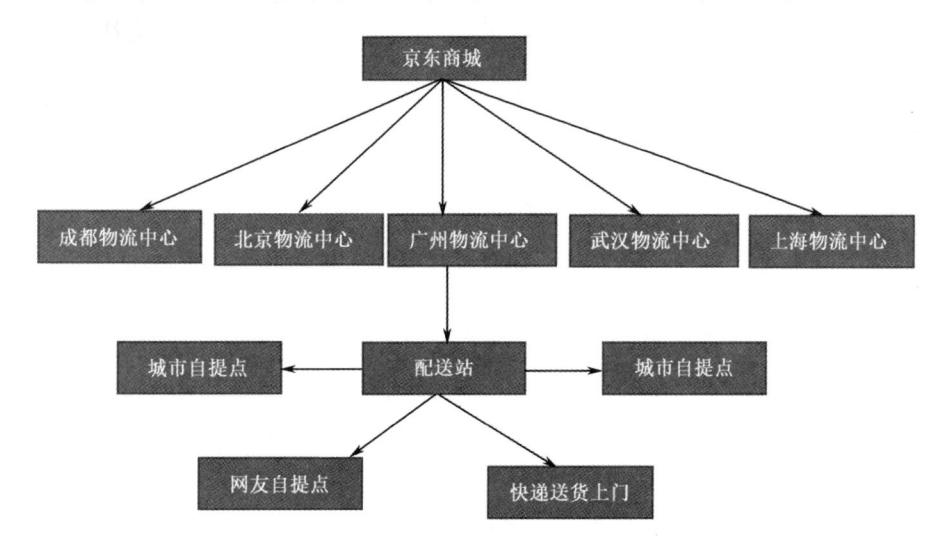

图11-2 京东自建物流体系

其智慧物流体系以"无人仓、无人机、无人车"研发为基础,主打全自动仓储,并利用自身在自营和平台上收集的大量数据进行仓储物流的定位分析。京东利用完整的物流体系和物流能力,为其自营商铺及第三方商家提供完整的物流服务。京东目前已在全国运营405个大型仓库,仓储面积达900万平方米。2014年,京东就成立了亚洲一号自动化物流中心,大部分环节都实现了自动化,提高了仓储的运营效率。2016年10月,京东事业部智慧物流实验室第一次向众人展示了由机器人、人工智能算法和数据感知网络打造的全自动仓储场景。

具体来说,京东物流的优势和劣势如表11-4所示。

表11-4　京东物流的优势和劣势

优　势	劣　势
独创的仓配一体模式奠定了自身的供应链服务优势,以客户体验为中心进行网络、服务模式和产品设计,使体验和效率成为京东物流的核心竞争力	企业自营物流增加了企业的投资负担,削弱了企业抵御市场风险的能力
运营效率上,通过"全球""全景""全链"的通路网络智能数据双轮驱动实现高效运营	
在财务效率上,通过打造在线、实时、前瞻的财务体系,保障结算、资金和财务数据等的快速流转,为管理层、投资人提供业务、市场、战略等前瞻性洞见	初期投入太高,在初期自建物流未完善之前,系统管理跟不上,专业化程度不够高
大数据能力,即通过数据安排铺货,合理配置存货和仓储资源,可以使企业掌握对物流的控制力	
自营物流可以使物流、资金流、商品流、信息流结合得更加紧密,从而提高物流作业的效率,减少资金占用	物流中心的处理能力根本跟不上,越来越多的消费者体验不佳
在一定程度上降低配送成本	存储货物过多,难于管理等

案例2

案例描述

杨磊几年前被定岗到京东在上海的大家电仓做仓储经理,他讲到一次搬仓的经历,华东区本来库存资源就紧缺,又遇上气候炎热,空调卖得火爆,结果爆仓了。杨磊接到通知,3天内要搬清库房,将6万台电视机腾出,他二三十人的团队连续干了三天三夜,到第三天白天杨磊几乎站着就能睡着。此时,空调订单像雪片一般飞来,如果再多积压一天,整个运营体系就会被压垮。普通员工基本是凌晨两三点收工,他们在公司的客房或公司临时租订的宾馆睡上三四个小时,早上6点又起床上班,白天完成日常订单生产,晚上搬仓,而管理人员除了搬仓,在员工离开睡觉的时候,还得继续清理上架等环节的异常情况,维护好系统。

在京东,所有人都在向前奔跑,没有人能够按部就班地保持慢悠悠的节奏,因为有时间限制,从打印订单到打包出库,必须在一小时内完成。作为仓储经理的杨磊可以从爆仓、搬仓事件中得到哪些启示?可以就此向公司高管提出哪些建设性的建议?

案例分析

对待此案例中出现的这些问题,要掌握科学分析问题、解决问题的辩证方法。作为仓储经理,杨磊在向公司高管提建议之前,应该先对京东物流的仓储体系现状做一个全面的了解,并分析其存在的问题,然后在此基础上给出合理的建议。

1. 京东商城的仓储体系现状

(1) 仓库分布。京东商城已经在北京、上海、成都和广州这四个城市建立了面积超过10万平方米的大仓库,在全国将拥有4个一级库房。北京、上海、广州已经实现自建物流配送体系。各地物流中心均采用租用库房的方式建立。

除此之外,其他地方选用第三方物流公司实现物流配送。出于成本的考虑,京东商城的物流队伍只进行"最后一公里"的配送,城市之间的物流还是交给第三方物流公司来完成。

京东商城计划在全国范围内建立15～20个二级库房,达到每隔600公里都将有一座京东商城的仓储中心或库房的目标,提高自己的仓储容量和配送效率。

(2) 仓储作业流程。与传统仓储作业采用大量人工的低效作业方式相比，京东的仓储管理采用自动化机器设备加上智能化管理，合理地分配了仓储空间和快捷地送配货，大大提高仓储的效率。而京东仓储集合了智能化的管理系统、个性化的订单履约能力、多业务形态和仓储形态的产业链级一体化物流能力和有效管理运营的社会化物流动员能力，大大提升了京东在市场的竞争力。

仓储作业具体流程如下。

入库：验收员用无线设备扫描后，系统会自动进行一系列运算，自动将货物放到相应的地方。

出库：系统自动完成了波次安排，智能定位、任务分配、一键领取，工作人员在智能设备上操作就能完成，直到拣货及库存打包等。

库内：如移库盘点等，系统自动运算出对应位置的对应货物缺少情况，做出从二级补货位到一级补货位补货等动作。

2. 京东商城仓储存在的问题

(1) 供应链过长导致仓储价值过多。京东商城主要提供的 3C 产品的毛利率非常低。在整个供应链中，每一个环节所扮演的角色就越发重要，在整个价值链中分别为厂商、经销商、门店。京东因为销售量过低，所以议价的能力也很低，从经销商拿货直接导致毛利率超低，而更可怕的是库存量超高。

对于京东商城来说，目前还是从经销商处采购货物，而不是从厂家采购，所以，京东也没有办法解决这个问题。

(2) 售后退换待处理的仓储过多。在京东商城的仓库里，待处理的售后退换的库存太多，大约占整个京东仓储的 30%，这在其他同类的 B2C 企业中属于过高的水平。究其原因，就是对于采购进来的商品检验的欠缺，导致经常出现因货品质量问题而出现退换货的现象。退换货直接导致库房的空间不够用，而且，对于那些退换订单的二次录入、成本的核算及再发货的过程很烦琐，一旦发生退换货的情况，对于整个公司的品牌效应是极大的破坏，并且退回来的货物直接导致仓储的压力变大，甚至最后整个物流仓储系统的瘫痪。因此，售后的退换订单数量过多的问题是急需解决的。

(3) 服装、食品酒水等系列商品的储存管理缺乏合理化安排。京东的主要储存物品包括服饰、食品酒水、美妆护理、通信数码 4 大品类。其中，服装类具有季节属性，上新快、SKU 宽度大、深度浅、退换货多、库存压力大等是服装类商家一直头疼的问题，加上服装的潮流属性和设计属性，销售状况的不确定性也很大。食品酒水、美护产品等往往有易碎、有严格保质期等特点，需要更细致的呵护。

3. 京东商城仓储问题的解决策略

(1) 缩短供应链，降低采购价格。目前，对于京东来说，最重要的任务便是缩短供应链，减少厂商与自己的中间环节，通过与厂商的直接谈判来降低采购的价格，从而提高产品的毛利率。可以通过与厂商协商，建立新的采购模式，京东根据对市场情况的判断提前从厂家采购一定量的产品，只从厂商那里将一部分产品放入京东仓库中，这样可以减少库存及安全库存，也可以减少一部分仓储成本。

(2) 对整个供货过程进行全方位监督。要提高产品质量的控制力。产品质量和优质的服务是京东生存的根本。因此，要从源头抓产品的质量问题，建议全程监督采购订单，包括原材料的采购，从生产线的生产到最后物流过程的每一个环节都要有相应的监

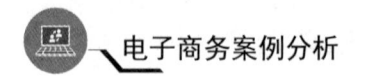

督措施。

另外，京东可以为合作企业建立相应的诚信体系和服务质量体系，根据企业的表现，为企业的诚信体系和服务质量进行评判，择优而用，选择更适合自身发展的企业进行合作。

（3）建立产品信息库，根据市场情况进行预测并合理安排。京东仓储应该充分考虑各类产品要求和各行业特征。对于服装、食品，从销售前就开始准备，并在试销期、畅销期、促销期、滞销期等完整销售链条中进行主要的问题分析，并在此基础上进行合理的安排。

任务评价

请填写京东物流案例学习任务评价表（见表11-5）。

表11-5　京东物流案例学习任务评价表

班级		学号		姓名	
角色	○ 组长	○ 组员		完成时间	
任务	完成情况记录				
	学生自评		生生互评		教师评价
评价占比（自设）	%		%		%
理论学习得分					
技能训练得分					
任务完成得分					
任务创新得分					
总评					

拓展练习

1. 各小组分配任务，浏览下列两大物流官方网站：顺丰速运、京东物流。
2. 对比分析顺丰速运与京东物流，并将结果填写在表11-6中。

表11-6　顺丰速运与京东物流的对比

项目	顺丰速运	京东物流
时限、价格		
业务		
核心竞争力		
供应链管理		
发展战略		
发展方向		

任务三

菜鸟网络案例

任务描述

本案例介绍了菜鸟网络的发展，重点分析了菜鸟网络的运作模式、盈利模式及其发展战略和发展困境。

学习目标

1. 了解菜鸟网络的运作模式及特点有哪些；
2. 了解菜鸟网络的盈利模式；
3. 掌握菜鸟网络的发展战略及有哪些发展困境。

思政目标

1. 学会从菜鸟网络的发展和案例中体会协同合作、创新发展的重要性；
2. 学会从案例中体会做足准备、做足功课的关键性。

任务分配

本任务分3组进行，每组由1位组长和若干组员构成，组员在组长的带领下，根据【任务准备】模块的引导问题进行任务分工，理解菜鸟网络的运作模式及特点，学习菜鸟网络的盈利模式并掌握其发展策略及发展困境，并填写表11-7。

表11-7 菜鸟网络案例学习任务分配表

班级		组号		组名	
角色	姓名	学号	任务分工		
组长					
组员					

任务准备

引导问题1：菜鸟网络的运作模式有哪些？有哪些特点？

引导问题2：菜鸟网络的盈利模式是怎样的？

引导问题3：菜鸟网络遇到了什么样的发展困境？

任务实施

一、认识菜鸟网络

菜鸟网络科技公司（简称菜鸟网络）由阿里巴巴联合其他金融企业、物流公司共同组建，致力于打造社会化物流网络协同平台。通过技术创新和高效协同，菜鸟网络持续推动快递物流向数字化、智能化升级，为全球消费者提升物流体验，为全球商家提供智慧供应链解决方案，帮助降低全社会物流成本。

1. 菜鸟网络简介

菜鸟网络科技有限公司成立于 2013 年 5 月 28 日，由阿里巴巴集团、银泰集团联合复星集团、富春控股、三通一达（申通、圆通、中通、韵达）等共同组建。其中，天猫出资 21.5 亿元，占股 43%；银泰集团投 16 亿元，占股 32%；富春控股投 5 亿元，占股 10%；复星集团投 5 亿元，占股 10%；顺丰、圆通、中通、申通、韵达各出资 5 000 万元，各占股 1%。

菜鸟网络的核心是通过数据驱动、社会化协同，与合作伙伴搭建全球智慧物流骨干网络，提高物流运作效率，加快商家库存周转，降低社会物流成本，致力于实现中国范围内 24 小时送货必达、全球范围内 72 小时送货必达。由此可见，菜鸟的商业逻辑是搭建平台，引入智能、开放的互联网协同模式，让物流供应链条上不同服务商、商家和消费者实现高效连接，适应未来物流需求，达到提升品质、降本提效的目的。

一方面，菜鸟网络在物流运营的基础上搭建"开放、共享、社会化"的基础设施平台，通过自建、共建、合作、改造等多种模式，在全国范围内构建一套开放的社会化仓储设施网络。另一方面，菜鸟网络通过大数据、云计算等新技术，建立开放、透明、共享的数据应用平台，为电商企业、物流企业、仓储企业、第三方物流服务商、供应链服务商等各类企业提供服务，实现信息共享，通过整合上下游产业，使菜鸟网络成为电子商务、智能仓储、快递和消费者、供应链的集成商。

截至 2018 年 8 月，通过菜鸟与合作伙伴的努力，全球智慧物流网络已经覆盖 224 个国家和地区，并且深入中国 2 900 多个区县，其中 1 000 多个区县的消费者可以体验当日达和次日达的极致配送。

2. 菜鸟网络的商业模式

菜鸟网络构建的是一个前所未有的开放大平台。在菜鸟网络这个平台上，业务模式不再是阿里巴巴那样简单的 B2B，也不再是淘宝、天猫那样简单的 B2C，而是各种电子商务模式的大融合，参与各方将实现资源和信息的共享，而物流基础环节将延伸至采购管理、订单管理、库存管理、商品管理等供应链管理的各个环节，从而使菜鸟网络一跃成为世界级水平的供应链管理平台。因此，菜鸟网络将推进、催化和加速物流一体化的大融合。

（1）菜鸟网络的运行模式。高速发展的电子商务所代表的中国新经济，急需构建规模更大、效率更高、网络更完善、服务更优质的社会化物流基础设施。然而，这种规模和程度的社会化物流基础设施不是哪一家物流企业凭借个人力量能够实现的。因此，菜鸟网络要做的事情就是对现有社会物流资源进行"整合"，建成仓储的全国网络、中心仓的全国网络，实现平台开放、资源共享、服务集成的目标。

阿里巴巴系统一端对供应商，一端对消费者，谁也离不开菜鸟网络。离开了菜鸟网络，消费者找不到产品，产品找不到消费者。与苏宁易购、京东商城、易迅网等自建物流不同的是，阿里巴巴系统依靠社会化分工，菜鸟网络的主要目的是提供标准、仓储、干线运输等社会资源可自由接入的平台。

由此可见，菜鸟网络的问世意味着"电商+物流"模式的发展进入新阶段，这将给我国流通业发展格局带来深刻变化。菜鸟网络的建成和实现主要包括两个部分：一是全国几百个城市通过"自建+合作"的方式建设物理层面的仓储设施；二是利用物联网、云计算技术建立虚拟层面的仓储设施，即基于数据应用平台的虚拟仓储，并共享给电商企业、物流公司、仓储企业、第三方物流服务商和供应链服务商。

如果说菜鸟网络的核心是基于线下的实体仓库，那么其灵魂则是基于线上依托大数据支撑的虚拟仓储，是菜鸟网络在全国实现 24 小时送达的核心投入。虚拟仓储的概念是指通过智能化（云计算）手段帮助电商企业管理自有仓储，将电商企业分散在各地、分属于不同所有者的仓库通过网络系统连接起来，使之成为"虚拟仓储"，并进行统一的管理和调配。这就意味着今后电商企业的销售状况、仓库存放的货品信息都将全部进入一个平台，并由菜鸟网络这个大平台来控制，从电商企业的销售、下单开始介入，直至入库、库中管理、出库和最后的配送服务，菜鸟网络都会帮助电商企业共同完成。毫无疑问，菜鸟网络使传统仓储的服务半径和货物的集散空间都放大了，在组织资源的速度、规模、效率和资源的合理配置各方面都是传统物流无法比拟的。

举例来说明菜鸟网络的基本运营模式，一家快递公司收到一个发往北京的包裹，恰好没赶上这班车，需要在仓库耽误几个小时甚至一天的时间。而通过菜鸟网络平台，可以搭上另一快递公司的车辆，减少等待时间。同理，一个写字楼现在可能各家物流公司的业务员都在派送包裹，但如果集中为一个人负责，成本会节省许多，而且每个人只负责一个小区域，效率也会提升。在菜鸟网络平台上，如果各家快递公司都能实现无缝对接，一个包裹可能会在最短时间内，经过几家不同快递公司之手运到买家手中，从而实现 24 小时任意达的目标，运营模式如图 11-3 所示。

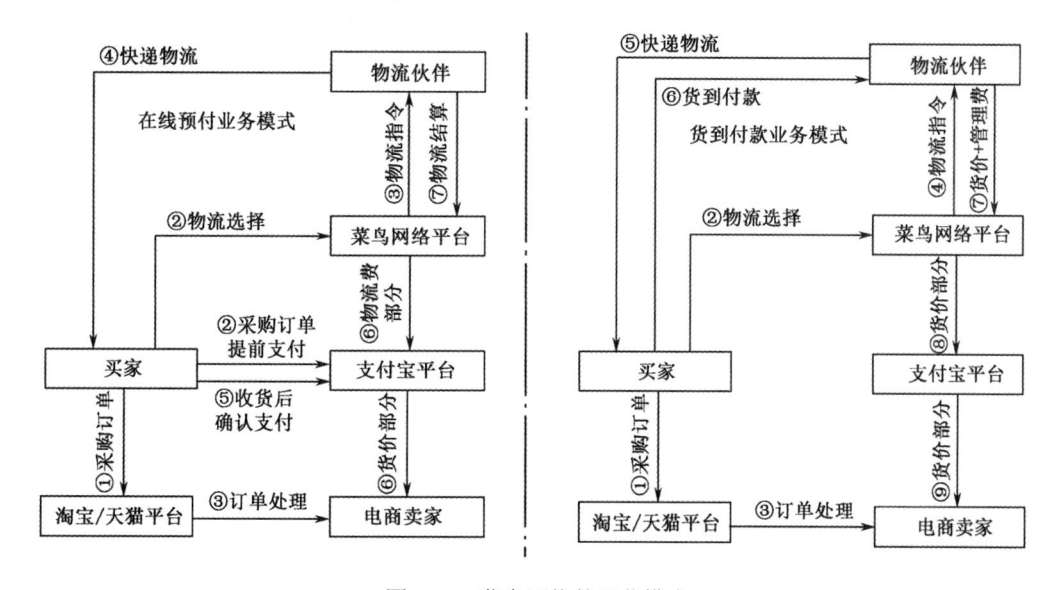

图 11-3 菜鸟网络的运营模式

（2）菜鸟网络的盈利模式。

① 大数据。该模式是指将菜鸟网络延伸到干线系统，然后通过物流运营产生的大数据获取更多的商业价值。这个模式在国外很流行，如 UPS 和亚马逊合作，UPS 可以告知亚马逊，从流量来提醒它做促销的动作。未来的物流公司都是科技公司，它会提供每一项基于物流的时间成本效率质量及全球定位系统等一系列数据，从这些数据里可以分析出顾客的需求、物流执行的效率和资源整合的能力。这对于物流经营、前端的电子商务大数据挖掘和优化都具有巨大的价值。

② 物流园区。该模式的核心是通过平台整合物流园区。在中国，物流园区是会不断增值的，随着城市化的发展，园区增值的空间非常巨大。菜鸟网络的园区就是物流骨干网中的关键点和大血管，菜鸟网络自己并不参与园区的运作，只负责对其中的合作企业进行整合。

③ 供应链金融。菜鸟网络整体的运营情况非常复杂，会涉及供应链平台的打造和信息金融。物流供应链金融是当前理论和实践研究的热点，有非常大的发展空间。苏宁易购、京东等大型电子商务平台都在发展供应链金融，认为其是未来能够驾驭物流的主流业务。阿里金融原来只服务于淘宝交易，现在提供的其他服务也越来越多。供应链金融将是菜鸟网络重要的盈利模式。

（3）菜鸟网络的发展战略。

① 优化资源结构，发挥整体优势。菜鸟网络利用先进的互联网技术，建立开放、透明、共享的数据应用平台，为电子商务企业、物流公司、仓储企业、第三方物流服务商、供应链服务商等各类企业提供优质服务，支持物流行业向高附加值领域发展和升级，最终促使建立社会化资源高效协同机制，提升中国社会化物流服务品质，打造中国未来商业基础设施。

② 利用先进的网络技术提供开放的服务平台，助力经济的发展和产业升级。菜鸟网络应用物联网、云计算、网络金融等新技术，为各类电子商务企业提供开放的服务平台，助力地方经济与产业升级，加速推进城镇化进程，提高国民经济信息化水平。

③ 带动经济结构转型，促进资源优化配置。菜鸟网络将在不断完善物流信息系统的同时，依托国家现有公路、铁路、机场等交通基础设施的布局和规划，建设通布全国的现代化物流仓储网络，提升社会物流效率和基础设施利用率，并向所有的制造商、网商、快递物流公司、第三方服务公司开放，与产业链中的各个参与环节共同发展。

④ 利用优势整合信息，提供高效服务。阿里巴巴真正的专长是互联网，其本质是把大量在互联网中原本各自独立的信息连通起来，其核心目标是为电子商务企业、物流公司、仓储企业、第三方物流服务商等各类企业提供平台服务。

（4）菜鸟网络的发展困境。在规划中，菜鸟网络由 8 个左右的核心节点、若干个关键节点和更多的城市重要节点组成。虽然之前设想的菜鸟网络计划可能会给物流行业带来一个高速发展的机遇，但如此庞大的新型智能物流网络，在构建和完善过程中多多少少都会存在一些问题。

① 引发关注的是价格因素。按照菜鸟网络计划，未来任何地区都将实现 24 小时任意达，如此看来不少地方将无法选择公路、铁路等运输方式，必须选择空运。因此，快递费用也随之水涨船高，原先"四通一达"等不少物流公司的价格优势恐怕荡然无存，或将面临更残酷的竞争。

② 菜鸟网络囊括了国内大部分物流企业，陆运、空运、冷链物流等企业要在同一平

台上被共同优化,在融合的过程中必然矛盾迭出。民营企业与国有企业如何协调发展?同一平台上各物流企业的配送量如何分配?边远地区谁来配送?这一系列问题涉及各方利益,或将引发新的纷争。

③ 仓储管理本身就是物流园区非常头疼的一项工作,而面对一个全国性的仓储网络,要管理不同供应商的货物,菜鸟是否有能力来管理这样的仓储、为客户提供好的服务,仍是一个问题。

二、菜鸟网络案例分析与应用

案例1

案例描述

小李在物流行业工作多年,深切地感受到物流行业的快速变化。为了有更好的职业发展,最近他准备跳槽到菜鸟网络科技有限公司,在面试中他被问到一个问题:你怎么理解菜鸟网络打造物流界的"滴滴出行"这一说法?小李虽然有多年的相关工作经验,但也很难全面地阐述面试官的问题。如果你是小李,你会如何解答这一问题呢?

案例分析

小李虽然有物流行业的相关工作背景,且有多年的工作经验,但他对菜鸟网络的了解依然不够多,所以在去面试前,一定要充分了解企业。这也告诉我们,做好准备、做足功课的重要性。

菜鸟网络一直有志于真正打造一张物流网,希望把快递员、物流卡车司机(包括他们的交通运输工具)也拉到平台上来。用众包的方式把末端真正盘活,加上最后一公里的物理布局(菜鸟驿站、快递柜等),真正覆盖物流链条上的各个节点。这也是菜鸟网络与早年的"大物流战略"中将这一部分直接"外包"给合作伙伴快递公司的差异所在。

(1) 快递员网络。全国目前有170万名快递人员,这个行业的契约精神越稀薄,组织凝聚力越低。由于多为加盟制,许多快递公司基层网点的管理非常松散。菜鸟看准了这一点,2015年6月,推出了菜鸟裹裹App,其主要功能是查询各大快递公司物流详情及附近快递员电话等,想把所有的快递员组织到统一的平台上去。然而,从实际运营情况来看,菜鸟裹裹App的使用并不理想。快递公司仍倾向于用自己研发的系统来管理快递人员,把数据经过"清洗"后才交给菜鸟裹裹。

菜鸟迅速拿出了新的解决方案——帮助快递公司搭建末端服务质量管理体系,协助对快递员的派件量、服务质量及订单量增长趋势等数据的分析,使快递公司能针对末端服务质量进行有针对性的提升。对网点老板实行松散管理,但是对所有的快递员实施实时监管,每天配送单量、完成情况都能从后台看到,快递员的工资直接由各公司总部结算发放到快递员的支付宝账户中。菜鸟网络协助提供信息、技术接口,支付宝提供结算服务,表面上是为各快递公司提供支持,但实际上,所有订单和结算信息都沉淀在菜鸟和支付宝的系统中。

(2) 运输司机网络。在运力早已过剩的情况下,行业空驶率达40%,精准控制下的车货匹配成为新的需求。目前国内知名的车货匹配数据平台有货车帮、运满满、卡行天下、G7等,都是期望利用数据实现车、货匹配——征信情况如何?货物要发往哪个方向?什么时候发货?路径怎么走?定什么样的价格?这些在线上配置完成。2014—2015年,阿里巴巴投资卡行天下，借助阿里巴巴的电商平台、高德地图等，试图打造一个更为先进的人-车-货-金融平台。卡行天下不拥有任何一台车，平台上两家成员公司每交易一次，卡行天下就收取1%的交易管理费。这种模式也非常符合阿里巴巴的风格，被纳入菜鸟网络后，未来可能和快递员的配送网络形成协力，完成一票包裹的运送。这中间可能需要4~5个司机、快递员协同完成，菜鸟平台要做的就是帮他们分任务、分责任、分钱，并把金融服务放入物流网络中。

(3) 快递柜网络。早先，菜鸟网络对全网的大仓储、移动端、菜鸟驿站等进行了布局，但在智能快递柜等末端配送环节相对缺失。2016年，菜鸟网络入股目前智能快递柜端口最多的速递易，速递易虽铺点较广，但并非优质资产，未必能满足菜鸟网络所需。作为网络平台中的重要一环，菜鸟网络在未来一段时间，可能仍将重视快递柜的投入和布点，但是会摸索快递柜和驿站的进一步升级方向。

至此，菜鸟网络想一统物流"江湖"的思路和战略布局日益清晰。这就好比滴滴平台，它不仅有出租车，还有快车、共享单车、公交车、专车等，未来说不定会有高铁和飞机，涵盖并调度个体出行的全部方式是平台的目标。菜鸟网络未来也将搭起含陆运、空运、冷链物流、押运、重货、城配、跨境等在内的物流全流程框架，这是任何一家快递公司都难以企及的，最终贯通厂商与个体的直达通路，而中间的所有环节，都可以交给"搬运工"。当然，因为涉及的利益方多、关系复杂，向着理想推进的过程中，菜鸟网络将遇到的阻力也不可小视。

案例2

案例描述

2020年12月4日，菜鸟网络无锡园区负责人将一面印有"心系企业真诚指导，保障发展措施有力"的锦旗送到无锡空港经开区，感谢经开区各部门通力合作，保障菜鸟网络无锡园区在今年"双十一"大促期间圆满完成各项任务。

2020年阿里巴巴"双十一"大促较往年时间有所提前，力度大周期长，菜鸟网络无锡园区的运营面临诸多压力。经开区经发局了解到该情况后，主动帮助企业对接协调相关部门。消防、城管、安监、交警、人社局、派出所等部门纷纷上门服务，并在现场召开"菜鸟网络'双十一'保障专题对接会"。

各部门为企业当场解决疑点难点问题，共同商定在"双十一"期间的应急预案和沟通机制，为企业排忧解难，保障企业顺利运营。

菜鸟网络无锡园区在2020年共有3个商品发货量波峰，其中单量顶峰在第3波的11月11日—11月15日，其间仓内连续4天的发货商品单件均超过百万件。面对巨大的发货单量需求，生产包裹的出库及时率依然高达99.99%，在全国所有菜鸟园区中始终位列第一。即使是在最繁忙的"双十一"当天，无锡天猫超市仓在商品配送的生产发货端，依然完成了24小时送货必达的硬指标。

菜鸟网络无锡园区负责人表示，以如此好的成绩完成"双十一"任务，一方面得益于高度自动化的硬件设备的配合，另一方面与经开区各部门给予的服务支持是分不开的，感谢经开区各部门给予的倾力支持。

此案例中，菜鸟网络无锡园区负责人对于菜鸟网络取得好成绩的原因分析对吗？菜鸟网络的优势和劣势有哪些？

案例分析

在以上案例中，园区负责人将菜鸟网络出色完成"双十一"任务的原因归因于高度自动化的硬件设备的配合、园区各部门的服务支持，分析得基本正确。菜鸟网络由多家快递公司整合而成，在资源、信息和技术等方面实现了开放共享，使菜鸟网络物流在包裹信息智能化处理方面表现突出。菜鸟网络物流在包裹信息处理上非常透明，可以对包裹进行实时追踪，提高了包裹的安全性，同时给予消费者更多的安全感。

菜鸟网络物流的优势和劣势如表 11-8 所示。

表 11-8 菜鸟网络物流的优势和劣势

优势	劣势
菜鸟网络大规模、集约化的配送将显著降低物流成本	菜鸟网络人员冲突，企业之间目标不一致，阿里巴巴追求提升社会整体物流服务质量，其余快递公司则追求收益
菜鸟网络分工更专业，可提升效率	
仓储设施集约化管理，将大大提升现有仓储设施的使用效率，减少空仓率，杜绝仓储分配不均	阿里巴巴拥有包裹分配的垄断控制权，会影响其余物流其余进驻菜鸟网络
提升运输货物的集中度，有利于调度现有运输资源降低车辆空置率与空驶率	

任务评价

请填写菜鸟网络案例学习任务评价表（见表 11-9）。

表 11-9 菜鸟网络案例学习任务评价表

班级		学号		姓名	
角色	○ 组长	○ 组员	完成时间		
任务	完成情况记录				
	学生自评		生生互评		教师评价
评价占比（自设）	%		%		%
理论学习得分					
技能训练得分					
任务完成得分					
任务创新得分					
总评					

拓展练习

各小组分配任务，调查快递公司想要加入菜鸟网络需满足的条件有哪些，并分析菜鸟网络未来的发展方向。

项目十二
电子商务品牌策划及营销推广案例

　　如今电子商务在我国发展迅速，随着互联网时代的兴起，电子商务带来了全民狂热浪潮。电子商务不仅开拓了产品市场的流通渠道，更是让消费者的消费习惯产生了巨大改变。无论是淘宝小商家，还是天猫大品牌，或是其他电商品牌，每个企业都想在电商领域拥有自己的根据地。然而随着商家野心的逐步扩大，以及传统行业的纷纷入驻，电商企业的服务也越来越趋于同质化。在竞争如此激烈的当下，品牌成为影响消费者做出消费决策的关键因素之一。如何让自己的品牌家喻户晓，成为所有企业头疼的问题。本项目重点分析了品牌策划与营销推广，并针对典型案例进行了解析。

任务一

电子商务品牌策划案例

▶ 任务描述 ▶▶▶

了解电子商务品牌的内涵与策划流程,分析品牌建设策划的具体内容,对品牌策划有更全面、深入的理解。

▶ 学习目标 ▶▶▶

1. 了解电子商务品牌的内涵;
2. 掌握电子商务品牌的策划流程;
3. 掌握对电子商务品牌建设策划进行分析的方法。

▶ 思政目标 ▶▶▶

在品牌策划的过程中,要一切从实际出发,遵循市场的发展规律。

▶ 任务分配 ▶▶▶

本任务分3组进行,每组由1位组长和若干组员构成,组员在组长的带领下,根据【任务准备】模块的引导问题进行任务分工,理解电子商务品牌的内涵和策划流程,学习对电子商务品牌建设策划进行分析,并填写表12-1。

表12-1 电子商务品牌策划案例学习任务分配表

班级		组号		组名	
角色	姓名	学号	任务分工		
组长					
组员					

▶ 任务准备 ▶▶▶

引导问题1:电子商务品牌的内涵是什么?
引导问题2:电子商务品牌的策划流程是什么?
引导问题3:如何对电子商务品牌建设策划进行分析?

任务实施

一、认识电子商务品牌策划

1. 品牌的内涵及策划流程

对于现代企业来说,品牌有助于其获取竞争优势并提升竞争力。在现实中,大量企业盲目迷信品牌就是一切,通过广告轰炸、媒体炒作来树立品牌形象,最终黯然收场。能够真正运用品牌管理的理念和方法建立品牌并保持持久生命力的企业是凤毛麟角。一个企业如果想通过树立品牌来构建自身的竞争优势,必须深刻理解品牌的内涵,否则品牌策划活动就会失去方向,达不到企业的策划目标。

(1)品牌的内涵。国际营销之父菲利普·科特勒在其经典著作《营销管理》中引用美国市场营销协会对品牌的定义,认为"品牌是一种名称、术语、标记、符号或设计,或是它们的组合运用,其目的是借以辨认某个销售者或某群销售者的产品或服务,并使之同竞争对手的产品和服务区别开来"。而被誉为"世界整合营销之父"的唐·舒尔茨则认为,"品牌是为买卖双方所识别并能够为双方都带来价值的东西"。这两个定义对于理解品牌是非常有益的,前者侧重于品牌构成及其差异化功效,告诉我们品牌使企业或产品与其竞争者区别开来,后者则侧重于品牌价值,告诉我们投资品牌要注重投资回报率。

国际上公认一个品牌能够表达出 6 层含义,即属性、利益、价值、文化、个性和使用者。属性指的是品牌带给人的特定属性,如奔驰表现出昂贵、优良制造、工艺精良、耐用和高声誉;利益指的是品牌给购买者带来的物质与精神上的享受,如奔驰不但使消费者可以舒服地驾驶,而且还使拥有该车的人备受别人的关注与羡慕;价值则是品牌体现出的制造商的某些价值感,如奔驰体现了高性能、安全和威信;文化是指品牌象征了一定的文化,如奔驰意味着德国文化,象征着有组织、有效率和高品质;个性表示品牌代表了一定的具有差异化的个性,如奔驰可以使人想起一头威风的狮子或一位文雅的绅士;使用者则表示品牌体现了购买或使用这种产品的是哪种消费者,如我们期望看到的是一位 50 多岁的高级经理坐在奔驰车的后座上。品牌的价值、文化和个性是其最持久的含义,这三者确定了品牌的基础。一个品牌若要持久地生存下来,就必须被赋予独有的价值、文化和个性。当然,品牌的价值文化和个性是基于品牌的固有属性、利益和使用者的。

(2)品牌策划的流程。品牌化向营销策划人员提出了一系列具有挑战性的决策,这些决策的内容十分广泛,并且这些决策内容是相互联系的,可以按照决策顺序进行排列,形成一定的流程。品牌策划的流程如下。

① 品牌化决策:用品牌、不用品牌。
② 品牌使用者决策:制造商品牌、中间商品牌、混合品牌。
③ 品牌名称决策:个别名称、通用家族名称、个别家族名称。
④ 品牌战略决策:品牌线扩展、品牌扩展、多品牌、新品牌、合作品牌。
⑤ 品牌重新定位决策:重新定位、不重新定位。

2. 品牌建设策划

企业一旦决定使用自己的品牌,就必须积极进行品牌建设方面的策划,包括品牌命名策划和品牌设计策划等。

(1)品牌命名策划。俗话说,名不正则言不顺,言不顺则事不成。同理,企业要想产品卖得好,除了产品自身的质量,还需要对产品进行命名。好的品牌名称既可以引起消费者的独特联想,还能反映产品的特点,增强消费者的购买欲望。例如,"奔驰"不仅使人们联想到尊贵、成功,同时也反映了汽车制造工艺优良等特点。由此可见,品牌名称是品牌的代表,是品牌的灵魂,体现了品牌的个性和特色。在品牌命名策划时应当遵循以下4个原则:易读易记;独特新颖,不落俗套;注重文化意蕴;不触犯法律,不违反社会道德和风俗习惯。

(2)品牌设计策划。品牌除了要有好的名称,还要有好的标志,名称与标志相互融合,并与产品相映生辉、相得益彰。而品牌设计则是使品牌名称与品牌标志和谐统一、完美组合的基础。在进行品牌设计策划时,应当遵循以下4个原则:简洁明了,新奇独特;易懂易记,引发联想;形象生动,美观大方;功能第一,传播便利。

知识链接:
品牌设计策划原则

二、电子商务品牌策划案例分析与应用

案例1

案例描述

在中国,白酒文化的历史悠久,在很多场合都能看到白酒的身影。自2012年底,白酒行业受到了巨大冲击,消费者健康意识逐渐增强,少饮酒成为人们推崇的生活习惯,饮酒人群也偏向于老龄化,传统的白酒品牌都在强调其历史悠久。在白酒市场竞争白热化的情况下,创立于2012年的江小白却逆势增长,成为白酒行业的"黑马",这与其精准的品牌策划密不可分。

案例分析

任何一个品牌,想要吸引消费者的目光,让消费者初次看到就眼前一亮,就必须树立自己个性化的品牌形象和产品形象。

1. 目标消费者定位

江小白品牌诞生在长江和嘉陵江交汇的重庆,听到江小白这个名称,很多人都会以为是人名,不会联想到白酒。"小白"最早是网络用语,意指初学者,水平一般。这一略带自嘲的称谓在年轻人中认可度高。年轻人初入社会,大都是"小白"。江小白品牌将"小白"定义为做人做事不矫揉造作,追求简单纯粹生活的新青年群体,符合当代新青年群体的气质,受到年轻人的喜爱。同时,"小白"也暗示了产品是江记酒庄生产的小瓶装白酒,如图12-1所示。

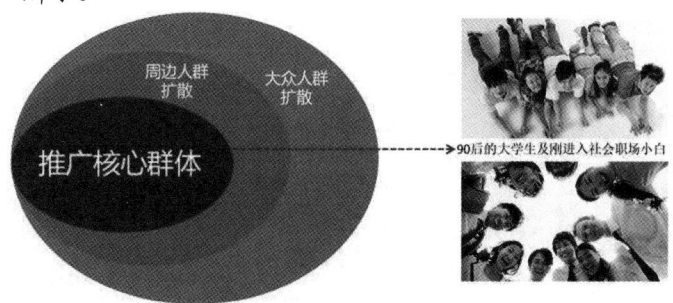

图12-1 江小白目标消费者定位

显然，江小白品牌的目标用户不是所有喝酒的人，而是年轻人这一群体，并且更加细分地针对年轻人的小场景，如小聚、小饮、小时刻和小心情等。联想一下，下班后，三五个同事或朋友聚在一个小饭馆中，忘记工作的压力，喝着江小白，畅所欲言，这是多么惬意的场景。这才是年轻人的生活，简单纯粹，如图12-2所示。

图12-2 江小白的场景细分

2. 产品定位

大多数年轻人不敢轻易尝试白酒，认为白酒通常意味着度数高且口味重。不同于传统白酒的辛辣口感，江小白是一款小曲清香型纯高粱酒，其口感绵甜，江小白的产品更加符合年轻人的喜好。事实上，重庆高粱酒已经存在了很长时间，具有手工精酿、纯天然、无任何添加等优势。在江小白看来，与其创造一个新的品类，不如在原品类基础上进行创新，进行小品类的挖掘。这让"高粱酒"这个消费者熟知的传统老品类穿上了江小白这件青春时尚的外衣，赋予了江小白独特的品牌内涵。

针对年轻人的不同需求，江小白品牌也有自己的产品策略。主打的标志性单品100mL"表达瓶"，用于满足用户情绪表达的小心情场景；500mL的"青春版"则适用于青春聚餐大口畅饮；750mL的"三五挚友"则是为三五个同学、朋友小聚所打造的，满足这种小型的社交需求；2L的"拾人饮"的酒精度数仅为25度，是超低度白酒的标志性产品，口感轻松畅快，适合公司团队聚会庆祝场景，被赞誉为"团队建设神器"。

传统的中低端白酒，定价大多很低，甚至是成本价，因为传统白酒有三、四级渠道，从总代理、省级、市级、县级，层层代理逐层加价，最终价格就提高了很多。而江小白只有一到两级渠道，所以有明显优势。对于大瓶体的，江小白每升定价50~100元。对于小瓶体的，江小白定价15~20元，这个价格既不昂贵又不失档次，更容易被年轻消费群体所接受。

3. 品牌定位

很多传统白酒品牌的包装都以红、黄、金为主色调，还会深入挖掘蕴含的历史文化，尽可能挂钩历史典故或历史名人。白酒品牌大多是严肃厚重的形象，这也是年轻人不喜欢白酒的原因之一。不同于传统白酒红、黄、金的主色调，江小白选择了蓝色和白色组合，这两种颜色正是诠释青春的颜色。青春是白色的，像一张纯净的白纸，简简单单。青春又是蓝色的，像深远辽阔的海洋，充满活力与幻想。另外，江小白的出产地是重庆，重庆地处嘉陵江和长江的交汇处，水文化气息浓郁，蓝色更容易让人联想到重庆的水。

另外，品牌更是刻画出了一个卡通人物江小白：戴着一副黑色的眼镜，穿着一身休闲西装，围着一条简单的围脖，双手插在口袋里，青春时尚而又充满朝气。这种拟人化称谓加上文艺青年的IP形象，很容易与年轻人拉近距离，产生共鸣。在江小白的品牌

logo 上，蓝底白字的江小白尾部还有一个倾斜的蓝色酒瓶，这个独特的设计很有个性，抓住了很多人的眼球，如图 12-3 所示。

图 12-3　江小白品牌形象

年轻人不仅个性张扬，而且都有故事，所以江小白打算讲故事、讲情怀。2016 年，江小白"表达瓶"上市。这次的包装巧妙地采用经典语录的形式，以江小白的口吻围绕忘记、明天与今天、爱情、见面、年轻、自由、想念和陌生人等话题展开，像"钱没了可以再挣，单纯没了就真的没了""曾以为'高考'是天大的事，如今也只是我们的酒后谈资""总觉得没喝够，其实是没聊透"等都是"江小白"的经典语录。这些语录成功地吸引了年轻人的目光，也触动了他们隐藏在内心的情感，如图 12-4 所示。

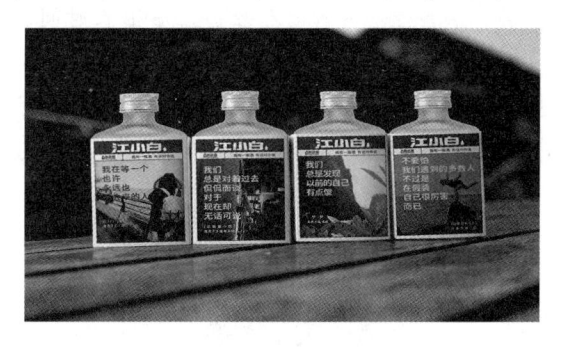

图 12-4　江小白"表达瓶"

更有趣的是，表达瓶身上有一个二维码，链接着一个"我有一瓶酒，有话对你说"的小游戏，单击页面的"我要表达"，可以输入自己想说的话，并可以 DIY 背景卡片，还可以在朋友圈分享自己制作的表达卡片，文案标题就是"江小白的文案，其实是我写的"。提交的表达文案还有可能成为"江小白"的经典语录，这时候的每一个消费者都是内容的提供者、创作者。这样之后，人人都成了江小白，都能将自己的情感表达出来，或压抑或开心或怀念，如图 12-5 所示。

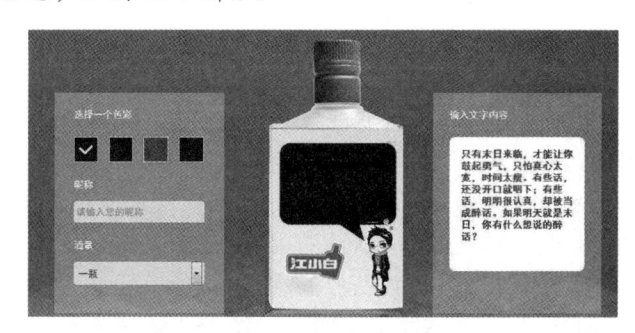

图 12-5　江小白 DIY 表达

面对新的用户和需求，企业应该在品牌形象和产品形象上有所创新。江小白不仅进行了创新，而且非常符合当前市场的需求，受到了众多年轻消费者喜爱。在品牌形象上，江小白与传统白酒大不相同，它更加重视年轻人的审美，创造了一个符合当代年轻人喜好的拟人化形象。在产品形象上，江小白摒弃了传统白酒的过度包装，打造了一个简单时尚的视觉效果，青春文艺的江小白卡通人物非常引人注目。同时，个性经典的江小白语录又抓住了万千年轻消费者的心理，将追求简单个性的青春小酒形象表现得淋漓尽致。

案例 2

案例描述

提到农夫山泉，大家就会不自觉地想到它的广告语"农夫山泉有点甜"，随之天然、纯净的感觉就会涌上心头。经过 20 多年的发展，农夫山泉已经稳坐国内瓶装饮用水第一的宝座。当然，农夫山泉的成功离不开农夫山泉步步为营的品牌策划。

案例分析

1993 年，养生堂公司成立，主要从事医药及化妆品业务。不久之后，养生堂看到了瓶装水及矿泉水巨大的市场潜力，创立了农夫山泉品牌。然而，在老品牌娃哈哈和乐百氏面前，刚刚问世的农夫山泉显得势单力薄。所以，农夫山泉要想取得突破，必须独辟蹊径，走品牌差异化策略。消费者的记忆能力是有限的，而市场中的各种信息是无限的，要想在众多竞争对手中脱颖而出，给人留下深刻的印象，只有显著的差异才能做到，如图 12-6 所示。

图 12-6 农夫山泉品牌设计

1. 品牌定位差异化

当竞争对手还在将净化技术作为核心竞争力的时候，农夫山泉已经转向更天然健康的矿泉水。首先，农夫山泉对纯净水进行了深入化验分析，发现纯净水中并没有人体所需的微量元素，这与消费者追求健康的需求不符。农夫山泉抓住这一点，从一开始就努力寻找优质水源，力求带给消费者天然、健康的矿泉水。

农夫山泉发现的第一个水源地位于浙江省的千岛湖。千岛湖水质纯净，富含天然的钾、钠、钙、镁等矿物元素，并呈天然弱碱性，达到国家 1 类水体标准，属国家一级水资源保护区。这样的优质水源给产品的优良品质提供了保障。如今，农夫山泉已经拥有浙江千岛湖、吉林长白山、湖北丹江口、广东万绿湖、陕西太白山、新疆天山玛纳斯、四川峨眉山，以及贵州武陵山 8 大优质水源基地，并且始终坚持水源地建厂和水源地生产，真正做到每一滴农夫山泉都有其源头。

而在品牌名称的选择上，"农夫山泉"四个字寓意更加明显，"农夫"二字给人以淳朴、厚道的感觉，进而联想到产品本身，给人一种产品绿色安全的感觉。"山泉"二字会让人联想到清澈、甘冽的山泉水，山泉水都是在大山中流淌，没有工业污染，天然纯净，更加让人放心，如图12-7所示。

图12-7 农夫山泉的logo

从农夫山泉的logo看，logo的上方是起伏的绿色山脉，下方是山色掩映的湖面，同时空中还有鸟儿飞翔，营造出绿色天然、充满生机的氛围。从色彩看，山脉湖泊以绿色为主，"农夫山泉"字样是红色的，绿色与红色的搭配，色彩对比鲜明，令人印象深刻。

另外，"农夫山泉有点甜"的广告语言简意赅、朗朗上口，既扣住了产品特色，向消费者传达了农夫山泉水源的优质、健康和天然的信息，同时，"有点甜"也是美好的代名词，通过心理暗示作用让消费者认定农夫山泉品牌的独特内涵，营造出了一种良好的品牌形象。还有"我们不生产水，我们只是大自然的搬运工"这句广告语，"搬运工"着重体现出农夫山泉水质天然、原生态的特质。简单的话外音，让消费者深刻地体会到农夫山泉水质的天然和纯净，并且表达了其品牌的环保理念，如图12-8所示。

图12-8 农夫山泉广告语

一般来说，新产品在投入市场之初会采用低价策略，通过牺牲利润的方式抢占市场。然而，农夫山泉却反其道而行之，刚上市就比竞争对手的价格高出不少，这也是在向市场表明：农夫山泉的品质优良，水源天然，是真正的矿泉水，所以价格高一些。如果农夫山泉开始也低价上市，不但不会引起消费者的注意，还可能陷入和竞争对手的价格战中。而为了确立自己的市场地位，上市后的农夫山泉就开始了大手笔的品牌宣传，在短时间内就建立"天然水，健康水"的品牌认知。同时，农夫山泉的品牌形象也一步步得到深化。

现如今，市场竞争越来越激烈，商品同质化，价格竞争白热化，顾客也越来越挑剔，而只有凭借自己的优势，走差异化品牌战略，才能在消费者心中树立起不一般的品牌形象，在激烈的市场竞争中立于不败之地。

2. 品牌延伸

通过差异化品牌策略，农夫山泉凭借"有点甜"的优势成功将品牌传播出去。然而，随着天然水被看好，其他竞争对手肯定也会加入天然水的生产行列中，农夫山泉采取了进一步的应对策略，即品牌延伸。

品牌延伸不仅可以降低新产品进入市场的成本和风险，让新产品顺利地进入市场，还有利于强化品牌效益，延续品牌的生命，保护好品牌这个无形资产。而品牌延伸主要有两个方向。一是，品牌的纵向延伸，指品牌在同一组产品领域里，向高端市场、低端市场或向两个市场同时延伸；二是，品牌的横向延伸，指品牌产品向其他领域延伸或是在同一产品类别里进行产品包装、口味等方面的变化。

对于农夫山泉来说，品牌的差异化策略决定了它的纵向只能向高端市场延伸。针对国内高端瓶装矿泉水市场现状，农夫山泉决定从产品质量和产品包装两个方面进行突破，推出了农夫山泉高端玻璃瓶矿泉水。这一次，农夫山泉将水源选在了长白山原始森林里的莫涯泉，它是举世公认的世界优质矿泉水水源，全中国森林系统健康指数最高的地区之一，水质的低钠特征也更符合人体健康需求。

在包装设计上，玻璃瓶采用正在下落的水滴形态来构思整个瓶型，很好地传达了产品的特性和品质，富有创新性和启迪性，适应当代美学。这种设计一经问世就惊艳了全世界，斩获多项国际设计大奖，如图12-9所示。

图12-9 农夫山泉包装设计

其在图案设计上分为两种方案。第一种方案是放到市场上出售的浅绿色透明玻璃瓶含气矿泉水和无色透明玻璃瓶不含气矿泉水。这个方案的玻璃瓶图案巧妙地与长白山特色结合在一起，共设计了8种图案，分别是老虎、马鹿、秋沙鸭、鸮、雪花、红松、蕨类和海棠。图案能够让人清晰地感知到长白山的生态文明，也更加说明产品质量优越。

第二种是结合十二生肖动物图案所设计的春节纪念装。农夫山泉希望以十二生肖的传统形式，把美好的祝福送给大家。也希望这款高端水可以进入消费者的家庭和心里，成为属于国人的高端水。

在品牌的横向延伸方面，农夫山泉最先进军的是果汁饮料市场，推出"农夫果园"系列，如图12-10所示。而在当时，果汁饮料市场不断被娃哈哈、可口可乐、康师傅等国内外著名饮料大企业瓜分，市场竞争非常激烈。

按理说，农夫山泉此时推出"农夫果园"为时已晚，但农夫山泉却别出心裁，在其他品牌的果汁饮料都尽力回避果汁饮料里有沉淀物的问题时，农夫山泉迎难而上，打出"农夫果园，喝前摇一摇"的广告语，并把其变成了产品销售的一个卖点。这一个"摇"字，画龙点睛，说明了饮料使用的是真正的水果，使产品深入人心，"农夫果园"再一次取得了成功。

项目十二 电子商务品牌策划及营销推广案例

图 12-10 农夫山泉品牌延伸"农夫果园"

随后,农夫山泉又推出了一种名为"农夫尖叫"的全新功能型饮料,与其他品牌饮料补充维生素、矿物质有所不同的是,"尖叫"系列产品属于补充植物营养型饮料,该产品口味清淡,热量较低,能快速补充运动后人体所需的各种物质,符合了消费者对饮料低热量的要求。

而"农夫尖叫"之所以成功还在于其别具一格的瓶体设计,这也是为了迎合年轻消费人群的心理需求。尖叫的瓶体设计成红、蓝、绿3种颇具运动感的螺旋状,使整个瓶体线条呈现出一种张扬、有棱角、抽象的个性形象。更有意思的是,尖叫的瓶盖被设计成了类似于奶嘴的样子,可以吮吸饮料,也可以用力挤瓶身让饮料形成水柱喷到嘴里,增加了很多趣味。

为了进一步迎合年轻消费群体,抢占更多的青少年市场,农夫山泉又推出了"茶π",这是一种将水果和茶结合在一起的茶饮料,有柚子绿茶、西柚茉莉花茶、蜜桃乌龙茶和柠檬红茶4种口味,如图 12-11 所示。在产品的定位上,茶π是面向年轻消费群体,尤其是95后、00后的新时代消费群体。无疑,农夫山泉的品牌延伸策略是成功的。

图 12-11 农夫山泉品牌延伸"茶π"

一个好的产品,无论质量、外观有多好,都需要有好的传播打通消费者的心智,农夫山泉以"有点甜"的品牌形象打开了市场,占领消费者心智。为了保持在消费者心中的地位,农夫山泉一直注重与消费者的情感交流,关注消费者的需求,从而展示出品牌本身具有的情感、象征和信念等品牌内涵。

任务评价

请填写电子商务品牌策划案例学习任务评价表(见表 12-2)。

表 12-2 电子商务品牌策划案例学习任务评价表

班级		学号		姓名	
角色	○ 组长	○ 组员		完成时间	
任务		完成情况记录			
		学生自评		生生互评	教师评价
评价占比(自设)		%		%	%

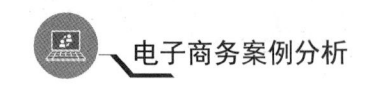

(续表)

任务	完成情况记录		
	学生自评	生生互评	教师评价
理论学习得分			
技能训练得分			
任务完成得分			
任务创新得分			
总评			

拓展练习

1. 成立之初，华为手机被认为是普通山寨手机，如今却跻身一线手机品牌，具有强大的研发实力和可靠的产品质量。它的品牌策划有什么过人之处？

2. 低碳生活与低碳消费等概念已广为人知，国内某知名化妆品公司的营销部门打算结合"低碳"理念进行化妆品品牌营销策划。各小组选择一个品牌谈一谈如何制订品牌低碳营销计划。

任务二

电子商务营销推广案例

任务描述

了解电子商务营销推广的内涵与形式，掌握电子商务营销推广的不同方法，理解好的营销推广可以为企业带来哪些改变。

学习目标

1. 了解电子商务营销推广的内涵和形式；
2. 掌握电子商务营销推广的不同方法。

思政目标

培养学生的创造性思维和批判性思维，学会用辩证的眼光看待营销推广，明白营销推广必须遵守相关法律规范与职业操守。

任务分配

本任务分 3 组进行，每组由 1 位组长和若干组员构成，组员在组长的带领下，根据【任务准备】模块的引导问题进行任务分工，理解电子商务营销推广的内涵及形式，并掌握电子商务营销推广的方法，并填写表 12-3。

表 12-3 电子商务营销推广案例学习任务分配表

班级		组号		组名	
角色	姓名	学号	任务分工		
组长					
组员					

任务准备

引导问题 1：电子商务营销推广的内涵和形式分别是什么？

引导问题 2：电子商务营销推广的方法有哪些？

任务实施

一、认识电子商务营销推广

1. 电子商务营销推广的内涵与形式

（1）电子商务营销推广的内涵。轰轰烈烈的电子商务大潮带给中小企业的感受是迎面而来的冲击，众多中小企业在电子商务的道路上走得小心翼翼。对于想要借助电子商务东风来转型升级谋求发展的中小企业而言，营销策略尤为重要，关系到企业电子商务的成功与否。传统企业不能只从电子商务及互联网角度来规划，而是要站在整个企业发展战略的角度来规划自己的发展策略。与传统营销环境不同，传统企业进入互联网的角色将随着网络营销方式的变化而改变，从而直接影响品牌的营销策略和盈利模式。明确品牌进入互联网的角色定位，制定科学合理的营销管理策略，才能有效利用不同的网络平台和渠道来实现电子商务的营销效果最大化。电子商务不仅是将企业及产品的信息简单地搬到网络，而是要通过网络实现企业市场的拓展、做成实实在在的生意。

电子商务营销推广是借助互联网完成一系列的营销环节、达到推广目标的营销方式。因为网络快速、高效、低成本等特点，所以在互联网上进行营销推广，较传统渠道具有明显优势。从营销角度讲，网络上生产者和消费者一对一的互动沟通，有利于企业精准获取消费者动态、满足个性化需求；从推广角度讲，网络的快速传播有利于品牌被迅速推广、做强做大。

（2）电子商务营销推广的形式。许多传统企业习惯了大手笔的广告投入，如在央视、湖南卫视和晋江品牌等包场。但电子商务的营销推广对于传统企业来说是一个全新的课题。互联网的高效率和广泛延伸性让企业的营销触角伸向了全球任何有网络的地方，并且展开全天候、全方位的攻势，对企业营销产生了巨大的影响。目前，中国传统企业还处于电子商务的初级阶段，网络营销还有很大的发展空间。

在现阶段的营销环境中，营销的形式分为两种，一种是传统环境中的营销，也就是通常说的线下营销，另一种是正在蓬勃发展的互联网营销，也就是线上营销。传统营销内容主要以集中式传播为主，如广播、电视广告、平面媒体广告、户外广告、公关活动、事件行销和DM入户等。传统营销通常都是大投入，如CCTV-5就成就了不少传统鞋服企业。互联网营销很难验证哪一种营销方式最直接，但最大的特点是低投入大回报。形式多样，如搜索引擎、关键字、网络新闻、友情链接、论坛、电子杂志、微博等，由于网络在人们生活中占据了越来越重要的地位，许多人都是从互联网上获得更多的资讯，因此，对于传统企业而言，制定一个安全的互联网营销策略极为重要。但是互联网营销是新兴模式，形式非常多，对传统企业来说是一个很大的挑战。

2. 电子商务营销推广方法

电子商务营销推广的方法需要创造性的思维，在学习借鉴他人做法的同时，要不断地利用各种工具营销产品，利用各种渠道推广品牌。互联网营销是电子商务营销推广的重点，主要有以下一些方法。

（1）搜索引擎。当我们需要上网找资料时，第一个想到的就是百度或搜狗。网民越来越依赖于通过搜索引擎查询各类信息，搜索引擎已成为网民网上活动中非常重要的组成部分。搜索引擎营销便应运而生，通过搜索引擎让目标消费者找到，是一种事半功倍、非常有效的营销方式。如果想通过搜索引擎真正达到营销目的，关键词设定很重要。对于关键词的设定要考虑以下 6 个方面。

① 热点词汇。
② 搜索客户的趋向是找产品还是找解决问题的方案或文献资料。
③ 搜索客户习惯用品牌名还是通用名。
④ 同样的产品是否有多个叫法或别名。
⑤ 对核心关键字的扩展,如地名、品牌名、规格型号等修饰词的扩展。
⑥ 零星分散的搜索词积少成多,经常成为来自搜索引擎流量的主导。

(2) 品牌+促销。对于传统企业而言,促销的主要功能在于快速提高销量,消化库存,加快现金周转;而对于电子商务企业而言,除了实现上述目标,诉求应该更高。电子商务企业竞争激烈,企业之间差异化不足,品牌区隔不明显,电子商务获取流量和客户转化的成本越来越高,所以对于电子商务企业,通过促销吸引并留住客户,培养客户的忠诚度并强化服务和品牌应是电子商务促销的核心诉求。

2011 年淘宝"双十一"大促销,不少电子商务企业战绩辉煌,但是在电子商务业界,诸如"'双十一'活动是痛苦的,光棍节的天猫成了品牌的伤城"这样的论调也不绝于耳。很多电子商务企业都是在赔本赚吆喝。过分依赖价格战作为发展用户的撒手锏,换取表面的繁荣,实则透支电子商务企业长远发展的未来,疯狂促销会加剧企业电子商务的运营压力。当然,在低价的同时,也有一些优秀的电子商务企业开始增加感情营销和创意设计,注重强化用户的消费体验,以此作为出路。

(3) SNS 软文推广。选择合适的软文并合理附带网店链接,发表到各大论坛或自己的日志里,再让好友分享,就能让很多人关注到该文章,进而关注到相应企业。

(4) 微博营销。微博是一个可供网友自由选择和交流的信息平台,无疑,微博会成为未来营销的又一重要战场。但如果广告主们试图通过单一地发布品牌硬性广告进行微博营销,不仅对品牌内涵的深化和宣传毫无作用,还会妨碍用户的浏览体验,进而伤害消费者对品牌的好感,显然,这背离微博营销的最终目标——聚拢大量忠实的品牌消费者。

凡客诚品的微博营销经验很好说明了如何创新地发布产品和品牌信息。作为最早的新浪微博广告主之一,凡客诚品多年来培育出的成熟电子商务实战技巧成就了其作为广告主明星的天然优势。在凡客诚品的微博页面上,可以清晰看到这家迅速崛起的企业在互联网上营销的老练:联合新浪相关用户赠送凡客诚品围脖、推出 1 元秒杀原价 888 元衣服的抢购活动;或通过赠送礼品的方式,请姚晨、徐静蕾等名人为凡客诚品的产品进行互动,方式层出不穷。除此以外,还能看到凡客诚品畅销服装设计师讲述产品设计背后的故事,看到入职三个月的小员工抒发的感性情怀,对于关注话题中检索到的网民对于凡客的疑问,幕后团队也会在第一时间予以解答。

(5) QQ 群推广。可以建群加群,定期给每个群里发送相关信息。如果 QQ 号多,则加入的群更多;如果加入的是大群,每个群中的人数更多,则宣传效果更好。即使排除不在线的 QQ 用户,效果也不容小觑。

(6) 手机短信推广。手机短信推广包括群发短信等方法。手机的功能越来越强,小巧且容易携带。大部分人都会配备手机,手机信息是最容易被接收阅读的信息,消费者经常能收到一些网店产品介绍、店铺促销活动的信息,特别是换季和节假日期间。

(7) 论坛推广。在各大热门论坛注册账号,把签名设为自己的企业相关的内容。发表热门内容,自己顶帖子,并关注标题内容,好的标题是论坛推广成败的关键。这里说

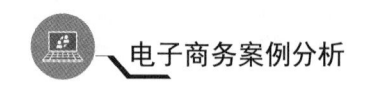

的论坛包含贴吧等一切网民可能聚集的地方。

（8）电子邮件自动回复推广。在邮箱中设置自动回复，把网店地址和网店介绍设置为自动回复内容。当接收到任何邮件时，邮箱就会自动回复过去。

（9）联盟推广。单打独斗出不了英雄好汉，一个人的精力、时间和聪明才智终究是有限的，因此，要懂得借用外力。几个站长联合在一起，达成宣传共识。在宣传自己时，顺便也宣传其他企业。

（10）创造新概念推广。让新概念成为企业的代名词。当用户使用这个概念时，自然宣传了企业。给用户先入为主的信息并融入生活中，这样的宣传效果具有不可动摇的地位。概念的名称可以固定，内容可以常变常新，满足持久而不断变化的需要。

（11）故事推广。人是感性动物，不喜欢理性说教，但不代表不喜欢经过故事包装的说教。"买椟还珠"的故事在消费行为中时时刻刻在上演，所以不能忽视包装的作用。如果有可能，把推广行为用故事润色一下，给一个足够分量的理由进行免费宣传。如让企业名称成为故事线索，成为故事走向完美结局的核心要素，成为不可磨灭的一部分。这样，人们在沉迷故事情节的同时也会折服于创作者独特的创意，从而记住产品和品牌。

二、电子商务营销推广案例分析与应用

案例1

案例描述

力本设计是一家成立于上海同济，聚焦于校园规划、教育建筑设计与咨询的甲级建筑设计事务所。和大多数设计及艺术类的企业一样，这家企业的官网从视觉到交互充满了"个性""不一样"，但盲目追求差异化最终换来的结果就是访客浏览体验感差，无法快速找到自己想看的内容，更不利于品牌内容的展示。该事务所在教育建筑设计领域深耕多年，不仅拥有丰富的成功案例，还总结出了诸多专业的设计和服务理念，那么如何将这些优质的内容很好地呈现给客户，更好地打造品牌并进行品牌宣传呢？

案例分析

如果没有品牌，产品只能陷于价格战不能自拔，企业只能不断和消费者讨价还价。但品牌也只是一种结果，需要得到消费者的认可。而且，一提到品牌，很多人望而生畏，似乎这是一个高不可攀的东西。很多国外厂商，如微软、IBM、Oracle等经常在国内外市场做品牌广告投放，国内现在也有一些企业开始做品牌广告投放。从品牌建设的角度来说，这种做法彰显了企业自身实力，让客户相信并愿意选择你的产品。此外，这些企业选择的投放区域也是契合自身潜在客户群的。那么企业更好地打造品牌的渠道是什么？

1. 品牌建设——企业官网

毋庸置疑，线上的品牌形象对于企业来说是非常重要的元素之一。企业所有的品宣都是为了让用户了解公司的产品或业务，展示企业的品牌形象，为产品或服务赋能，实现溢价。接下来从视觉交互、内容布局两个层面来讲解力本设计如何进行网站改版升级，实现品牌建设。

利用精美的视觉和细腻的交互,让力本的网站既好看又好用。力本网站的整体视觉非常干净、规整,配色十分严谨,基本没有什么炫酷的动画效果,但整体观感让人感到舒适,如图12-12所示。

图12-12 力本网站的视觉交互

考虑到力本的案例足够丰富,所以在案例的呈现上采用用户体验更好的瀑布流方式。访客只需不断滚动页面就可以看到源源不断的案例加载出现,如图12-13所示。

图12-13 力本网站的瀑布流案例展示

相较于通过单击按钮查看更多案例,这种瀑布流的展示方式,可以极大地提高用户浏览更多案例的可能性,避免了访客因为翻页而跳出。而且,每一个案例都足够精美,浏览时用户甚至会感到这是一场视觉盛宴。优秀的视觉和交互设计都能有效提升内容传播效率,可是这两者也可能发生冲突,此时必然要追求平衡点,找到一个既好看又好用的解决方案。为了最大程度保证页面的美观,同时让更多的案例能够被访客看到,可以在重点页面案例的展示上采用自由移动的箭头按钮进行切换,如图12-14所示。

图12-14　力本网站的重点案例展示

进入案例详情页后，同样也可以通过自由移动的箭头按钮来浏览更多的案例素材。同时，在每个案例的底部，还加入了相关项目的案例，可以让访客在案例的海洋中一个接一个浏览下去，如图12-15所示。

图12-15　力本网站的相关案例推荐

在"公司介绍"的页面，向下滚动鼠标浏览时，关于力本的文字介绍会清晰浮现出来，这样的交互方式也十分新颖。这种清爽、干净的视觉效果让访客在浏览过程中产生了一种美的体验。同时，在力本整个网站的交互设计上，除了考虑让访客"顺畅无阻"地浏览，还充分考虑了如何让用户阅读量更多，停留时间更长。

2. 品牌推广——广告营销

如果在国内推广，大多数企业都希望通过广告推广打造品牌来获取客户，总的来说有3个重要渠道，包括百度搜索、360搜索、搜狗搜索等，因为98%的在线信息来自这些搜索引擎。很多人认为只要在搜索引擎推广上投入高就能得到想要的排名，竞价推广就能迅速曝光自己的网站，效果立竿见影。但实际上，没有好的账户计划、数据分析、效果优化、资金投入等，不仅不能提高企业品牌，还可能降低品牌价值。毫无疑问，搜索引擎营销对企业来说有诸多好处：更多的点击和关注；增加业务机会；建立行业品牌形象；扩大网站范围；提高品牌知名度；提高网站的曝光度。

因此，作为互联网公司想要传播公司团队和团队的优势，搜索引擎营销报价推广是一种更准确、更快捷的网络营销手段。

3. 品牌传播——内容营销

内容营销对于企业的生存发展至关重要，企业快速有效地做好内容，需要做到以下3点。

（1）建立素材库。在创建内容时，会形成积累和沉淀。因此，通过收集和整理内容材料，建立一个材料库，可以有效地实施内容营销，快速创建基础和高质量的内容，并保持内容更新。此资源库可包括产品功能、团队、优势、痛点、实力、背景、动态、发展趋势、竞品和案例等，并需要不断更新，以确保内容不会被淘汰，如图 12-16 所示。

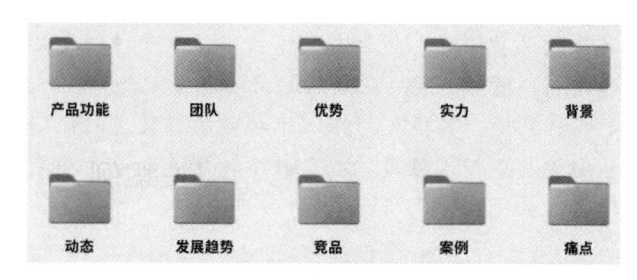

图 12-16 品牌推广的素材库

（2）精确选题。在选择主题时，通常通过产品或服务的更新和迭代选择输出相关的高质量内容。根据相关关键词、热点、行业趋势进行输出。在选题之后，可以将选题设计成具体的场景，如什么是内容营销，或如何进行内容营销，最后将相关的背景、痛点、逻辑、案例、广告材料进行组合和润色，从而完成以获取客户为目的的内容。

（3）结合渠道。这个步骤是最重要的，每个渠道的规则都不一样，结合渠道是影响客户的关键因素。如果在主页上发表，需要特别注意文章的标题、核心关键词和一个长尾词，在文章的第一段和最后一段，添加更多的关键词，使整篇文章有一定的关键词频率。如果是发布在知乎专栏/文章的内容，可以选择较长的篇幅，回答时，快速输出的做法是首段切题，之后结合素材库内容进行输出即可，后面可以再写一个缩略版，偏重结论而非逻辑内容，直接发到百度知道。此外，还可以发布在搜狐、百家等类似平台上，进一步扩大曝光度和品牌影响力。对于企业来说，打造品牌不是一件容易的事，但正是因为难并且有门槛，企业才更加要注重品牌，一旦成功打造品牌，那么长期的收益就无法用金钱来衡量了。当然，塑造品牌的渠道还有很多，例如，新媒体营销、短视频营销、社区营销、线下活动营销等，公司要根据自身的实际情况进行合理规划和选择。

案例 2

案例描述

作为国民奶糖，大白兔的发展经历非常传奇，巅峰时期甚至可以登上外交舞台。多年以来，每个人的童年里都有一只大白兔奶糖。然而不知道从何时开始，大白兔这个品牌似乎在人们的视野中销声匿迹了。进入新世纪后，随着互联网时代的冲击，新生品牌野蛮生长，消费水平升级，消费主体年轻化等一系列客观原因，暴露出了许多中华老字号品牌老化的问题，让他们在新时代寸步难行。但在最近两年，大白兔将怀旧审美应用于怀旧产品，使产品中含有怀旧元素，并使怀旧元素激发怀旧情绪，最终形成消费者的心理动机和消费意愿。

案例分析

日常生活中，我们时不时地就会回忆过往，这就是怀旧，怀旧分为个体怀旧和集体怀旧，个体怀旧主要从个体经历出发，对于自身经历的时间进行的一种回忆。这种经验性怀旧带有很大的私密性和个体差异性；集体怀旧是从社会整体来看的，它怀念的事件、事物往往属于一个社会时代大多数人共同拥有的记忆，常被不少企业和品牌加以利用。当个人怀旧成为一种群体性情绪时，也就孕育了如今层出不穷的怀旧营销。

1. 什么是怀旧营销

不同品牌有着不同的品牌个性，企业通过选择一种或多种符合品牌调性且能够影响消费者购买意愿的情绪辅以营销产品。在激烈的产品竞争浪潮中，产品及品牌日新月异，对于许多老字号、老品牌来说，其独有的怀旧感和所能够激发的怀旧情绪是其有力的武器。近年来，老字号纷纷与年轻人喜爱的品牌、事物建立联系，寻求多方位合作，力求赋予品牌年轻化的活力，如图12-17所示。

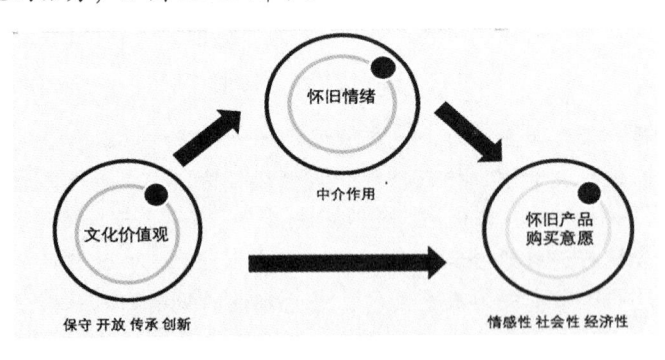

图12-17　怀旧营销的决策过程

怀旧营销就是在营销活动中给予消费者一定的怀旧元素刺激，激发消费者的怀旧情怀，勾起他们记忆深处的共同记忆符号，以此来引发购买倾向。怀旧的消费者群体拥有共同情感记忆和记忆符号，而且会通过怀旧唤起共同兴趣社团成员间的亲密感并获得群体性认同。在这种群体集合中，共同记忆可以带来大量认同，从而形成集体回忆。普通场景下，消费者购买决策过程为：认识需要—收集信息—评估方案—购买决策。也就是说，消费者看到对自己有价值的产品时，为了判断该产品是否值得购买，会收集与该产品的相关信息，将这些信息与现有可查询的信息及过去人生经历所形成的经验进行对比，评估并决定是否购买该产品。同时，消费者的过往人生经历会影响形成有差异性的文化价值观。一般来说，不同的文化价值观会产生不同的购买决策，在这样的价值观中，加入怀旧审美，使得基于怀旧情绪的产品在心理、审美、艺术和消费上悄然融合。

结合以上原理，消费者对怀旧产品购买行为可以归纳为以下两条线，如图12-18所示。

怀旧中介要素线：信息（感觉）—对比—背后情感—怀旧情绪（知觉）—购买。

普通购买决策线：信息（感觉）—对比—符合文化价值观（主流审美）—购买。

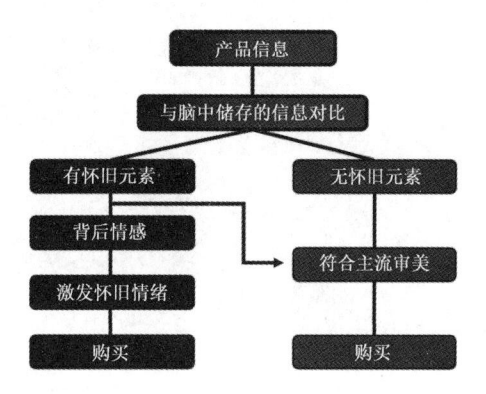

图 12-18　消费者对怀旧产品的购买行为

2. 大白兔 IP 化的怀旧营销

大白兔奶糖诞生于 1959 年，"七粒大白兔奶糖等于一杯牛奶"是其经典广告语，也是很多人童年的记忆。作为经典的老牌国货，大白兔曾一度淡出人们的视野，这几年频频出现新动作，重新唤起了 80 后、90 后和 00 后的集体回忆。老字号产品在怀旧营销上有着天然的优势，但仅凭"旧"显然已不符合时代要求，要想使老品牌重新焕发活力，实现可持续发展，应借助公关、广告、文化传播等现代手段，做好品牌延伸传承的同时做好自我创新。

自 2015 年开始，大白兔开始与其他品牌进行联名，探索跨界营销的创新模式。

2015 年，大白兔与法国 agnes.b 打造糖果礼盒；

2016 年，大白兔与国家博物馆打造文创礼盒，与太平洋咖啡合作推出大白兔牛奶味拿铁；

2017 年，网游《球球大作战》推出大白兔皮肤；

2018 年 9 月，大白兔×美加净润唇膏"大白兔奶糖润唇膏"第一批发售 920 支，售价为 78 元/两支，上线后 1 秒售罄。隔日追加 1 万套两支装组合，3 个小时内也告售罄，如图 12-19 所示。

图 12-19　大白兔×美加净润唇膏"大白兔奶糖润唇膏"

2019 年 5 月，大白兔×气味图书馆"香水等香氛礼包"发售当天，香水销量达 9 607 件。其推出的限量 610 份大白兔香氛礼包，仅 3 秒即告全部售罄。在开售 10 分钟就卖出 14 000 余件产品，如图 12-20 所示。

图 12-20　大白兔×气味图书馆"香水等香氛礼包"

2019 年 6 月，大白兔×快乐柠檬联合在上海开了一家奶茶店，当天想喝上一杯奶茶，至少排队 4 个小时，如图 12-21 所示。

图 12-21　大白兔×快乐柠檬奶茶

2019 年 7 月，大白兔奶糖×光明乳业，推出大白兔奶糖风味牛奶，如图 12-22 所示。

图 12-22　大白兔奶糖×光明乳业"大白兔奶糖风味牛奶"

不难看出，由大白兔这一 IP 衍生出的联名产品都十分受欢迎，几次联名合作都引起了极大的关注。怀旧产品不仅具有实时引爆热点的特点，如果营销得当，并且符合时代主流文化价值观，依然有可能成为经典。从淘宝的销量数据来看，与大白兔相关的联名产品,即使距离产品发布已经过去数月,其销量依旧位于前列。如此看来,对于身份、环境、状态不断变化的消费者来说,"怀旧"是一种很容易定期爆发的情绪,"热点"易逝,复古却是永远不会过时的潮流。

3. 大白兔 X 乐町

2019年,国民奶糖大白兔60周岁,携手乐町推出2019冬季合作系列,刮起了一股复古风潮。根据不同元素设计的大白兔T恤、卫衣、毛衣、裙子、棉袄、包包等,成功获得了一片赞美,刷新了人们对于复古时尚的看法。那么,乐町与大白兔联名服装的怀旧元素对于怀旧产品消销有什么样的影响?

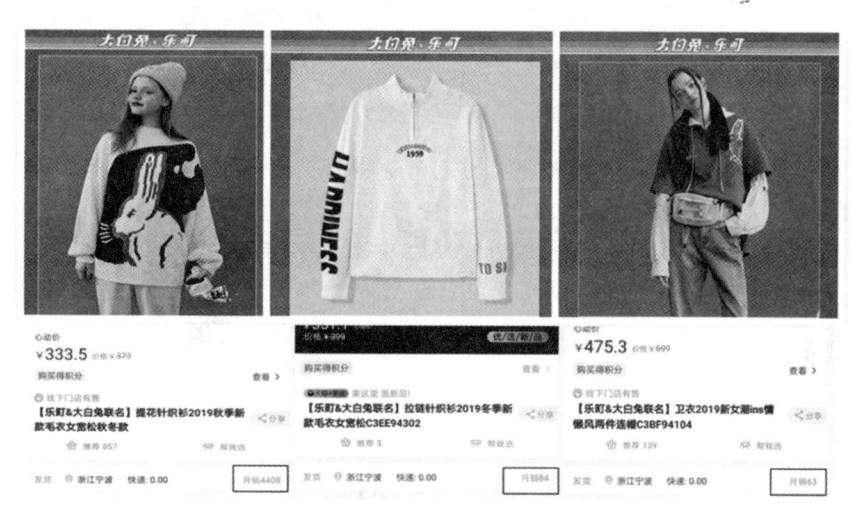

图 12-23 大白兔×乐町联名服装的销量展示

同样是属于大白兔与乐町的联名,月销量却存在较大差别,如图 12-23 所示。在分析产品之前,可以回顾一下记忆中的大白兔,除了甜甜的奶味对应的嗅觉与味觉,在视觉上,大白兔就是一只活泼可爱的兔子,经典的红蓝白黑配色和大白兔三个字。这些都构成了能够刺激消费者产生怀旧情怀的元素,能勾起消费者共同记忆的符号,使消费者产生想回到童年重温当年感受的情绪,如图 12-24 所示。

图 12-24 大白兔品牌 Logo

对于第一件产品来说,消费者在视觉上接触到的信息与消费者脑海中的怀旧元素高度一致:活泼的兔子、经典的红蓝白黑配色及后方黑色调色盘背景,触发了消费者强烈的怀旧情绪。于是消费者对于产品认知就从感觉（视觉）成功上升到了知觉（背后的怀旧情绪），再结合产品设计为简约舒适针织毛衣，属于主流审美的中等水平，因此，二者使其购买程度相对其他产品而言高出许多，如图 12-25 所示。

图 12-25　产品-服装设计与怀旧元素

对于第二件产品来说，消费者看到的元素是配色上使用红蓝白，中间拱形字母写有 White Rabbit，字母下方写有大白兔诞生年份 1959，将这些元素与脑海中的经典大白兔进行对比可以发现，大多数人对英文的大白兔不敏感，同时也几乎不知道大白兔的诞生时间是 1959 年，配色虽然大体一致，但与记忆中的大白兔不符。这说明，虽然有怀旧元素，但是怀旧元素强度较弱，无法与消费者记忆中的大白兔进行匹配，并未激起怀旧情绪。从主流审美的角度来看，拉链针织衫带有一些潮牌嘻哈风，符合多数消费者审美，在审美上属于较强水平。于是，最终销售结果处于中等水平，如图 12-26 所示。

图 12-26　产品二服装设计与怀旧元素

对于第三件产品来说，其对应的元素是一只兔子，以及蓝白配色，虽然有兔子的形象，但只是一个剪影，并不经典。蓝白配色也很难联想到大白兔奶糖，因此，怀旧程度中等偏弱，无法与消费者记忆中的大白兔进行匹配，未能激起怀旧情绪。从主流审美的角度来看，假两件潮 ins 风，风格比较强烈，符合张扬个性的消费者审美，审美上属于中等水平，因此最终购买水平为中等，如图 12-27 所示。

从以上分析及购买结果来看，消费者购买第一件产品的数量是其他两件产品的 50 倍左右。这说明，怀旧元素对于刺激消费可起到较为明显的作用，也就是说如果产品能够激发消费者的怀旧情绪，并且产品本身符合主流审美，那么这件产品就有了双倍的销量。需要说明的是，影响产品销售情况的因素还有产品价格、品牌的营销程度和消费者的个性化差异等，因此还需结合实际情况具体分析。

图 12-27　产品三服装设计与怀旧元素

大白兔市场部经理沈勤峰说:"到目前为止,无论是润唇膏、咖啡,还是香氛、服饰,都沿着以奶糖为中心,向味觉、嗅觉、视觉延伸的'品牌矩阵'扩展,最终形成一张以大白兔为中心的情感联结网络。"大白兔奶糖这一 IP 自带的怀旧感就是差异化、有市场竞争力的产品,如果产品不错,那么联名就不会昙花一现,而是可以成为另一款经典,形成不易复制的壁垒优势。因此,对于老品牌来说,将怀旧加以合适应用能够为品牌注入新活力。对于新品牌来说,与老字号合作也能够获得意想不到的效果,实现双向互利、合作共赢。

任务评价

请填写电子商务营销推广案例学习任务评价表(见表 12-4)。

表 12-4　电子商务营销推广案例学习任务评价表

班级		学号		姓名	
角色	○ 组长		○ 组员	完成时间	
任务	完成情况记录					
	学生自评		生生互评		教师评价
评价占比(自设)	%		%		%
理论学习得分					
技能训练得分					
任务完成得分					
任务创新得分					
总评					

拓展练习

1. 越来越多的品牌企业意识到帮助用户解决实际问题和提供服务给有需要的人群是非常有效的营销推广策略,因此,很多大企业会选择在微博上进行营销推广,那么该如何操作?

2. 在移动互联网营销中,传播内容的优劣可以直接影响口碑营销传播效果。企业想要实现良好的营销效果,必须依靠新颖的口碑传播内容,那么如何才能达成良好的口碑传播效应?

参考文献

[1] 刘雷. 电子商务实战案例[M]. 北京：中国人民大学出版社，2019.
[2] 李洪心. 电子商务案例分析[M]. 大连：东北财经大学出版社，2020.
[3] 王学东. 电子商务管理[M]. 重庆：重庆大学出版社，2017.
[4] 黄志平. 电子商务综合人实训[M]. 重庆：重庆大学出版社，2015.
[5] 李正波. 电子商务与新零售研究[M]. 北京：中国人民大学出版社，2017.
[6] 高功步. 电子商务[M]. 北京：人民邮电出版社，2015.
[7] 周曙东. 电子商务概论[M]. 南京：东南大学出版社，2011.
[8] 陈晴光. 电子商务数据分析：理论、方法、案例[M]. 北京：人民邮电出版社，2020.
[9] 林俊毅. 电子商务理论与案例分析[M]. 北京：化学工业出版社，2020.
[10] 王丹萍. 电子商务案例分析[M]. 上海：复旦大学出版社，2018.